中华人民共和国海船船员培训合格证考试培训教材

救生艇筏和救助艇操作与管理

中国海事服务中心组织编写
中华人民共和国海事局审定

大连海事大学出版社
人民交通出版社

图书在版编目(CIP)数据

救生艇筏和救助艇操作与管理 / 李同钦，刘书平主编. — 大连：大连海事大学出版社；北京：人民交通出版社，2012.8(2021.6 重印)

中华人民共和国海船船员培训合格证考试培训教材

ISBN 978-7-5632-2729-7

Ⅰ. ①救… Ⅱ. ①李… ②刘… Ⅲ. ①救生艇—操作—技术培训—教材 ②救生筏—操作—技术培训—教材 Ⅳ. ①U667.6

中国版本图书馆 CIP 数据核字(2012)第 198420 号

责任编辑：姜建军 李明阳
封面设计：王 艳
版式设计：王 艳 莹 莹
责任校对：李继凯

出 版 者：大连海事大学出版社
地址：大连市凌海路 1 号
邮编：116026
电话：0411—84728394
传真：0411—84727996
网址：press.dlmu.edu.cn
邮箱：dmupress@dlmu.edu.cn
印 刷 者：大连金华光彩色印刷有限公司
发 行 者：大连海事大学出版社

幅面尺寸：184mm×260mm
印 张：13.25
字 数：311 千

出版时间：2012 年 8 月第 1 版
印刷时间：2021 年 6 月第 15 次印刷
书 号：ISBN 978-7-5632-2729-7
定 价：72.00 元(含光盘)

编委会成员

前言

《中华人民共和国海船船员培训合格证书签发管理办法》已于2012年3月1日起生效，新的《中华人民共和国海船船员培训合格证考试大纲》也将于2012年7月1日开始实施。为了更好地指导帮助船员进行适任考试前的培训，进一步提高船员适任水平，在交通运输部海事局领导下，中国海事服务中心组织全国有丰富教学、培训经验和航海实际经验的专家共同编写了与《中华人民共和国海船船员培训合格证考试大纲》相适应的培训教材。本教材编写依据STCW公约马尼拉修正案，采用图文并茂的形式，改变了长期以来以文字为主的教材编写方式。本套教材的创新模式对今后的船员专业和特殊培训具有重要的指导意义。

本套教材知识点紧扣考试大纲，具有权威、准确、系统、实用的特点，重点突出船员在专业和特殊培训并结合航海实践中需掌握的知识，旨在培养船员具备在实践中应用知识的能力，并可作为工具书帮助船员上船工作使用。

本套教材由基本安全、救生艇筏和救助艇操作与管理、快速救助艇操作与管理、船舶高级消防、船舶精通急救、船上医护、船舶保安意识与职责、船舶保安员、油船和化学品船货物操作（基本培训适用）、油船货物操作（高级培训适用）、化学品船货物操作（高级培训适用）、液化气船货物操作（基本培训适用）、液化气船货物操作（高级培训适用）、客船操作与管理、大型船舶操纵、高速船操作与管理 、船舶装载包装及散装固体危险和有害物质操作与管理组成。

本套教材在编写、出版工作中，得到了各直属海事局、航海院校、海员培训机构、航运企业以及人民交通出版社、大连海事大学出版社等单位的关心和大力支持，特致谢意。

中国海事服务中心

2012年5月

编者的话

《救生艇筏和救助艇操作与管理》是根据“STCW公约马尼拉修正案第Ⅵ/2条”、以及“STCW公约马尼拉修正案”附则中“A部分第A-Ⅵ/2节、表A-Ⅵ/2-2”的最低培训知识和最低适任标准的要求，并参考了“B部分第B-Ⅵ/2节”的建议案，依据交通运输部海事局船员管理处、船员考试中心颁发的“精通救生艇筏和救助艇培训合格证考试大纲”的具体要求，并结合了在履行STCW公约95修正案的教学培训中的教学经验，了解了航运企业的具体需求，分析了一些有关船舶发生的具体案例，充分地贯彻了交通运输部海事局关于本书编写要覆盖公约、要适用船舶的需要，要通俗易懂等具体要求。根据交通运输部海事局船员管理处、船员考试中心的要求，大连海事大学航海训练与研究中心接受了本书的编写任务。

《救生艇筏和救助艇操作与管理》由李同钦、刘书平统稿并任主编。由江苏海事职业技术学院的王锦法主审。

《救生艇筏和救助艇操作与管理》这本书根据要求编写分为两个篇章，第一篇为基础理论；第二篇为实操训练。

基础理论共分为八章。第一章为救生艇；第二章为救生艇的降放装置；第三章为救生筏；第四章为救助艇；第五章为船用无线电救生设备的基本知识以及救生艇筏上配备的有关视觉求救信号的基本技术要求；第六章为救生艇筏的管理；第七章主要介绍了基本救护知识；第八章为获救。实操训练共分为六章，主要介绍了救生艇、救生筏、救助艇、救生艇筏上所使用的无线电救生设备及视觉求救信号以及海锚等各种设备的操作使用的技能要求以及安全注意事项。

参与本书编写的主要人员是大连海事大学航海训练与研究中心的李同钦、刘书平、单浩明、刘锦程、金奎光、曹睁等人员；杨智参与了本书第二篇实操部分初稿内容的编写和审阅工作并提供了大量的原始资料；金奎光同时为该书照片的选用及其他信息的搜集整理做了大量的工作；戴树龙参与了第二篇第二章第五节部分内容的编写；刘彦东参与了关于救生艇机器启动操作的部分内容的编写工作。杜林海为本书的编写提供了大量的资料和较好的意见。

在本书稿件完成后，部海事局组织了中散、中海等航运企业的专家以及部分航海院校的专家进行了专题审核并提出了宝贵的修改意见，在此表示深深的敬意和感谢。

在本书的编写过程中得到了辽宁海事局船员管理处的大力支持，在初稿形成后组织了大连地区有关航运企业的船长和大连地区的船员培训机构有关专业人员的初审，为顺利地完成本书的编写工作打下了有利的基础，深深地表示感谢！

为了便于读者的学习，在本书的编写过程中力求概念清楚、理论正确、重点突出、条理清晰、文字通顺、理论结合实际，并运用了相关的实例。但由于编者水平有限，时间仓促，不足之处和差错在所难免，竭诚希望前辈、同行和读者批评指正。

编　者

2012年5月

目录

第一篇　基础理论

第二篇 实操训练

第一篇

基础理论

Diyipian Jichu Lilun

第一章 救生艇

第一节 救生艇概述

要点

本节叙述了救生艇在海船上配备的沿革。SOLAS公约的产生，确定了“以人为本”的原则，在海船上必须配备至少满足能够搭载全部乘员的救生艇。救生艇应该是具有一定的浮力、强度，还要配备一定的属具和备品，并且具有一定航速，能够在海上恶劣天气情况下航行和漂流的刚性小艇。救生艇的主要作用是当船舶发生海难事故时，船上的人员可以借助救生艇脱离难船、利用救生艇进行海上求生活动。

救生艇(Lifeboat)是船上的主要救生设备之一。按照《国际海上人命安全公约》(SOLAS公约)和我国《海船救生设备规范》的有关要求，总吨位大于等于500总吨、国际航行的船舶必须配备救生艇。当海难事故发生时，船上的人员可以借助救生艇迅速地脱离难船，并且利用救生艇进行海上求生的活动，以最大限度地保证旅客和船员的生命安全。海船配备使用的救生艇应该是具有一定的浮力、强度、航速，在承载额定乘员的同时，还配有一定的属具备品，并能够在恶劣天气下航行或漂流的刚性小艇，使船员和旅客的生命安全得到最大的保障。

现代人们已经充分地认识到救生艇是海船非常重要的救生工具，但是，它的必要性在木质帆船时代几乎被人所忽略。大帆船上只配备极少量的小艇，主要用作帆船船员或岸上的人员以及物资的往来运送工具，发生海难时仅能满足船上高级船员搭乘。由于当时的帆船为木质结构，抗沉性较好，并且发生海难时，散落的漂浮物资也较多，因此救生艇并未引起人们足够的重视。例如17世纪20年代，从欧洲向新大陆——美洲运送移民的著名三桅帆船“五月花”(MAY FLOWER)号，可搭乘移民102人，船员20人，只在帆船尾部吊置一艘10桨小艇，如果发生海难，最多搭乘66人。

第一艘专门用于救生的小艇是1790年1月在英国的泰茵(Tyne)河上进行测试的。到了1821年，由Richard Hall Gower设计制造的堡垒式救生艇才作为早期的救生艇雏形出现并在商船上使用。20世纪初，以蒸汽机为动力的钢质船舶问世以后，船舶的尺度增大了许多。大型船舶的出现使很多人可以乘船出海旅行，但是，与救生艇相关的规章制度却比较模糊，甚至救生艇未能按全员人数配足。

人们真正认识到在船上配备的救生艇必须能够搭载100%的船上人员，是从“泰坦尼克”号的翻沉开始的。1912年4月16日凌晨，当时世界上最大的、排水量近4万吨的英国豪华邮轮“泰坦尼克”(TITANIC)号，从英国至美国的处女航中，在北大西洋碰撞冰山，船首后方水下部分船壳被拉出一道长裂缝，海水迅速涌入船舱，沉没已不可避免。当时，满载的邮轮上有旅客和船员共2 208人。驾驶台两侧各配置4艘救生艇，它的第4烟囱两侧也各配置4艘救生艇，16艘救生艇的总容纳量仅为1 176人。由于遇难逃生时的惊恐慌乱，有的救生艇仅乘载2人便漂离母船，而有的艇则因人员超载，放艇时吊艇索崩断，艇毁人亡，最终酿成1 503人(该数字来源于英国贸易局)葬身冰海的惨剧。

这一事件震惊了国际海运界，德国皇帝威廉二世提议召开国际会议制定规则，防止重演这类悲剧。1913年，在英国伦敦举行了世界各主要海运国家代表会议，签订了《1914年国际海上人命安全公约》。中国也派代表参加了大会并签约。此后，该公约又经过了1929年、1948年、1960年及1974年等几次重大修改。公约规定，大型民用船舶上配载的救生艇必须满足所有旅客和船员的乘载；航行于内河及浅海区的船舶可稍减救生艇数量，但必须补充足够的救生筏。

到了21世纪，各国更加重视人命安全，海事部门对救生设备的要求也更加严格。同时，随着科技的进步，救生设备也得到了很大的发展，多种多样的救生设备也开始在船舶上配备和使用。尽管如此，救生艇仍具有不可替代的作用，作为船上最重要的救生设备，在多次海难中保障了旅客和船员的生命安全。

思考题

1. 救生艇必须具备的基本条件有哪些？
2. 救生艇的主要作用是什么？

第二节 救生艇的种类及性能

要点

本节阐述了按照各类特点进行分类的救生艇及其特点，开敞式、部分封闭式、全封闭式救生艇的结构形式，同时强调了《国际救生设备规则》(International Life-saving Appliances Code，简称LSA规则)中针对救生艇结构形式的特殊要求。阐述了现代海船配备救生艇应该具备自动扶正、自供气体、耐火耐高温功能的具体要求。比较详细地介绍了LSA规则中对自由降落救生艇的特性的要求。

必备知识

救生艇在海船上配备使用已有近百年的历史，随着人们对海上人命安全保障认识的不断提高，配备在海船上的救生艇，也得到了不断地发展和完善。各种构造不同、材质不同的救生艇开始更好地服务于船舶，其具有的性能也随着不同船舶的相应要求而不断增多，已达到能更好地保障海上人命安全的目的。简单地了解救生艇的种类及其性能特点，对于广大海员熟悉和掌握救生艇，进一步运用救生艇，在紧急情况出现时为救生提供保障是很有必要的。

一 按结构形式分类

(一)开敞式救生艇(Open Lifeboat)

开敞式救生艇(图1-1)是一种没有固定顶篷装置的救生艇。该救生艇操作简便，由于没有固定顶篷，人员登、离艇不受阻碍。艇内上部空间宽敞，人员在艇内活动相对自由方便，便于迅速登乘，脱离难船，其缺点，同样是因为没有固定顶篷，艇员暴露于自然环境中，遇到风雨海浪时，艇内人员就会受到海水的侵袭，身体直接暴露在寒冷和潮湿的环境中，生命安全受到相当大的威胁；天气炎热、光照强烈时，艇员直接暴露在日光下，中暑、身体缺水等危险也会直接影响艇员的生命安全。

开敞式救生艇在构件上简单实用，在艇底中央自首至尾设立一根连续不断的方形龙骨，是救生艇的纵向强度构件，艇壳板具有一定强度和水密性，在艇内合适的位置上对称设立了空气箱，保证了开敞式救生艇具有足够的浮力。救生艇的艏艉部分别设立艏柱和艉柱，艏柱和艉柱与龙骨紧密相连，并与救生艇两舷艇壳板合拢紧密连接，保证了救生艇艇体的整体强度。在开敞式救生艇内部设有纵座板和横座板，为救生艇乘员提供乘坐和划桨时的座位，同时增强了救生艇的纵横强度。开敞式救生艇的顶篷主要依靠木制的纵横框架支撑，在框架上系结上帆布篷罩，以遮风、防雨、防风浪，对于艇内乘员防暴露的保护效果较差。在开敞式救生艇的最低处设立了两个排水孔，方便救生艇在存放时顺畅地排除雨水及其他积水，每个排水孔都配备了两个艇底塞，其中一个用链条或绳索连接在排水孔附近以便随时可用。在救生艇的两舷设有桨叉,便于划(荡)桨时使用,艇内设有很多密闭的舱柜,便于储存属具备品。目前,在海船上,这种救生艇已经被淘汰,不再使用。

图1-1 开敞式救生艇

(二)部分封闭式救生艇(Partially Enclosed Lifeboat)

部分封闭式救生艇(图1-2)在艇首和艇尾各设有不少于20%艇长的刚性顶盖,中间设有可折式顶篷。可折式顶篷连同刚性顶盖形成了一个能挡风雨的遮蔽,使艇内人员免受风雨海浪的侵袭和烈日的暴晒。艇的两端及两舷设有出入口,供人员登艇和离艇,同时也用于艇内的通风换气。这种救生艇既保留了传统的开敞式救生艇的优点,又克服了传统开敞式救生艇暴露的缺点,只是这种救生艇翻覆后,艇内人员逃出不如开敞式救生艇方便。LSA规则规定在国际航行的客船上允许使用部分封闭救生艇。

图1-2 部分封闭式救生艇

LSA规则对部分封闭救生艇提出了技术性能上的要求,部分封闭救生艇除了应该满足救生艇的一般要求外,还应满足如下要求:

(1)部分封闭救生艇应装设固定附连的刚性顶盖,顶盖从艇首延伸不少于救生艇长度的20%,并从救生艇最后端延伸不少于救生艇长度的20%。救生艇应设固定附连的可折式顶篷,可折式顶篷连同刚性顶盖形成一个能挡风雨的遮蔽把该艇乘员完全罩住。救生艇在两端和每一侧都应有进口。当关闭时,刚性顶盖的进口应该是风雨密闭的。顶篷的布置如下:

①设有合适的刚性型材或条板,以撑起顶篷;

②由1~2个人即能容易地撑起顶篷;

③顶篷应采用空气间隙隔开的不少于两层的材料或其他等效设施来隔热,以保护乘

员不受寒热的侵害，应该设有防止水分聚集在空气间隙内的设施；

④顶篷外面应是鲜明易见的颜色，顶篷内面的颜色不致使乘员感到不舒适；

⑤顶篷的进口处应设有有效的可调整的关闭装置，在内、外两面均能容易而迅速地开启和关闭该装置，既可通气又可防止海水、风和冷气的侵入；应该设有使进口处牢固地固定在开启和关闭位置的设施；进口关闭后，要有足够供乘员所需的空气进入；顶篷应有收集雨水的设施；救生艇翻覆时，乘员应能逃出。

(2)救生艇内部应该涂以舒适明快的颜色。

(3)如果固定的双向甚高频无线电话设备设在救生艇内，它应该安装在足以容纳该项设备和操作人员的舱室内。如果救生艇的构造满足主管机关的遮蔽空间要求，则不要求安装在独立舱室内。

(三)全封闭式救生艇(Totally Enclosed Lifeboat)

全封闭式救生艇(图1-3)的上部有固定的刚性顶盖。为方便艇员的进出，全封闭式救生艇设有内外均能开启和关闭的通道盖，该通道盖关闭时，能保证救生艇的水密性，并具有良好的保温隔热性能。由于这种艇的安全性能好，并能保证艇员不受风雨海浪和寒冷的侵袭，所以，现在船舶已经广泛配备使用全封闭式救生艇。

图1-3 全封闭式救生艇

在LSA规则中要求全封闭救生艇除了应该满足救生艇的一般要求外，还应符合如下要求：

1. 封闭盖

每一艘全封闭救生艇都应设置完全围蔽救生艇的刚性封闭盖。封闭盖的布置应该：

(1)为乘员提供遮蔽。

(2)由舱口提供进入救生艇的通道，舱口可关闭以使救生艇水密。

(3)除自由降落救生艇外，舱口的位置应设在无任一乘员离开该封闭盖的情况下能完成降落和回收操作的地方。

(4)通道舱口盖在内外两面应均能开启和关闭，并设有使其牢固地固定在开启位置的设施。

(5)除了自由降落救生艇外，能划动救生艇。

(6)当救生艇处于翻覆位置，舱口关闭而且无明显漏水时，能支持救生艇的全部质量，包括全部属具、机械和全部乘员。

(7)封闭盖的两舷应设有窗口或半透明板，使足够的日光射进舱口关闭的救生艇内部，不必要采用人工照明。

(8)封闭盖外面应是鲜明易见的颜色，而内部的颜色不致使乘员感到不舒适。

(9)应该设有扶手，供在救生艇外部活动的人员使用，并帮助登艇和离艇。

(10)人员从进口处，不需要跨过横座板或其他障碍物而到达他们的座位。

(11)在机器运转且封闭盖关闭的状态下，救生艇内的大气压力不得低于或高于外界大气压力20 hPa。

2. 翻覆与扶正

(1)除了自由降落救生艇外，每个标明的座位处应设有1根安全带。安全带的设计应在救生艇处于翻覆位置时，能将体重为100 kg的人员牢固地缚在原处。座位上每1套安全带的颜色应和紧挨座位上带子的颜色有明显的区别。

(2)救生艇的稳性。在装载全部或部分成员及属具，所有进口和开口都是水密关闭而且所有乘员都用安全带缚牢时，能自行扶正。

(3)救生艇在水线下任何部位破孔，假设没有缺失浮力材料及其他损伤时，能够支持艇内全部乘员及属具。如果救生艇万一倾覆时，应该使救生艇自动地处于为乘员提供在水面上逃出的位置。当救生艇处于稳定的浸没状态下，救生艇内的水平面，沿着椅背测量，不应该超出在任何乘员所坐位置的座板以上500 mm。

(4)所有发动机排气管、空气管和其他开口，在设计上应做到在救生艇倾覆和扶正时，使海水不会进入发动机。

3. 加速度保护

全封闭式救生艇除了安装自由降落救生艇之外的结构和护舷材，应保证救生艇在载足全部额定乘员和属具后，以不少于3.5 m/s的碰撞速度碰撞船舷时，提供免受由于救生艇碰撞而产生的有害加速度影响的保护措施。

二 按建造材质分类

(一)铝合金救生艇

铝合金救生艇的艇壳由铝合金制成，具有较高的强度和水密性，重量比钢质救生艇要轻44%~45%，采用较小的动力便可获得较高的航速。铝合金救生艇结实耐用，维护保养比较容易，同时，铝合金还具有耐腐蚀和耐高温的特性，因此，曾经在油船上重点配备使用此类救生艇。现在海船上已经没有或者极少有配备使用的。

(二)玻璃钢救生艇

玻璃钢救生艇是用无碱钢布或玻璃毡作增强材料的不饱和聚酯树脂玻璃钢为材料制造的。其重量比铝合金还轻，耐腐蚀，容易保养，不易损坏，使用时间长，目前玻璃钢救生艇已被除有特殊要求的油船之外的船舶广泛采用。

三 救生艇具有的功能

根据海难事故发生时各种复杂、特殊的情况，为了更好的保证海上人命安全，人们在设计制造救生艇时，不断地改善和增加了救生艇应对各种困难条件的特殊功能。这些特殊功能主要包括以下几方面。

(一)自行扶正功能

具有自行扶正功能的救生艇,是指当救生艇在装载全部或者部分乘员及属具备品,所有进出口都关闭并且保持水密,所有乘员都用安全带缚牢在各自的座位上时,由于各种原因救生艇发生了倾覆时,救生艇能依靠自身的构造特点进行自动扶正。当救生艇体损坏而倾覆时,救生艇的漂浮状态能便于艇员逃出。

(二)自供气体功能

部分救生艇为适应求生时的特殊环境条件(或船舶的特殊性)要求,装置了自供气体系统(如运载散发有毒蒸气或毒气货物的化学品液货船和气体运输船)。该系统依靠在艇内固定装配的压缩空气瓶提供空气。

《国际救生设备规则》中要求,配有空气维持系统的救生艇,应该符合全封闭救生艇和自由降落救生艇的适用要求,除此以外,在布置上还应该做到,在救生艇全部进口和开口均关闭的情况下航行时,救生艇内空气应该保持安全并适宜于呼吸,而且发动机正常运转时间不少于10 min。在此期间,救生艇内气压不得降到艇外大气压以下,也不得超过艇外大气压20 hPa以上。该系统应有视觉指示器,无论何时均可指示供气压力。

(三)耐火功能

在运载闪点低于60℃货物的油船、化学品液货船或气体运输船上,救生艇的艇壳表面应由耐火材料制成,以利于在短时间内冲出1 000~1 200℃的油火海面。同时,为了降低艇体表面或艇内温度,保障艇员在高温海面的生命安全,此类救生艇的艇外配有洒水系统。该洒水系统由海底阀、自吸式水泵、喷洒管系和喷头组成。

《国际救生设备规则》要求,耐火救生艇应该符合具有空气维持系统的救生艇的要求,除此以外,当耐火救生艇在水面经受持续油火包围时,应该能保护其额定乘员不少于8 min。装有喷水防火系统的救生艇,应符合下列要求:

(1)用自吸式马达泵从海里抽水为该系统供水。该系统应该能够“开启”和“关闭”喷洒到救生艇外面的水流。

(2)海水吸入口的布置应该防止从海面吸入易燃液体。

(3)该系统布置应能用淡水冲洗,并应该能够完全排清积水。

自由降落救生艇(Freefall Lifeboat)

自由降落救生艇(图1-4)是在20世纪70年代开始在海船上配备使用的,它彻底改变了救生艇原来的存放状态,它不是存放在船舶的两舷侧,而是在大船的船尾专门配置的自由降落救生艇降放装置的滑架上,救生艇的艇首以30°左右的下倾角冲向海面,艇的两侧分别设有滑板(这是与其他救生艇不同的设施),滑板搁放在存放架的滑道上,仅在救生艇的尾部设有一个释放钩,与大船连接固定(这也是与其他救生艇不同的特点)。这种存放方式,加快了救生艇脱离难船的时间。

图1-4 自由降落救生艇

《国际救生设备规则》在技术和性能上对自由降落救生艇提出了要求,除了应该符合全封闭救生艇的要求外,还应满足以下要求。

(一)自由降落救生艇的承载能力

自由降落救生艇的承载能力,是指每个人以82.5 kg计算,所能够提供的不影响推进或任何救生艇属具操作的座位的乘员数量。座位的表面应该是光滑的,并且配备至少10 mm的垫子支撑后背、身侧及柔软的侧面支撑头部,座位应该是不可折叠的,永久地固定在艇上,以保证当艇降放时倾斜的顶篷不会伤人。当艇降放时如果座位比乘坐者的肩窄,座位的位置和结构能避免对乘坐者潜在的伤害。两座位通道的宽度至少为480 mm,在脚蹬部位应该配有防滑表面,以便于在降放时能安全登乘。每个座位应该配有系紧后能快速释放的安全带,用于限制乘坐者的身体。座位底板与靠背的角度至少为90°,座板的宽度至少为480 mm,靠背前的空间至少为650 mm,靠背长度至少为1 075 mm,肩高至少为760 mm,搁脚板的角度不少于座板角度的一半,长度至少330 mm。

(二)性能要求

(1)自由降落救生艇在下列情况下,从核准的高度自由降落入水后,能立即向艇首方向前进,并且不与船舶发生碰撞:

①自由降落救生艇在载足全部属具和艇员时;

②在载有乘员并使艇的重心移至最前方位置时;

③载有乘员并使艇的重心移至最后方位置时;

④只有操作人员,而且船舶纵倾至10°,并向任一舷横倾至20°的情况下。

(2)最终横倾角大于20°的油船、化学品液货船和气体运输船,救生艇应能在最终横倾角内自由降落,该最终横倾角以最终水线为依据。

(三)结构

每艘自由降落救生艇应有足够的强度以承受当自由降落救生艇载足全部乘员和属具时,从自由降落核准高度不小于1.3倍的高度处自由降落。

(四)有害加速度的保护

自由降落救生艇的结构应该能够对艇进行切实的保护,使其在载足全部属具及额定乘员时;在载有乘员并使艇的重心移至最前方时;在载有乘员并使艇的重心移至最后方时;在只有操作人员时,船舶在不利纵倾10°,并向任一舷横倾20°时,从核准高度降落到平静水面时,能免受降落所产生的有害加速度的影响。

(五)舾装件

每艘自由降落救生艇应该配有救生艇的脱开系统,该系统应该符合下列要求:

(1)具有2个独立的只能从救生艇内部操作脱开装置的独立激活系统,并且标有明显的与周围不同的颜色。

(2)布置成在从无载状态到至少200%救生艇正常负载之间的任何情况能脱开救生艇。救生艇正常负载是指载足全部属具和额定乘员的救生艇负载。

(3)足以保护不发生意外的或过早的使用。

(4)它的设计应使其在实验脱开系统时不用降放救生艇。

(5)按所选用材料的极限强度计算,其安全系数应不小于6。

(六)批准证书

自由降落救生艇的批准证书,还应额外写明:

(1)自由降落核准高度。

(2)要求的降落滑道长度。

(3)自由降落核准高度的降落滑道角度。

思考题

1. 部分封闭式救生艇、全封闭式救生艇有哪些附加的技术特性?
2. 全封闭救生艇都具有哪些特殊功能?各自具有哪些技术特性?
3. 自由降落救生艇的承载能力有什么要求?有哪些技术特性?
4. 自由降落救生艇的栖装件有哪些要求?

第三节　救生艇的特性要求

要点

SOLAS 公约和 LSA 规则中明确规定,对于救生艇的设计、制造都必须经过主管机关的审核、批准、监造、验收后颁发认可证书和批准证书方可以建造和配备在海船上使用。LSA 规则中详细地对救生艇的稳性、强度、浮力、艇内空间、座位、乘员定额、救生艇的进入通道、救生艇的脱钩装置、救生艇的标志、栖装件等技术特性上提出了要求,需要海船船员掌握救生艇的特性要求,以便于使救生艇在船时始终处于良好的技术状态。

必备知识

为了确保海上人命安全,在海船上配备的救生艇从设计、制造、到配备上船,必须经过主管机关的审核、批准、监造、验视合格后,才可以配给海船使用。

SOLAS公约、LSA规则中详细地规定了救生艇技术性能的要求,当救生艇经过试验合格后,在配给海船使用时,主管机关必须为每一艘救生艇签发必要的认可证书,认可证书至少包括:制造厂名和地址、救生艇型号和出厂号码、制造年月、救生艇额定的乘员人数以及清晰地标志出批准的资料、批准的文号和任何操作限制。

另外,证书颁发机构还应该为救生艇提供一份批准证书,批准证书上至少应该标有如下内容:批准证书的号码、艇体结构材料(应该详细到确保在修理中不发生兼容性的问题)、属具和配备足够的额定乘员人员时的总重量,如果配备使用的是部分封闭、全封闭、自由降落、具有空气维持系统或者是耐火救生艇，则应有相应的批准声明。

LSA规则中，对救生艇的特性要求，主要有下列技术事项。

一 稳性

(1)救生艇应当合理地建造，其形状及尺度比例应该使其在海浪中具有充裕的稳性。并在载足全部乘员及属具后，仍具有足够的干舷。并能在船舶纵倾10°，向任一舷横倾20°的情况下安全降落。

(2)所有救生艇应该具有刚性艇体，当在平静水面处于正浮位置，并且载足全部乘员及属具时，在水线下任何部位破孔，假设没有掉失浮力材料及没有其他损伤时，仍能保持正稳性。

(3)当50%定额的乘员从正常位置移至艇中心线一侧时，所有救生艇应是稳定的，并且具有一个正的GM值。

(4)在载足全部额定乘员和属具的装载状态下，当50%定额的乘员从正常位置移到艇中心线一侧时，若在舷墙附近有舷侧开口的每艘救生艇的干舷应至少为救生艇长度的1.5%或100 mm，取其大者；若在舷墙附近没有舷侧开口的每艘救生艇的横倾角不应超过20°，而且干舷应至少为救生艇长度的1.5%或100 mm，取其大者。以上干舷均为从水线量至救生艇可能浸水的最低开口处。

二 浮力

所有救生艇应该具有固有浮力，而且该固有浮力的材料应该不受海水、油类或石油产品的不利影响，当艇内浸水和破漏通海时，仍然足以将载有全部属具的救生艇浮起。此外，对于每个救生艇额定乘员，应配备相当于280 N浮力的附加固有浮力材料。

三 强度

所有救生艇应具有足够的强度：

(1)载足全部乘员及属具后，救生艇能安全降落水中。

(2)当船舶在平静水中以5 kn航速前进时，救生艇能降落水中并被拖带。

(3)除自由降落救生艇外，每只用吊艇索降落的救生艇应具有足够的强度承受下列负荷，负荷卸去后艇体无残余变形：

①对于金属艇体的救生艇，救生艇载足全部乘员及属具后的总质量的1.25倍；

②对于其他救生艇，救生艇载足全部乘员及属具后的总质量的2倍；

③除自由降落救生艇外，每艘用吊艇索降落的救生艇应具有足够的强度，使其在载足全部乘员和属具，以及在适当位置设置滑橇或护舷材(如适用)时，能经受碰撞速度至少3.5 m/s碰撞船舷的侧向撞击力，并能经受至少从3 m高度处投落下水。

四 耐火性能

救生艇的艇体及刚性顶盖应是阻燃或不燃的。

五 座位

救生艇的横坐板、长凳或固定椅应该设有座位，其构造应能支承：

(1)能支承一个相当于乘员人数的静负荷,每个人体重以100 kg计,其座位空间如图1-5所示。

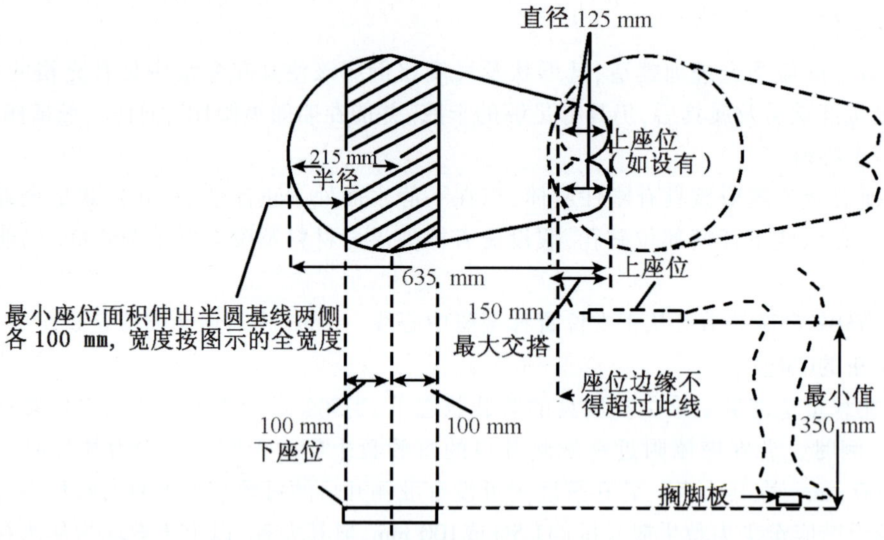

图1-5 救生艇座位图示

(2)对于拟用吊艇索降落的救生艇当该艇从至少3 m高度处投入水中时,每一座位承受100 kg的负荷。

(3)对于自由降落救生艇当该艇从至少相当于其自由降落核准高度的1.3倍处降落时,每一座位承受100 kg的负荷。

六 艇内空间

从艇底表面到超过50%艇底面积的封闭盖或顶篷内面的垂直距离应:

(1)成员定额为9人或9人以下的救生艇,不少于1.3 m。

(2)成员定额为24人或24人以下的救生艇,不少于1.7 m。

(3)成员定额为9~24人的救生艇,不少于以线形内插法确定的介于1.3 m与1.7 m间的距离。

七 乘员定额要求

(1)救生艇容纳人数不得超过150人。

(2)用吊艇索降落的救生艇的乘员定额应不大于下列各数中的较小者:

①以正常姿势坐着时,不妨碍推进装置或任何救生艇属具操作的人数,客船每个人的平均体重为75 kg,货船为82.5 kg,全部穿着救生衣;

②按照图1-5要求的座位设置所能提供的座位数目。倘若搁脚板已固定,有足够腿部活动空间,而且座位上、下垂直分隔不少于350 mm,则各座位形状可以交搭,如图1-5所示。

(3)应在救生艇内明确地标出每个座位的位置。

八 进入救生艇的通道

(1)每艘客船救生艇的布置,应使其全部乘员能在10 min内登艇完毕。

(2)每艘货船救生艇的布置,应使其全部乘员在发出登艇指示时间起不超过3 min登艇完毕,并且能迅速离艇。

(3)救生艇应备有在救生艇任何一舷均可使用的登乘梯,以便水中人员能够登艇。该梯子的最下一级踏板应在救生艇轻载水线以下不小于0.4 m处。

(4)救生艇的布置,应能把失去自主能力的人员从海上或从所躺担架上抬进救生艇。

(5)人员可能行走的所有表面应有防滑层。

九 救生艇的舾装件

(1)所有救生艇(除自由降落救生艇外)应在靠近艇体内最低点处至少装设1只排水阀,该排水阀在救生艇不在水面时自动开启,使水从艇体内排出,并且当救生艇在水中时能自动关闭,以防止海水浸入。每个排水阀应配有1只关闭排水阀的盖子或塞子,以短绳、链条或其他适宜方法系于救生艇上。排水阀应位于救生艇内容易到达之处,并且其位置应明显标示。

(2)所有救生艇应装有舵和舵柄。当设操舵轮或其他遥控操舵机械装置时,舵柄应在万一操舵机械发生故障时仍能控制舵。舵应固定地附连在救生艇上。舵柄应固定地安装或连接在舵杆上,但如果救生艇设有遥控操舵机械装置,舵柄可以是可拆的,可靠地存放在舵杆附近。舵和舵柄的布置,应不致因脱开机械装置的操作或螺旋桨的运转而遭到损坏。

(3)除在舵和螺旋桨附近部位外,应在水线以上、水中人员可到达范围内,沿救生艇外部装设扶手或链环状可浮救生索。

(4)翻覆时不能自行扶正的救生艇,应在艇体底部装设供人员攀附救生艇的适宜扶手。扶手应固定在救生艇上,当受到足以把扶手从救生艇上打掉的冲击力时,打掉扶手而不损坏救生艇。

(5)所有救生艇应该设置水密柜或舱室,供储存细小属具、水和口粮。救生艇应备有收集雨水的设施,另外如果主管机关要求,应该配有能用人工驱动的除盐器,把海水生产成饮用水。该除盐器不能依靠太阳热能,也不能是海水以外的化学品。应该备有储存所收集到水的设施。

十 救生艇的脱钩装置

每艘拟用单根或多根艇索降落的救生艇(除自由降落救生艇外)应设置符合下列要求的脱开机械装置:

(1)该装置的布置应能同时脱开所在吊艇钩。

(2)该装置应具有下列两种脱开能力:

①正常脱开能力,当救生艇浮在水面或吊艇钩无负荷时,不用手动操作就会把救生艇脱开;

②负载脱开能力,吊艇钩受负荷时,会把救生艇脱开。

此脱开的布置应使救生艇在有任何负荷的情况下,从漂浮在水面上救生艇无负荷情况,到等于救生艇载足全部乘员及属具总质量的1.1倍的负荷情况下都能脱开。此种脱开能力应有适当的保护,以防意外或过早使用时不致脱开(适当的保护应包括不属于一般卸载脱开要求的特殊机械保护,另外还有一个危险标志)。

在回收救生艇时,能防止意外脱钩,除非吊钩完全复位,否则吊钩不能承受任何负载,安全销也不能恢复到锁死位置。吊钩位置应该贴出额外的危险说明,以警戒进行挂钩操作的船员必须采用正确的复位方法操作。

释放装置的吊钩设计和安装,应能在准备回收救生艇操作时,使救生艇内的人员能够确认、直接观察到每个吊钩可动部分和吊钩的锁定装置是否复位;可以轻轻扳动表示复位的指针来确认吊钩可动部分复位;同时可以观察到指针的动作。如果同时配有颜色说明操作,那么绿色指示吊钩复位,红色指示吊钩危险。在释放装置附近应该张贴释放吊钩的操作说明。

为了防止救生艇在回收过程中的意外脱开,脱开装置的负载操作应该力求操作者有一个有意的和持续的动作。脱开装置的设计,应该使救生艇内的船员在脱开装置完全、正确复位后和准备起吊时,能清楚地看到。应提供清楚的操作须知,并有适当的文字警告。

(3)脱开控制手柄应有明显标志,其颜色与手柄周围颜色有明显的差异。

(4)救生艇脱开装置固定结构连接件的设计应取安全系数等于6,按所选用材料的极限强度计算,假设救生艇的质量是均匀分布在两艇索之间。

十一 救生艇艏缆的固定装置

每艘救生艇应在艇首,设一装置以固定艏缆。当被船在静水中以5 kn速度拖航前进时,该装置应该能够使救生艇不会出现不安全性和不稳定性。除了自由降落救生艇以外,艏缆固定装置应包括一脱开装置,以使船在静水中以5 kn速度向前航行时,艏缆能从救生艇内部脱开。

十二 救生艇的天线

装有一固定双向甚高频无线电话设备和单独安装天线的救生艇应配备使天线有效地安装和制牢在操作位置上的装置。

十三 救生艇的防护装置

沿船舷降落的救生艇应该设置便于救生艇降落和防止损坏所必不可少的滑橇和护舷材。

十四 救生艇的灯具

顶篷中封闭盖的顶部应装设1盏人工控制灯,该灯应为白色,在上半球体的所有方向上的光强不少于4.3 cd,连续照明不少于12 h,如是闪光灯,在此12 h的运作过程中,该灯以均匀的有效光强每分钟不少于50闪,也不多于70闪;在救生艇内应装设1盏人工控制灯或1个光源,提供照明不少于12 h,使艇内人员能阅读救生艇须知和属具用法须知,但不准使用油灯作此用途。

十五 救生艇的视域

每艘救生艇在视域上的布置,应该为能在控制艇速、艇位操作与操舵位置提供足够的向前、向后和向两舷的视域,以便安全地降放和操纵救生艇。

十六 救生艇的标志

(1)救生艇上应以经久的明显字迹标明所批准的救生艇的乘员定额。

(2)救生艇所从属的船舶名称及船籍港应以粗体罗马字母标明于艇首两侧。

(3)识别救生艇所从属的船舶名称和救生艇号码的标志,应能从空中看清。

思考题

1. 救生艇有哪些技术特性要求?
2. 救生艇的标志有哪些要求?
3. 救生艇的脱钩装置有什么特性要求?
4. 救生艇艏缆的固定装置有哪些要求?

第四节 救生艇的配备、配员与属具备品

要点

为了充分体现"以人为本"的精神,SOLAS公约依据客船、货船等船舶类型、船舶结构的不同,强制规定了配备救生艇的容量。远洋客船每舷配备救生艇,应该能够容纳船上总人数的50%,船长(L)不小于85 m的货船,每舷配备救生艇应该能够容纳船上总人数的100%。每艘救生艇应该配有足够数量的人员来操作和使用救生艇及其配备的属具备品,同时,规定了在救生艇内必须配备属具物品的种类和最低的数量及必要的灭火器材。

必备知识

为了确保海上人员的生命安全,增加船舶应急应变的能力,SOLAS公约中针对船舶的不同用途、航区的不同、船舶大小的不一样,特别提出了海船配备救生艇的具体要求。

一 救生艇的配备

(一)客船救生艇的配备

(1)从事非短程国际航行的客船应配备。符合《国际救生设备规则》所要求的部分封闭或全封闭救生艇,其在每舷的总容量应该能够容纳不少于船上人员总数的50%。主管机关可以允许以相等总容量的救生筏来代替救生艇,条件是船舶每舷应配备足够容纳不少于

船上人员总数37.5%的救生艇。

(2)从事短程国际航行且符合特种分舱标准的客船应配备。符合《国际救生设备规则》所要求的部分封闭或全封闭救生艇,其总容量至少能容纳船上人员总数的30%。救生艇应尽可能等量分布在船舶各舷。

(3)从事短程国际航行而不符合特种分舱标准的客船,其救生艇及救生筏的配备,与从事非短程国际航行的客船相同。

(4)为船上人员总数弃船所需配备的所有救生艇,包括救生筏,应能在发出弃船信号后30 min内,载足全部乘员及属具后降落水面。

(5)500总吨以下的客船,凡船上人员总数少于200人者,在任何一艘救生艇筏掉失或不能使用时,每舷可供使用的救生艇筏(包括存放在一个单一开敞甲板平面上,能够方便地作舷对舷转移的救生艇筏)应足够容纳船上的人员总数。

(二)货船救生艇的配备

(1)船舶每舷1艘或多艘符合《国际救生设备规则》所要求的全封闭救生艇,其总容量能容纳船上人员总数。

(2)货船可配备1艘或多艘符合《国际救生设备规则》所要求的,能在船尾自由降落的救生艇,其总容量能应能容纳船上人员总数。

(3)长度为85 m以下的货船,不包括油船、化学品液货船和气体运输船,在任何一艘救生艇筏掉失或不能使用时, 每舷可供使用的救生艇筏,(包括存放在一个单一开敞甲板平面上,能够方便地作舷对舷转移的救生艇筏),应足够容纳船上的人员总数。

(4)为船上人员总数弃船所需配备的所有救生艇,应能在发出弃船信号后10 min内,载足全部人员及属具后降落水面。

(5)运载散发有毒蒸气或毒气的货物的化学品液货船和气体运输船,应配备符合《国际救生设备规则》所要求的具有空气维持系统的救生艇。

(6)运载闪点不超过60℃(闭杯试验)货物的油船、化学品液货船和气体运输船应配备符合《国际救生设备规则》所要求的耐火救生艇。

二 救生艇的配员与监督

(1)船上应该配有足够数量、受过训练的人员来召集和协助未受训练的人员;

(2)船上应该配有足够数量的船员,来操作船上全体人员弃船所需要的救生艇筏及其降落装置。

(3)每艘要使用的救生艇,应设置1名驾驶员或持证人员负责指挥,另外还应该指派1名副指挥协助工作。

(4)救生艇负责人及副指挥,应有1份该救生艇船员名单,并应确保在其指挥下的船员是熟悉他们的各项任务的。

(5)每艘机动救生艇应指派1名能操作发动机和进行小调整的人员。

(6)船长应确保上述1、2、3条所指人员妥善地分配到本船救生艇中。

三 救生艇的属具备品

救生艇的属具备品(如表1-1所示)中除了钩篙外,其他所有的物品都应该采取固定的方式存放在救生艇内；属具备品应该储存在救生艇密闭的存放舱柜内或救生艇的封闭的舱内，或者储存在托架内或类似的支架装置上或以其他适宜的方式系固于救生艇内。但是,如果救生艇靠吊艇索降落,艇的钩篙应不加固定,以供撑开救生艇。属具的系固方式应不致妨碍任何弃船步骤。各项救生艇属具应尽可能小巧轻便,并应该包装合适而紧凑。

表1–1 救生艇的属具备品

编号	属具备品及标准	数 量	英文名称	作用及备注	图片
1	可浮手划桨	足够数量(自由降落救生艇除外)	buoyant oars	供在平静海面划桨前进,所配备的每支桨应配齐桨架、桨叉或等效装置。桨架或桨叉应以短绳或链条系于艇上	
2	带钩艇篙	2支	boat–hook	用于操艇	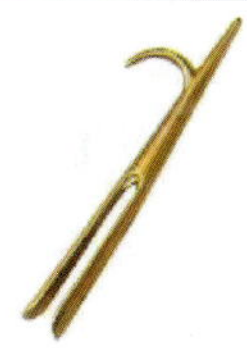
3	可浮水瓢 水桶	1只 2只	a buoyant bailer and two buckets	用于排出艇内积水和收集雨水等	
4	救生手册	1本	survival manual	临时救急使用	
5	操舵罗经	1只	operational compass	该罗经具有发光剂或适当照明装置,在全封闭救生艇内,该罗经应固定在操舵位置;任何其他救生艇,该罗经必要时应配备1只罗经柜以保护它免受气候影响,并且应配备支架装置	

续表

编号	属具备品及标准	数　量	英文名称	作用及备注	图片
6	海锚	1只	sea-anchor	配有浸湿时还可以用手紧握的耐震锚索1根。海锚、耐震锚索和收锚索（如设）的强度在一切海况中均应是适用的	
7	艏缆	2根	painter	首缆长度不小于从救生艇存放位置至最轻载航行水线距离的2倍或15 m，取其长者	
8	太平斧	2把	hatchet	救生艇首尾端各1把	
9	淡水	每个乘员3 L	fresh water	其中每个人所需1 L的淡水可用2天内能生产等量淡水的海水除盐器来代替，或者其中每个人所要2 L的淡水可用2天内能生产等量淡水的人工逆渗透除盐器来代替	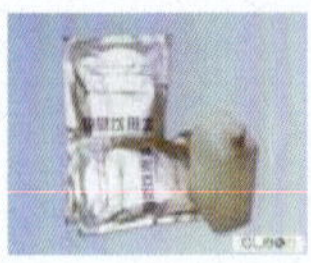
10	附有短绳的不锈水瓢	1个	rustproof dipper with lanyard		
11	不锈饮料量杯	1个	rustproof graduated drinking vessel	分配淡水时使用	
12	口粮	一份	food ration	额定乘员每人不少于10 000 kJ口粮	
13	火箭降落伞火焰信号	4支	rocket parachute flare	当发现他船，向他船求救时用	
14	手持红火焰信号	6支	hand flare	当发现他船，向他船求救时用	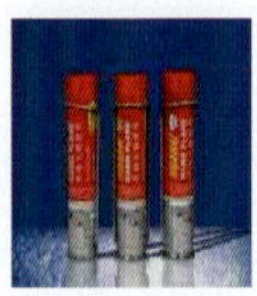

续表

编号	属具备品及标准	数 量	英文名称	作用及备注	图片
15	漂浮烟雾信号	2支	buoyant smoke signal	发现他船，白天发出求救信号	
16	防水手电筒	1只	waterproof electric torch	需要发送联络信号和求救信号时用	
17	日光信号镜	1面	daylight signalling mirror	当其他求救联络信号失效，用其进行联络求救	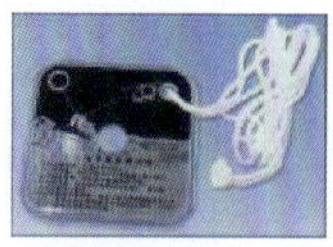
18	救生信号图解说明表	1张	one copy of the life-saving signals	印在防水硬纸上或装在防水容器内，说明防水硬纸制成	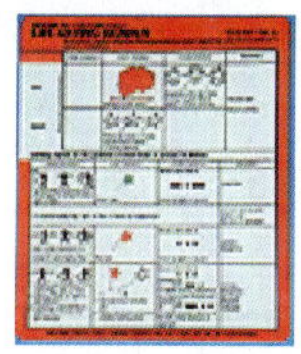
19	哨笛或等效的音响号具	1只	whistle or equivalent sound signal	供联络和发送求救信号时用	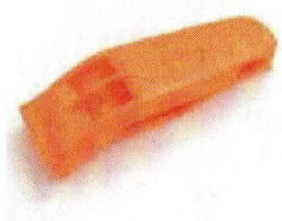
20	急救药包	1套	first-aid outfit	医疗救助时使用，存放在密闭的防水盒内	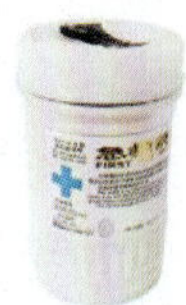
21	防晕船药和清洁袋	每人1份	anti-seasickness medicine	晕船药至少够48h用，清洁袋备晕船呕吐时使用	
22	水手刀	1把	jack-knife	以短绳系于艇上	
23	开罐头刀	3把	tin-opener		

续表

编号	属具备品及标准	数　量	英文名称	作用及备注	图片
24	系有长度不少于30 m浮索的可浮救生环	2个	buoyant rescue quoit	抛掷给水中人员，进行海上救助落水人员	
25	手摇泵	1只	manual pump	用于排出艇内积水	
26	钓鱼用具	1套	fishing tackle	在有淡水时，用于钓鱼补充食品	
27	工具	足够数量	tools	对发动机及其附件作小调整	
28	手提式灭火器	1具	portable fire-extinguishing equipment	适用于扑救油类火灾	
29	探照灯	1具	searchlight	具有垂直和水平扇面至少为6°，所测的光强为2 500 cd，连续工作不少于3 h	
30	雷达反射器	1具	radar reflector	增大被发现的机会(配有雷达应答器者除外)	
31	保温用具	10%的额定乘员或2件，取其大者	thermal protective aid	防止暴露，防寒保暖	
说明	如主管机关在考虑该船所从事的航行性质与时间认为12和26项所规定的属具为不必要者，可准予免配				

救生艇用灭火器

救生艇配备的便携式灭火器，主要是干粉灭火器，还有少数救生艇配备泡沫灭火器，救生艇配备使用的灭火器必须符合SOLAS公约、FSS规则及其修正案等，以及我国关于配备使用船用便携式灭火器法规的技术要求。

灭火器是指其内储存的物质(灭火剂)释放后可以使火熄灭，灭火器内存的灭火剂是通过内部压力的作用被排出并喷射进火中，便携式灭火器是指一种用手提携并操作的灭火器，在工作状态时总重量不应该超过23 kg。配备灭火器的大小和型号主要是根据所保护区域潜在的火灾危险，同时还应该注意在小范围内释放出的灭火剂量不致使人员遭到危险。救生艇所配备的灭火器通常是5 kg容量的。

救生艇用灭火器的钢瓶表面必须标有明显的标志。标志上应该至少清楚地表示出：制造厂商的名称；灭火器所适应的火灾类型；灭火剂的类型和数量；认可的细节；使用说明和再次填装料的说明(使用说明最好用图解式)；制造年份和试验压力等信息。

救生艇上配备的干粉灭火器，主要是依靠驱动气体(二氧化碳、氮气)驱动干粉灭火剂喷射火源中灭火，重点考虑救生艇机器处所为保护区域。

在救生艇上配备的干粉灭火器，结构上主要是内装式。内装式干粉灭火器主要构件有灭火器钢瓶、瓶盖、瓶盖上连接着喷射系统、开启机构等设施，灭火器钢瓶内配装有驱动气体的驱动钢瓶。在瓶盖上连接配装的开启系统，主要由压把、压杆、限位弹簧、穿刺钢针等部件组成。压杆上与压把连接，下与穿刺钢针相连，限位弹簧使穿刺钢针平时与密封膜片保持一定距离，避免意外碰破膜片造成灭火剂误喷射，在操作时拔出压把上的保险销，压下压把，压杆就会推动穿刺钢针刺破驱动钢瓶的密封膜片，驱动气体喷射出来，在灭火器钢瓶内带动灭火剂通过喷射系统喷射出钢瓶，起到灭火作用。另外，还有的救生艇上配备的干粉灭火器是贮压式，贮压式干粉灭火器结构简单，由于压缩氮气和干粉共贮于灭火器的钢瓶内，因此没有驱动钢瓶的设施系统，为了显示压力，在刚瓶盖上设立一块压力表，以备检测钢瓶内的压力值是否在允许范围内。操作方法与内装式基本相同。

救生艇上配备使用的泡沫灭火器其灭火剂主要是轻水泡沫(也称为“水成膜泡沫”)，这种灭火剂具有非常好的流动性、抗油污染，泡沫和水膜的共同存在，能迅速地抑制燃油蒸汽的蒸发、隔绝空气、快速灭火。

轻水泡沫灭火器依靠驱动气体(二氧化碳或氮气)驱动并搅动空气泡沫灭火剂喷射至火源灭火。这种灭火器在结构上、开启的操作上都与内装式干粉灭火器相似，主要结构的构件有灭火器钢瓶、瓶盖、驱动钢瓶、喷射系统、开启机构及密封零件等。在操作使用清水泡沫灭火器灭火时，要注意将灭火器从存放架提出后，垂直提至火场，尽可能站在上风位置，拔出保险销，压下释放的手柄，将灭火剂喷向火源灭火。轻水泡沫灭火器存放环境最好保持温度在-8~45℃，每月进行一次检查，当驱动器体重量减少10%时，应该及时补充。

救生艇用的灭火器，平时在救生艇内专用的存放架上存放，不得随意移动，紧急时操作人员可以从存放架上取下灭火器，携带到火场灭火。在自由滑落救生艇上由于救生艇内活动的空间比较狭窄，所配备的灭火器是固定存放在存放架上的，专门敷设了一套喷射管路，一端与灭火器的喷嘴紧密相连，另一端设立在救生艇机器被保护区域场所合适的位置上，紧急释放时，灭火器不用从存放架上取出，直接在存放架上进行释放操作，灭火剂可以沿着喷射管路喷射到被保护场所。

救生艇内所配备的灭火器要按照制造厂商的说明进行定期的检查和保养，检查和保养的周期不得超过一年。在检查时，要注意检查各连接部件连接的是否牢固紧密，喷嘴中的防潮堵是否有松动、脱落的现象，如果发现应该立即更新。在检查中发现干粉受潮结块，应该立即更新，当灭火器的重量减少10%时，应该更换。救生艇的灭火器应该每5年测试喷用一次。灭火器的钢瓶与喷射容器每隔10年内依据规定的标准或制造厂商的说明进行一次水压测试。救生艇所配备的灭火器要始终保持随时可用的良好技术状态。

思考题

1. 在货船和客船上对救生艇的配备有什么要求？
2. 在救生艇的配员上有哪些要求？
3. 救生艇的属具备品在存放上有什么要求？
4. 救生艇上至少有哪些属具备品？
5. 如何使用救生艇内配备的灭火器？

第五节　救生艇的存放

要点

SOLAS公约针对救生艇的存放场所提出了具体的要求，救生艇及释放装置的布置要满足快速操作的要求，要由2名船员在不到5 min内就能够完成降放与登乘的准备工作；救生艇的存放在船舶横向不能够超过船舶的两舷侧，应该远距离地离开船舶的推进器等。客船上救生艇的存放考虑到旅客的特殊情况，要求登乘位置的吊艇架顶部距船舶最轻载水线应该尽可能不超过15 m。

必备知识

救生艇存放在船舶上，既不影响船舶的正常航运生产，又要符合在应急应变时，能够满足迅速、安全、方便地提供给船上人员使其能顺利地登乘和及时地脱离难船，并且能够安全地进行海上求生，因此，救生艇筏的存放应该符合公约及规则的要求。

一　救生艇存放的一般要求

(一)每艘救生艇的存放时的要求

(1)救生艇及其存放装置，均不会妨碍存放在任何其他降落站的任何其他救生艇筏或救助艇的操作。

(2)在安全可行的情况下,尽可能靠近水面;其登乘地点,在船舶满载时纵倾至10°和任何一舷横倾至20°或横倾至船舶露天甲板的边缘浸入水中的角度（取较小者）的不利情况下,应离水线以上不少于2 m。

(3)处在持续使用准备状态,使2名船员能在不到5 min内完成登乘和降落的准备工作。

(4)救生艇应装备齐全。

(5)在切实可行的情况下,位于安全的并有遮蔽的地方,并加以保护,免受火灾和爆炸引起的损坏。尤其是油船上的救生艇,不应存放在货油舱、污油舱或其他含有爆炸性或危险性货物舱的上方。

(二)顺船舷降落救生艇的要求

顺船舷降落的救生艇,应存放在推进器之前尽量远的地方。在船长为80 m及以上但少于120 m的货船上,每艘救生艇应存放在使救生艇尾端至少在推进器之前不少于该救生艇长度的地方。在船长120 m及以上的货船与80m及以上的客船上,每艘救生艇应存放在使该救生艇尾端至少在推进器之前不少于一倍半救生艇长度的地方。若适合,船舶的布置应对在存放位置的救生艇加以保护使其免受巨浪引起的损坏。

救生艇应附连于其降落设备上存放。

二 客船救生艇存放的附加要求

客船上救生艇的存放高度应考虑到救生艇存放高度的一般要求，并应满足脱险通道的规定,船舶的尺度,以及在拟定营运的海区可能遇到的气象状况。

对采用吊架降落的救生艇,在其登乘位置的吊架顶部至最轻载航行水线之间的高度,应尽可能不超过15 m。

思考题

1. 救生艇在存放中有哪些技术要求?
2. 客船上救生艇存放的附加要求有哪些?

第六节 救生艇的维护保养与检查

要点

本节根据SOLAS公约的规定,提出了对救生艇、降放装置及其附属设施维修保养的规定要求。为了达到救生艇及其降放装置在船始终处于良好的技术状态,提出了日常维修保养的主要工作内容,并且对于周、月的检修、验视项目提出了最低范围的要求和具体的标准,同时本节介绍了PSC检查中在救生艇检查方面常见的缺陷。

必备知识

一 船上维护保养须知

救生艇的船上维护保养须知应是易懂的，如果有可能应加以图解说明，救生艇的维护保养须知应包括如下几项内容：

(1)月度检查时所用的检查清单。

(2)维护保养与修理须知。

(3)定期维护保养计划。

(4)润滑点示意图，并注明建议用的润滑剂。

(5)可替换部件一览表。

(6)备件来源一览表。

(7)检查和维护保养记录簿。

二 使用准备状态、维护保养与检查

(一)使用准备状态

在船舶离港前及在整个航行期间内，救生艇必须处于正常工作状态，并立即可用。

(二)维护保养

(1)应备有救生艇船上维护保养须知，并应相应地进行维护保养。

(2)如果船上计划维护保养表包括了维护保养须知，则可用船上计划维护保养表来代替船上维护保养须知。

(三)吊艇索的保养

(1)降放救生艇所用的吊艇索两索端应互相调头使用，其间隔时间不超过30个月，当吊艇索变质损坏时需要换新，在不超过5年的间隔期内，亦应该换新。

(2)如果不采用上述的两端调头的方法，而是采取定期检查吊艇索，任何时候发现吊艇索由于变质而需要换新时，或在吊艇索使用不超过4年的间隔期内(取其较早者)，应予以换新，主管机关也予以认可。

(四)备件与修理设备

救生艇及其易损或易耗而需要定期更换的部件，应配有备件与修理设备。

(五)检查

1. 每周检查

(1)船上的所有救生艇及降落设备应进行目视检查，以确保其立即可用。

(2)只要环境温度在启动和运转发动机所要求的最低温度以上，所有救生艇的发动机应进行运转试验，总时间不少于3 min。在这段时间内，必须证实齿轮箱和齿轮箱传动系统运行正常。

(3)通用应急警报系统应进行实验。

2. 月度检查

(1)每个月都应该对救生艇进行彻底的检查，包括救生艇的属具和备品，以确保完整无缺，并处于良好状态。检查报告应载入航海日志及检查和维护保养记录簿。

(2)对于金属箱柜装、塑料桶盛装的淡水每个月更换一次。

此外,救生艇内的食品每半年抽查一次,如果发现有变质、发霉的,应该全部换新。每年将救生艇表面油漆一次,使其表面颜色新鲜,标记清楚。每年船舶进厂修理时,要对救生艇浮力等进行必要的检测和试验。

三 救生艇日常维护保养和检查的工作内容

救生艇的维护保养和检查直接关系到救生艇的使用效率,因此也直接关系到船舶遇险后船员的生命安全能否得到保障。虽然在日常保养和检查工作中,主要由三副负责具体的工作,可是对于艇发动机的保养和检查是由船上的指定轮机员负责;因此,船长、大副、轮机长都应该积极参与对救生艇的检查与保养的领导、督促和指导;船公司也应从安全的角度出发,加大对救生艇的保养和检查工作的监管力度,确保救生艇处于良好的技术状态。

(1)在进行救生艇的安全检查前,一定都要按照船舶安全管理体系的要求,首先要做好安全的保护性工作,特别是在准备进入艇内进行检查前,一定要保证检查维修工作的安全,在救生艇的首、尾吊艇钩上安装的吊艇钩悬挂索是否已经安装好、是否牢固,而且必须有两个人以上参加,在实施检查中要有专人做好安全监督保护。

(2)必须保证救生艇的结构、部件、设备和属具处于完好和随时可用状态。

(3)制定和张贴"救生艇放艇操作的方法",要定期对全体船员进行救生艇使用的培训。

(4)每个月必须检查救生艇结构的水密情况,如艇壳有无变形、裂纹,空气浮箱是否正常,吊艇钩和基座、连接螺丝是否严重锈蚀等。

(5)每个月检查"救生艇放艇操作的方法"以及其他有关的张贴物是否正确,有无丢失、破损或模糊不清。救生艇的脱钩设施是否处于良好的技术状态,是否可用。

(6)按照配备规定,每个月检查救生艇属具备品是否齐备、损坏和丢失。对有使用期限的食品、淡水、药品及救生信号等物品应该特别注意检查是否处于有效期内,各属具备品的标记是否清晰明显,并且要按时更新

(7)每个航次检查吊艇架的活动部件是否活络,有无锈死或油漆卡死的现象,检查吊艇钢丝有无断丝,润滑油是否硬化,艇架的限位开关是否正常,检查动力装置与手动收艇装置之内的连锁保护装置是否正常。

(8)要定期试验、维修、保养艇机及其属具。

(9)每周对机动艇检查发动机的启动、运转,离合器的闭合、脱开和正、倒车等动作是否正常,运转时间不少于3 min。

(10)每周检查吊艇架机械系统是否正常。

(11)每个月救生艇应该扬出舷外,放置干舷、船员就位,属具备品清点;每3个月救生艇应该脱钩降放入水一次进行操艇训练。上述演习完毕应该记录在"航海日志"、"轮机日志"和"船舶演习记录簿"上。

(12)对救生艇设备及属具要经常整理及保养,若有损坏或过期失效应及时报告申请补充换新。

(13)救生艇架、钢丝和滑轮等活动部件应每3个月检查、除锈、油漆和加润滑油一次;

吊艇钢丝按时间调头或换新,该项工作必须有记录。

(14)检查和保养的结果应该记入“救生设备维护保养手册”中,船员无法消除的缺陷应由三副填写“消防、救生设备缺陷报告”,船长签字后上报公司。

PSC检查常见缺陷

PSC是PORT STATE CONTROL的缩写,是人们对港口国监督、港口国监控、港口国检查的习惯性说法,其核心意义是港口所属国家的主管机关对停靠在其港口的外国籍船舶的安全检查。检查范围包括:船舶及其设备状况是否与所持有的技术证书相符,船上的应急设备部署,船员的应变能力是否符合要求,船员对其职责相关的设备、设施操作是否熟悉、熟练等。

港口国监督的主要目的是为了在船舶开航前发现和消除船舶的重大缺陷、隐患及其他不安全因素,保障海上人命和财产的安全,防止水域污染。港口国监督检查、评估后,担负检查的主管机关向所检查船舶的船长提供一份港口国检查的报告,说明检查的结果以及要求船舶应该采取的纠正措施等文件资料,并限期船长、船舶所有人纠正,有权对有重大缺陷的船舶实施滞留。因此,广大的船员在船工作期间,除了要熟悉自己的职责和设备的安全操作外,更要保证对设备的维修保养,使其处于良好的技术状态。PSC检查过程中,对救生艇检查时,常见的、不允许存在的缺陷主要有以下三个方面:

1. 救生艇本身方面的缺陷

- 艇外壳无艇身尺寸,艇外壳无艇号,艇无IMO编号
- 艇名、呼号字迹不清楚,艇顶部无船名和呼号,艇顶上字体太小
- 艇内没有涂刷船名呼号以供识别,座位无编号
- 艇内红光火号没有SOLAS公约认证文字,艇内标志不齐全
- 艇没有防雨罩,艇罩无船名呼号
- 艇玻璃老化,艇外扶手绳浮子没安装
- 救生艇艉轴封故障,艇舵附近有锈
- 艇底板部分腐烂
- 艇外挡扶手绳缺少手握胶木
- 艇不能正常启动或不工作

2. 救生艇属具方面的缺陷

- 艇内缺少磁罗经或罗经不好用或罗经的玻璃罩破碎
- 艇用磁罗经内液体混有锈色,罗经有气泡,罗经灯不亮
- 艇龙骨附近两侧无反光带,或反光带张贴不正规
- 艇内食品、药品、机器备件箱等未放于水密容器内
- 没有系固艏缆,或艏缆未按要求始终连接在船舷栏杆上
- 艇的桨腐蚀,艇海锚破损
- 手电筒不亮,艇探照灯不工作
- 艇内无工具箱
- 艇内铁水桶、水瓢有锈、较脏
- 艇口粮不气密须换新,食品到期

- 急救药包过期
- 艇灭火器长期无检查记录
- 救生艇内干粉灭火器气瓶压力不足
- 艇手动抽水泵固定板破损，或泵端盖漏气，或不能正常使用

3. 救生艇存放方面的缺陷

- 艇操作说明书未张贴
- 艇架上没有标记救生艇吊艇钢丝的两头对调的日期
- 去救生艇甲板指示图标缺少，缺少IMO救生图标
- 登艇梯口缺少扶手栏杆，或扶手栏杆损坏
- 通往登艇梯的活动扶手栏卸扣锈死
- 艇梯油麻绳有腐烂，艇救生绳梯踏板有损坏
- 艇机器罩未固定
- 固艇索钩不活络
- 艇电瓶电不足，启动失败
- 艇机未按要求检查修理

思考题

1. 在救生艇维修保养上需要配备那些文书资料？
2. 在救生艇的维修保养上有哪些要求？
3. 在对救生艇进行检查保养工作前有哪些安全保障的要求？

第二章 救生艇的降放设备

降放设备是指将救生艇筏、救助艇从其存放位置安全地转移到水上的设施。救生艇的降放设备属于专用应急设备,主要作用是在平时用来存放救生艇,当船舶发生海难事故时,用来紧急降放救生艇。另外,它还具有收回救生艇的功能。当船舶遇险时,船员是否能够顺利地降放救生艇,其设备的技术性能和操作人员的熟练程度起着决定性的作用。因此,要求广大船员了解和熟悉救生艇、救助艇的降放与回收装置的性能和操作技能。

第一节 救生艇的降放设备及结构特点

要点

救生艇的降放设备与救生艇是紧密相连的,因此,海船船员必须熟悉一些在船上常用的救生艇降放设备的结构特点,以利于维修保养和应急时的操作。本节主要介绍了救生艇筏降放设备的种类、结构特点、名称及作用。

必备知识

救生艇的降放设备习惯上称吊艇架,对于艇的存放和降放始终受到专业人员的关注,吊艇架是在不断的改进、提高和完善中发展的。

一 吊艇架的种类

目前,海船救生艇配备使用的吊艇架,都要符合SOLAS公约的要求。海船上通常所用的吊艇架,按照降放的形式分类主要有两种。

(一)重力式吊艇架

《国际救生设备规则》要求,除了自由降落救生艇的辅助降落设备以外,救生艇的降放设备都必须依靠重力使救生艇降落水面。每艘救生艇配备一副吊艇架,重力式吊艇架通常安装在船舶的两舷。要求在客船和货船上的救生艇都要配备重力式吊艇架(或自由降落式吊艇架)。

重力式吊艇架在结构上主要有两部分:一部分是吊艇架,另一部分是吊艇架的底座。吊艇架主要是担负悬吊救生艇和将救生艇抛出舷外或收回舷内固定存放的。吊艇架的底座固定在船体的救生艇甲板上。底座与活动的吊艇架用铰接相连,在日常救生艇处于存放状态时,用安装在底座上的安全栓(安全销)来固定吊艇架。在进行救生艇的降放操作时,解脱其他固定艇的索具,打开底座上前后两个安全栓,松开吊艇机的制动器,吊艇架带动着救生艇借助救生艇本身的重力滑出或倾出舷外,直至降落水面。

重力式吊艇架主要有两种形式,分别为滑轨式和倒臂式,倒臂式包括直杆式吊臂和叉形式吊臂(图2-1)。

滑轨式吊艇架　　倒臂式吊艇架

图2-1 重力式吊艇架

(二)自由降落艇的降放装置

自由降落救生艇及降放装置是在20世纪70年代中期,由挪威一家船研所和航运公司研究制造的。其研发的目的是改变救生艇在船存放的现状,进一步加快救生艇脱离难船的时间。自由降落救生艇及降放装置在船上装配使用后,立即得到国际海事组织的认可,并在SOLAS公约和LSA规则中提出了自由降落救生艇及降放装置的具体技术性能的要求,由此在船上得到了比较普遍的配备(图2-2)。

除了在船舶配备的重力式吊艇架、自由降落艇的降放装置外,有时候在海上石油钻井平台上还可以看到一些框架式、倒架式吊艇架。

图2-2 自由降落艇的降放装置

二 自由降落艇的降放装置及结构

自由降落救生艇的降放装置安装于船舶的尾部，平时存放自由降落救生艇，应急时，用于进行艇的降放或回收操作。降放装置的技术性能应该符合SOLAS公约和LSA规则的要求，同时符合我国《海船救生设备配备规范》的规定。

(一)自由降落救生艇降放装置的结构

自由降落救生艇的降放装置主要由两大部分组成：一是吊艇架及其附属设施；二是吊艇机及其附属设施。

自由降落救生艇降放装置不少的构件名称与以往普通救生艇不一样，其各部位结构名称见图2-3。

图 2-3 安装在船的自由降落艇及降放装置图示

(二)吊艇架及其附属设施的作用(见图2-4)

吊艇架由吊艇臂、横担、滑道、压艇装置、挂艇装置、释放钩装置及其附属构件组成,其结构简单明了,方便于操作,适合于检查、维护和实验。

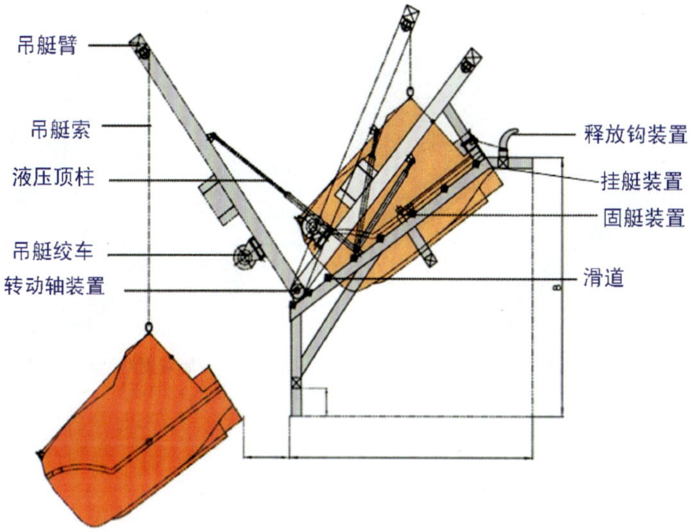

图2-4 自由降落艇降放装置的结构名称

(1)吊艇臂(Davit Arm)是门字形框架式起重臂(见图2-2),有7~8 m高。吊艇臂的框架底座下倾约为30°,吊艇臂与其框架底座下端的可转动滚轴铰接,使吊臂可以上下起伏,主要作用是利用吊艇机收、放救生艇时,借助吊臂的起伏,使救生艇收进或降放出吊艇架。吊艇臂的起伏动力是通过操纵液压控制的顶柱来达到功效的。

(2)横担(横梁)(Traverse)(见图2-3):在吊臂的顶端设有两个滑车,由吊艇索通过滑车连接横担(横梁),使横担的两边正好在吊臂框架内的范围里,横担左右两端各连接一个带有转环的吊钩,吊钩挂在自由降落救生艇左右吊艇索的吊环上。其主要作用是在吊艇机收进(降放)救生艇时,能使艇平稳地绞起并且不旋转。由于横担位置的限定又使吊起的艇在吊艇臂绞起和放下时,能稳定地进入到门字形框架,不碰撞框架及其他设施,又能平稳地落入座架的滑道上。

(3)滑道(Ramp):自由降落救生艇降放装置的滑道是指着设在吊艇架底座上,下倾30°的座架上的滑轮。滑轮镶装在吊艇架底座的两边内侧,左右两侧各设10个左右不等距的橡胶质的滑轮,自由降落救生艇左右两舷的滑板落座在这些滚轮上。艇首部的轮子间距相对小一些,艇尾部各滑轮间距相对大一些,其主要作用是减少救生艇在自由降落降放时向下滑出时的阻力,并具有引导下滑方向的作用。由于滑轮镶装的位置和方法,又使滑道具有局部定位的作用,以达到船舶在不利纵倾达10°并向任一舷横倾20°时,救生艇能顺利降放,并且能够朝着船尾的方向,驶离难船。

(4)压艇装置(Fitted Unit):安装在吊艇架底座架上,在救生艇两舷侧各设一个压艇装置,是由压艇板座架及附属构件组成(见图2-5)。压艇板由螺栓固定在一层钢质弹簧垫圈上,与座架固定相连。压艇板与救生艇首尾向垂直。安装在救生艇中间部位,配合镶装在艇滑道上边的楔形装置上。压紧救生艇使其牢牢地固定在吊艇架上,避免因为大风浪天气等不良因素导致艇的移动。另外压艇板在靠近救生艇的一端通过细钢丝、链条、螺丝扣环与一个静水压力释放器相连。静水压力释放器固定在吊臂靠近救生艇尾部的支架上，以便于当船舶下沉速度太快，没有来得及降放救生艇时，借助于静水压力释放器的作用，解脱压艇装置(使压艇板转至90°与艇首尾平行，而且不妨碍艇的漂浮、下滑、降放)，使救生艇达到自由漂浮降放的效果。

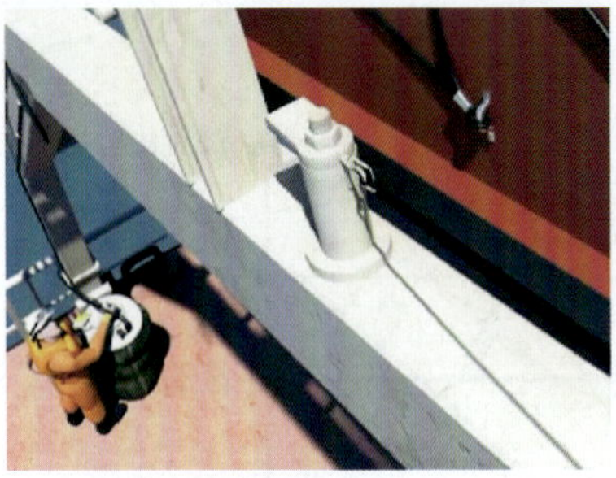

压艇装置脱离压艇位置

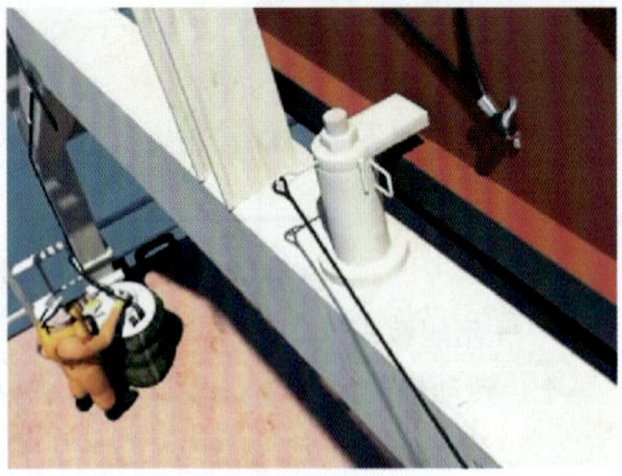

压艇装置处于压艇位置

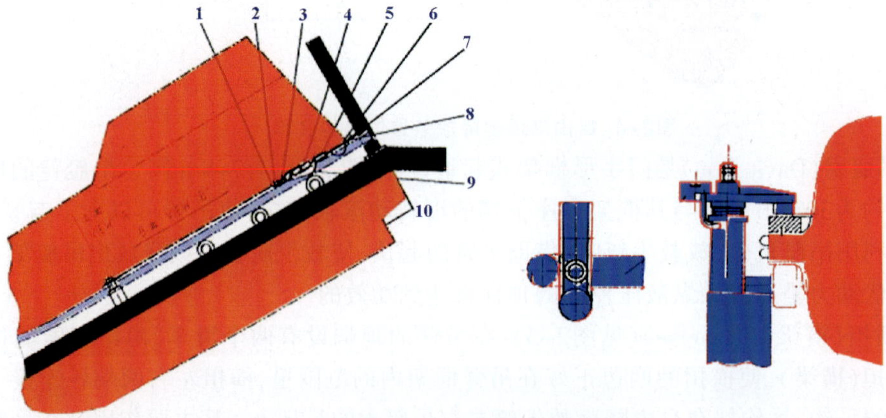

图2-5 压艇装置示意图

1—压艇板座架；2—压艇板螺栓；3—钢质弹簧垫圈；4—压艇板；
5、6—压艇板固定螺帽；7、8、9、10—净水压力释放器及其连接属具

(5)释放钩固定装置(Gripping)：释放钩固定装置安装在人员登艇的集结甲板上，与自由降落救生艇艇尾的释放钩相连接（见图2-6）。在集结甲板上设有一个有一定弧度的座

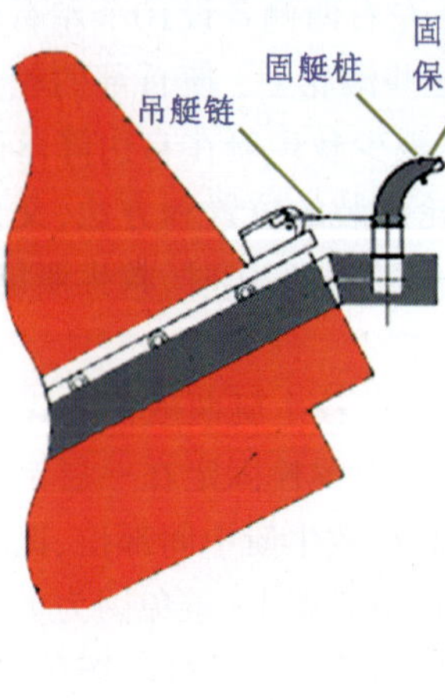

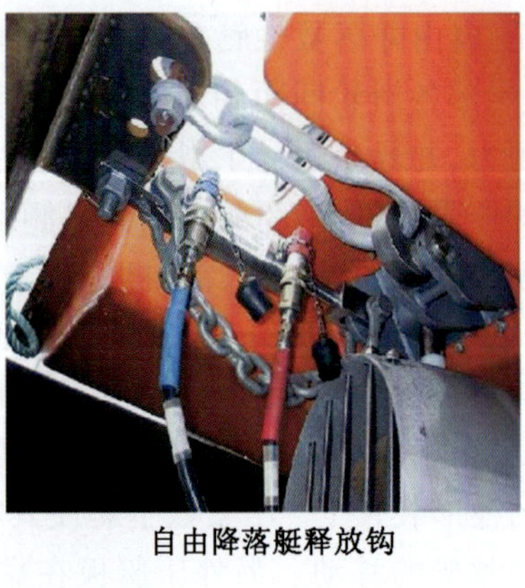

自由降落艇释放钩

图2-6 艇的释放钩示意图

板。座板上连接着一短链环与救生艇钩相连接，便于平时固定救生艇，防止其沿滑道下滑。应急时，在艇内又能够方便解脱操作。

(6)挂艇装置(Aft Lashing)(见图2-7)：安装在艇员集结的平台，在与救生艇艇尾挂艇眼板相对应位置上也设立一个连接一个卸扣的眼板，可以用钢丝绳及专用绳索连接艇与甲板平台，其主要作用是在做演习训练时，可以进行脱钩的释放操作。在救生艇的释放钩解脱时，救生艇能下滑一段距离，但不能落入水中。在船舶正常航行时，挂艇装置决不可以与救生艇相连接，演习操作前，由专人负责连接好挂艇装置。演习完后立即解脱，决不可以疏忽，避免发生应急时救生艇不能降放入水的事故。

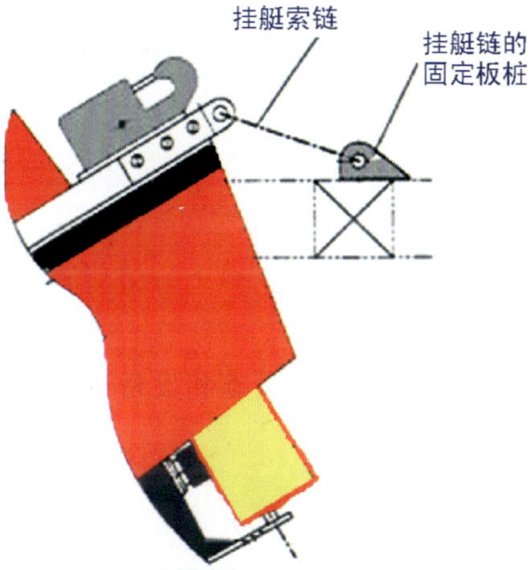

连接时的挂艇装置

图2-7 挂艇装置示意图

(三)吊艇机及其附属设施

吊艇机及其附属设施是自由降落救生艇降放装置的动力部分，作为回收救生艇和使用吊艇臂辅助降放救生艇时的动力。主要设备及属具有电动机、高压油泵、吊艇索导向滑车及吊艇索滚筒组成。电动机是船用三相异步电动机，吊艇机的液压泵站由电动机驱动，以能够抵抗一定压力的管路连接在整个系统、各接口、油口都采用有效的密封件密封，整个系统工作压力为15.5 MPa，液压泵站油箱存油量为140 L。

吊艇索通常采用18×19-20-1670规格的不旋转钢丝绳[表示18股，每股19丝，直径20 mm，钢丝抗拉强力为1 670 N/mm^2(170 kg/mm^2)左右]，吊艇机配备的滑车大多数都是固定转角滑车，其主要是为了导向或减少拉力。

吊艇索滚筒，由于吊艇设备只配备了一根吊艇索，因此，配备了一个滚筒，要求吊艇索在滚筒上整齐地排列，不可以混乱挤压。

思考题

1. 船舶上配备哪些种类的吊艇架？
2. 自由降落式吊艇架主要由哪些设施构成？其主要作用是什么？

第二节　降放装置的主要设备与配件

要点

在重力式救生艇的降放装置及附属设施中，一些专用的配件和设施在操作中起到了非常关键的作用，主要有吊艇机、遥控降放装置、稳索、止荡索、吊艇滑车、吊艇索。本节重点讲解这些设施的技术性能、特点、要求和在救生艇存放和降放操作时起到的作用。

必备知识

救生艇的重力式降放装置除了吊艇架、底座外，还配有一些附属设施和设备，以便于安全、迅速、顺利地进行艇的收放操作。

一　吊艇机

吊艇机(Lifeboat Handling Winch)是降放装置的动力设备，主要作用是提供回收救生艇、救助艇的动力。另外，通过调速制动器，还起着在救生艇、救助艇降放时控制下降速度的作用。在现代船舶上回收救生艇、救助艇的主要动力源有两种：一种是机械动力源，包括电源和压缩空气来作为动力源；另外一种是以人力操作来作为回收艇的动力。

依靠着吊艇机的动力，可以将载有乘员的艇，从水面直接收回到存放的位置。当吊艇架被收回到距离存放合适的位置大约有300 mm时，吊艇架上设有限制器切断动力开关，防止吊艇索和吊艇架过度受力，损坏器材和设备。因为吊艇机上还设有人力手动回收装置，可以借助人力将艇绞收到存放的合适位置。当吊艇机失去机械动力源时，还可以利用人工操作将载有艇员的艇，从水面绞收回存放的合适位置。

吊艇机的电动机带动滚筒控制吊艇索进行艇的收回操作，要求吊艇索在滚筒绞收时，一股挨着一股，整齐地排列在滚筒上，不可以多于两层，因此，引导滑车距离滚筒至少2 m，以保证吊艇索正确地缠绕在滚筒上。吊艇索整齐地排列在滚筒上，也避免了艇在降放操作时，被缠绕的吊艇索阻止下降。

二　遥控降放装置

在全封闭救生艇配备的重力式吊艇架的吊艇机上安装了遥控降放装置，即由一根细钢丝可以直接控制吊艇机制动装置的设施。遥控钢丝的另一端控制拉环，直接引导到全封闭救生艇内。在进行全封闭救生艇的降放操作时，打开吊艇架的保险栓和其他的索具后，全体人员都进入救生艇内，在艇内拉动遥控降放的拉环，就可以将救生艇直接降放到水面，加快了救生艇降放的时间，保证了全体人员安全撤离难船。

三 稳索、止荡索

在吊艇架上附设有不少的索具，当救生艇、救助艇处于存放状态时，能够防止由于船舶摇摆而使艇晃动的索具叫稳索。船舶在航行时，如果不能够将艇很好地固定在吊艇架上，随着船舶的摇摆产生的剧烈晃动不仅仅会造成艇的损坏，严重时还会增大船舶的倾覆幅度。因此，救生艇、救助艇处于存放位置时，一定要系牢固定好，避免发生意外。

止荡索，是在救生艇、救助艇进行降放操作时，为了防止艇的晃荡与船舷产生碰撞所设立的索具。由于止荡索具有固定的长度，设立在吊艇架与艇的首尾吊艇钩附近，因此，当艇降放至船舷外与登乘甲板（救生艇甲板）平行时，由于止荡索的存在，将艇与登乘甲板之间的距离缩短为最小，如果再继续降放，由于止荡索的长度所限，将会导致艇向外倾覆，所以又称止荡索为限位索。另外，当大风浪中降放救生艇、救助艇时，在艇的降放过程中为了降低艇的晃荡程度、减轻艇与船舷的碰撞，在两根吊艇索的外围加围一根止荡索，用力收拢，也可以控制吊艇索的晃荡。

四 吊艇滑车、吊艇索

为了改变吊艇索的受力方向和节省吊艇索的受力，在吊艇索的串引过程中配备了许多滑车，称为吊艇滑车。吊艇滑车是吊艇索与救生艇相连的必需的专用设备。

吊艇索应该是不旋转的、柔软的、并有足够韧性的防锈蚀钢丝绳。其长度应该在船舶最小吃水并向任一舷横倾20度时，能够将艇降放至水面。

思考题

1. 降放装置中的稳索、吊艇索、止荡索的作用是什么？
2. 吊艇机的作用是什么？有哪些技术要求？
3. 遥控降放装置的作用是什么？

第三节　救生艇降放设备的一般要求

要点

LSA 规则针对重力式吊艇架、自由降落式吊艇架提出了详细的技术特性的要求，如重力式吊艇架要能够在船舶任何装载情况下，在艇处于满载时能够依靠本身的重力安全降落。应该由一个人就能够在船舶甲板上或救生艇内进行降放操作。救生艇的降放速度应该能够控制。自由降落降放设备应该具有足够斜角和长度的刚性结构，以保证能够使救生艇顺利地脱离船舶。自由降落救生艇的降放设备的脱钩设施应该只能在艇内操作，并配有两套独立的脱钩机构。本节详细地阐述了降放设备的技术规定。

必备知识

SOLAS公约、LSA规则及我国的《海船救生设备规范》都对救生艇的降落与回收装置做出了具体的要求。

一 一般降落与回收装置的要求

(1)降落设备必须在船舶任何装载情况下、在救生艇载足全部额定乘员和属具或救生艇空载时,依靠救生艇本身的重力,安全降落。

(2)降落设备的布置应该能够在船舶不利纵倾(纵倾达10°)并向任一舷横倾20°的情况下,将满载的救生艇安全降放。

(3)油船、化学品液货船和气体运输船按照MARPOL73/78公约和国际海事组织建议计算的最终横倾角超过20°时,其救生艇的降落设备应该能够在船舶处于最后横倾角的情况下,在较低的一舷进行降放操作。

(4)降落设备的构造应该简单,能够在最少的日常维护保养的情况下,保证设备处于良好的技术状态,需要船员定期保养的部位应该方便、容易地进行操作。

(5)降落设备的机械装置应该能由一人在船舶的甲板上或救生艇内的某一位置进行操作。

(6)每具降落设备应该在构造和质量上达到一定的标准,尽可能使其设备在结冰的情况下,还能够进行有效的操作。

(7)降落设备应该能够收回载有进行收艇操作艇员的救生艇。

(8)降落设备的布置应该能使客船的全部乘员迅速地登上救生艇;货船上的全部乘员在发出登艇指令后3 min内登艇完毕,并能迅速地离艇。

(9)吊艇索应该是防旋转、耐腐蚀的钢丝索,其长度应该在船舶纵倾10°并向任一舷横倾20°时,使救生艇能够降放至海面。

(10)降落设备的结构构件和一切用作连接构件的配件及紧固件,根据设备和配件的最大工作负荷及所使用材料的最大强度,选用一个安全系数,构件的最小安全系数为4.5,吊艇索、吊艇链、链环和滑车的最小安全系数为6。

(11)降落设备的强度,应该不小于最大工作负荷的静负荷试验的2.2倍。

(12)降落设备绞车的制动器应该有足够的强度,能够经受大于1.5倍的最大工作负荷的静负荷试验;大于1.1倍的最大工作负荷、在最大下降速度时的动负荷试验。

(13)应该设有有效的手动收回艇装置,在使用动力吊起救生艇和降放救生艇操作时,绞车的转动不能够使手动装置的手柄旋转。

(14)降落设备的制动器在满载的救生艇降落的过程中,应能够刹住并可靠地系留住。

(15)在使用动力收回救生艇时,应该设有安全限位装置,在吊艇架的吊臂回归到合适位置之前,安全限位装置应该能够自动地切断动力,以便于保护吊艇索、吊艇架和电动机,避免受到过度的应力。

(16)手控制动器在非操作状态下,应该始终处于制动状态。

(17)满载救生艇的降落速度应该至少满足下列公式计算所得的速度:

$$S=0.4+0.02H$$

式中：S为下降速度，单位为m/s；H为从吊艇架顶部到船舶最轻载航行水线的距离，单位为m。

(18)每艘救生艇应该配有一副能够进行降落和回收操作的设备。每一船舶所配备的降落设备应该是同一种规格型号的设备。

(19)每个降落设备应该不影响其他降落设备降放操作的全过程，并且在准备和降放过程中应该有符合要求的应急照明系统进行足够的照明。

(20)为半封闭救生艇配备的降放装置，应该装设吊艇架横张索，在横张索上至少应该设有2根足够长度的救生索。

(21)20 000总吨及以上的货船，所配备的救生艇应该能够在船舶在静水中航速5 kn时降落水面，必要时可以借助救生艇的艏缆。

二 自由降落救生艇降落设备的要求

自由降落救生艇的降落设备应该首先满足一般救生艇降落设备的要求。除此之外，还应该满足下列要求：

(1)自由降落设备应该与所配用的救生艇作为一个系统来进行操作，以保护艇内乘员；在船舶纵倾10°并向任一舷横倾20°时，救生艇能从核准高度降落到水面。

(2)自由降落设备的布置，应该使艇内的乘员免受艇在降落过程中所产生的加速度的危害影响。

(3)自由降落设备应该是具有足够斜角和长度的刚性结构，以保证救生艇能够有效地离开船舶。

(4)自由降落的设备应该设有有效的防腐蚀保护，能够避免救生艇在降落过程中产生摩擦和碰击火花。

(5)自由降落设备的布置，应该能够防止救生艇意外脱开。

(6)自由降落设备脱开机构，应该是只能在艇内操纵的、两个独立的操作系统，以便于安全降放救生艇。

(7)自由降落释放装置，应该能在不降放救生艇的情况下，实验释放脱钩装置。

(8)自由降落设备所存放的救生艇应该处于准备降落的位置，其降落的最大距离，不能超过救生艇核准的自由降落最大高度。

(9)自由降落设备应该使救生艇在满载时，船舶在纵倾10°并向任一舷横倾20°时，在核准高度的情况下降落入水后，能够使艇立即向艇首方向前进并不与本船发生碰撞。

(10)自由降落设备应该配备利用吊艇索降放救生艇的辅助设施，其设施应该符合一般降落设备的要求，并且能在船舶纵倾2°并向任一舷横倾5°时降落救生艇。

(11)辅助降落方式应该配备至少一个具有协助救生艇脱钩能力的设施。

(12)辅助降落设施如果不是依靠重力降放，该设备应该连接船舶的主电源和应急电源。

思考题

1. 救生艇的降放装置有哪些特性要求？
2. 自由降落设备有哪些技术要求？

第四节　船舶的集结登乘场所与设施

要点

在船舶发生海难事故，船长决定弃船、发出弃船命令后，全体船上人员都按照所指定的路线迅速地向救生艇筏存放的场所集中，为了方便广大船员进行降放救生艇筏的操作，便于船上人员迅速地登上救生艇筏，加快脱离难船的时间，相互不影响操作，在救生艇筏存放的场所必须建立相对无障碍的集结场所。SOLAS公约也对救生艇筏的集合与登乘布置做出了规定。

必备知识

一　集结、登乘场所的一般要求

(1)救生艇筏存放的场所应该尽可能靠近居住场所和工作场所的附近。

(2)集结的场所应该尽可能设在靠近登乘站的地方。

(3)集合的场所(集结站)和登乘站，应该设在船上人员从居住场所和工作场所都容易到达的地方。

(4)每个集合的地方都应该设在救生艇筏甲板上无障碍的场所，人均占面积至少为0.35 m^2，以方便于容纳指定在该集合场所集合的全体人员。

(5)通往集合场所的通道、楼梯和出入口应该设有应急照明，其应急照明的时间不少于18 h，登乘站和集合场所的应急照明的时间不少于3 h。

(6)通往集结场所和登乘站的所有通道路线都应该设有符合要求的、明显的符号标志。

(7)集合场所和登乘站要求能够方便于将伤病员用担架抬进救生艇筏的操作。

(8)自由降落救生艇的登乘应该能够从救生艇的降放位置直接登乘。

二　脱险通道

脱险通道(Escape Route)可以使船上人员在船舶发生海难时，能够安全迅速地撤向救生艇筏登乘的集结场所。脱险通道主要包括走廊、梯道、梯子、门及应急照明、应急标志等。脱险通道必须保持安全、无障碍物、标志清晰、容易到达、适合于紧急情况使用的状况，其主要要求有：

(1)船舶所有的处所，必须设有两条彼此远离，并随时可用的，独立通向救生艇筏的集结和登乘场所的脱险通道。

(2)脱险通道应该有足够的宽度，防止船上人员在紧急时能够快速撤离而不造成拥挤。

(3)脱险通道应该设立栏杆或类似的防护设施，以确保船上人员在撤离时的安全。

(4)电梯不能作为脱险通道；凡长度超过7 m、有一端不通的走廊也不能做脱险通道。

(5)脱险通道的梯子应该是钢质的，通道的门应该向着逃生方向打开，或者两面都能打开。

(6)除了正常要求配备应急照明的位置外，在脱险通道的全线距甲板高度不超过0.3 m处，应该布置照明或反光条指示标志。

三 登乘设施

(一)登乘梯

登乘梯(Embarkation Ladder，见图2-8)是指设置在救生艇筏集结和登乘场所，供船上人员安全登乘至已经降落下水的救生艇筏内的梯子。

(1)沿船舷降落的救生艇筏，其登乘场所应该设置一个符合要求的登乘梯，登乘梯的长度应该在船舶最小吃水，并在船舶纵倾10°或向任一舷横倾20°时，从登乘站达到水面。

(2)登乘梯是在船舶发生紧急情况时，从登乘甲板通向降放到水面的救生艇筏的应急通道，是为了方便于船上人员安全、迅速地脱离难船而设立的必备设施。

(3)为了确保登梯人员的安全，从甲板到登乘梯顶部之间应该设有扶手。

(4)登乘梯的踏板应该选用无疤节、外形平整的硬质木，加工成平滑而且无锐利棱边或采用其他等效性质的材料制成。

(5)踏板应该具有有效的防滑表面，踏板长不少于480 mm，宽不少于115 mm，厚不少于25 mm，不计防滑表面。

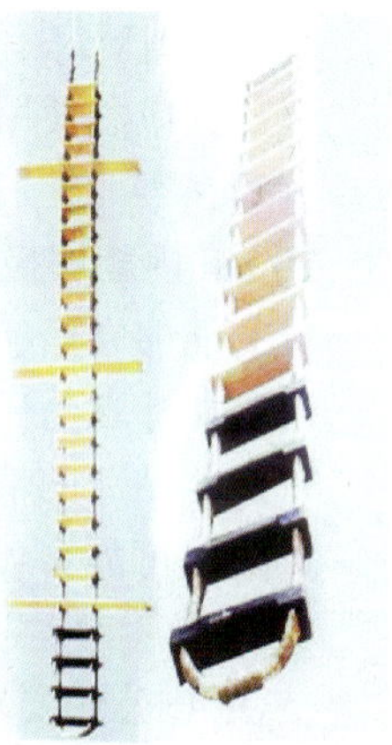

图2-8 登乘梯

(6)两踏板的间距不少于300 mm，也不大于380 mm，各间距相等并保持水平状态。

(7)登乘梯每边的边绳应该由两根周长不少于65 mm裸露的白棕绳组成，每根边绳应该为整根而无接头，所有绳端应该扎牢防止松散。

(二)海上撤离系统

海上撤离系统(Marine Evacuation System，见图2-9)是指将人员从船舶登乘甲板迅速转移到漂浮的救生艇筏上的设备。是为了船上人员(包括各种年龄、身材和体质的人员)，在船舶发生海难事故时，能够迅速地从登乘地点到漂浮平台或救生艇筏上所提供的安全

图2-9 海上撤离系统

通道。

海上撤离系统加快了船上人员撤离难船的时间、保证了人员的安全、避免了人员入水的危险。要求使用海上撤离系统的人员必须穿着救生衣。目前，海船上使用的海上撤离系统，在滑道的结构上主要有三种结构形式，分别是直通滑梯式、螺旋滑梯式和“之”字形滑梯式。滑梯的结构形式不同，主要原因是根据滑梯的高低距离不同，采取折曲滑行，控制下滑人员的滑行速度。另外，为了减少下滑时加速度对滑行人员的威胁，在一些滑梯上设有全封闭封套，形成一个圆筒状封闭式滑梯。

海上撤离系统一般是由尼龙橡胶布制成，通常由三部分连接在一起的物件组成，分别是上部的入口（登乘）踏台、中部的滑梯和底部的漂浮平台（登筏平台），是提供集结的人员方便登乘救生艇筏所使用的气胀式救生设备。平时盛装在专门的容器中，存放在降放架的指定位置上。

LSA规则对海上撤离系统的性能提出了相应的要求：

(1)在应急使用时，由一个人就可以进行布放操作。

(2)在客船上，发出弃船信号后30 min内，能够从船上撤离到气胀式救生筏上；在货船上，10 min内能够撤离。

(3)能够在船舶纵倾10°并向任一舷横倾20°时，从船上布放。

(4)能够在蒲氏风级6级的海况下布放，并能够提供安全的撤离效果。

(5)在结冰的情况下，仍然能够保持有效的布放和撤离。

(6)尽可能布置在能安全降落的位置，能从船舷平直的部位下水。

（三）救生索

SOLAS公约要求，配有部分封闭式救生艇的吊艇架横张索上至少设有两根救生索（Grab Line）。救生索通常是由具有足够强度、裸露的白棕绳制成的（图2-10）。其长度应该在船舶最小吃水并向任一舷横倾20°时，能达到水面。在每根救生索上，每隔间距大约50 cm设有一个编制而成的救生索结，主要是为了在收放救生艇时，保证随艇下人员的安全，提供其把握使用的。另外，在紧急时，也可以供船员借助于救生索，手握脚攀上下救生艇使用。

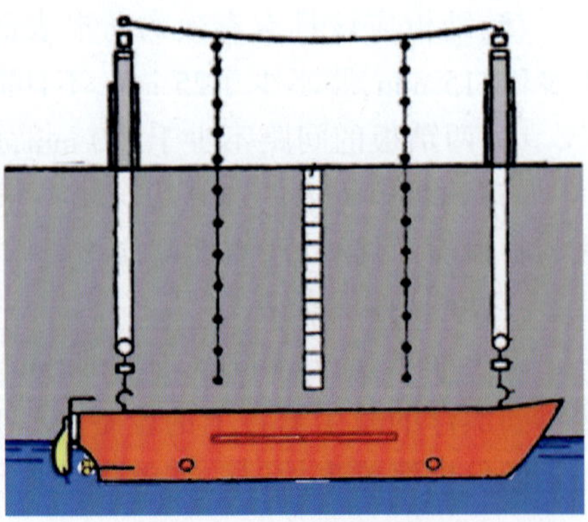

图 2-10 救生索示意图

思考题

1. 船舶救生艇的集结、登乘场所有哪些技术要求？
2. 船舶上的脱险通道有什么要求？
3. 海上撤离系统的作用是什么？有哪些技术要求？
4. 登乘设施中登乘梯、救生索的作用各是什么？

第五节　人员的集结与登乘

要点

当船长发出弃船命令时，所有在船上的人员，要做好弃船前的第一步工作，即利用船舶的安全通道，安全迅速地到达船舶指定的集结场所。在集结场所按照先旅客后船员、先船员后船长的次序直接登乘救生艇筏，或者利用救生软梯、海上撤离系统、救生索等工具登乘到救生艇筏内，及时撤离难船。

必备知识

船舶发生海难事故，船长发出弃船求生信号后，船上人员应及时地集结，顺利地登乘救生艇筏，为海上救生提供了有力的保障。

一　船上人员的集结

船员在船上无论处于什么时间、什么地点、什么状态，当听到弃船警报信号后，应该立即穿好救生衣(或者携带好救生衣)，做好必要的海上个人求生的准备，执行应变部署表分工的职责，按照平时演习所熟悉的、最捷径的逃生路线，争取在最短的时间内到达所指定的集结场所。

在集结的过程中，一定要争取做到沉着冷静，慌而不乱，服从指挥，尽自己最大的可能，履行好弃船求生时个人的职责。做好必要的工作和心理准备，顺利地完成集结工作(图2-11)。

图2-11　船员在集结甲板应急集结

二 船上人员的登乘

登乘是指借助相关工具攀上或攀下，登乘上救生艇筏或其他救生设备的技能，也可以指从集结甲板直接登乘上救生工具。

上高或下低是广大船员必须掌握的一项操作技能。在攀登时，要做到心不慌、手腿不抖，迅速、牢固、稳重地上下至救生艇筏内。

登乘时应采用以下几种方式：

(一)在集结的甲板上直接登乘救生艇筏

当救生艇筏抛出舷外，或者是自由降落救生艇已经做好一切降放的准备工作，打开了艇尾门，这时候全体人员应该服从指挥，要按照演习时的顺序，迅速地登乘救生艇筏。登乘时一定要注意安全，不要抢着登乘，需要扶握的地方一定要把握住扶手，脚底不要踏空。登乘气胀式救生筏时，还要注意不要将锋利的物件带进筏内，必要时将所穿的硬底鞋脱掉，在应急时，时间就是生命，节省了登乘时间，即为加快脱离难船，做好下一步海上求生打好了有利的基础。

(二)借助登乘梯登乘救生艇筏

当救生艇直接降落到水面，或者抛投式气胀筏已经在水面上充胀成形正浮在水面上，船员借助救生艇筏的缆绳，将艇筏拉靠近船舷旁登乘梯的底边，同时将存放在集结场所的登乘梯正确地安放并固定好。船上人员按照顺序借助登乘梯依次登上救生艇筏(图2–12)。

图2–12 借助登乘梯登乘救生艇筏

在攀登梯子时，要注意不能同时多人超负荷攀扶梯子，以免发生危险。登乘梯通常为软绳梯，在攀扶时手要握牢扶手绳，脚要踏稳踏板，手脚交替操作、协调动作，依次逐级地快速攀扶梯子，决不能在梯子上半路撒手跳向救生艇筏。当梯子上同时有两个以上的人员在攀扶时，在梯子上面的人，一定要注意下面人员的安全。在攀扶登乘梯时，要有专人指挥，在梯子的上下两边要有专人协助，以保证人员安全迅速地登乘艇筏。

(三)利用海上撤离系统登乘救生艇筏

海上撤离系统是海船上所配备的登乘设施之一，目前，重点要求配备滚装客船及一些高干舷的船舶上。应急时，在布放操作完毕，海上撤离系统充胀成形后，应该先安排一名有经验的船员到漂浮平台(登筏平台)上，检查平台是否有破漏撒气和进水的部位，平台上有关人员能否安全滑落，检查连接救生筏的索具、平台上配备的其他专用设施是否安全正常，操纵锚索控制和相对稳定平台的位置。确认后，将准备登乘的气胀式救生筏充胀成型，操纵到平台附近以备人员登乘。检查和准备工作完成后，分别在滑道的入口、出口及平台上，安排经过训练的、有经验的船员指挥、疏导其他船上人员利用海上撤离系统登上救生艇筏，进入滑梯的人员要穿好救生衣、两腿并拢、两手抱头、头冲上、脚冲下顺势滑下(如图2-13)。

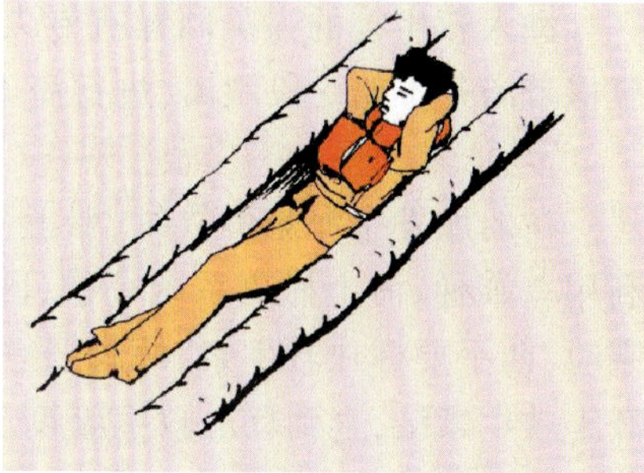

图2-13 撤离滑梯降落装置人员下滑的姿势

利用海上撤离系统登乘救生艇筏是一项特殊操作。指挥、疏导人员要经过专训练，其中应特别注意：

(1)在入口的指挥人员——要疏导人员依次进入滑道，注意进入滑道人员的动作姿势，保证人员的安全，控制进入滑道人员的速度和两人之间的时间间隔，避免人员在出口处相撞。还要边指挥边指导进入滑道的动作，安抚有胆怯心理人员的情绪，说明进入滑梯操作的安全性和必要性。同时注意即将进入滑道的人员，不要携带有锋利的器具和穿着带有钉子的靴鞋，必要时要求其脱掉靴鞋，在指挥疏导中既要掌握整体动作的快速性，又要保障人员和设施的安全。

(2)在出口的疏导人员——要指挥、引导在出口出现的人员立即撤离出口，防止人员集中堵塞在出口处，避免与依次从滑梯下来的人员的相撞，协助妇女儿童、老弱病残人员离开出口，与在入口指挥的人员保持密切的联系，协调滑落人员的时间间隔，保证全体人员安全、迅速地撤离出口。

(3)在平台的其他疏导人员——要及时地将在滑梯出口出现的人员引离出口，引导到需要登乘的救生筏边，协助和指导人员登上救生筏。掌握每个救生筏的额定成员和已经登入筏内的人员数量，救生筏满员后协助筏内人员将筏与登筏平台分离，再将旁边另一个待乘的救生筏系结到平台旁。在疏导时，如果有多个救生筏等待人员登乘，在疏导时要避免平台上登筏的人员交叉相碰，要事先做好计划，确定一个顺序，执行时既要按照顺序疏导，又要灵活掌握，以快速、安全为基础(见图2-14)。

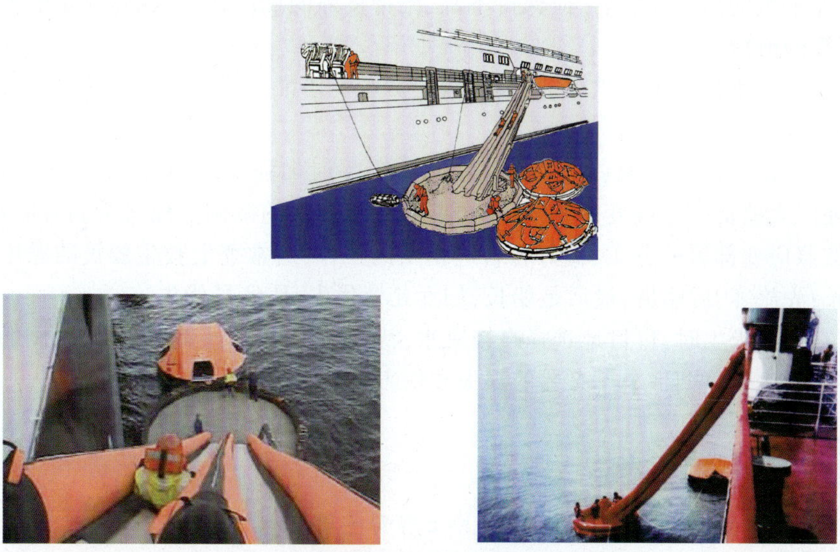

图2-14 利用海上撤离系统登乘救生筏

进入救生筏的人员同样有专人负责引导和安排，离开平台的救生筏由救生艇或救助艇拖带离开难船一段距离，进行海上求生。

（四）利用救生索登乘救生艇筏

在船舶发生海难事故时，船上人员尽可能采取从集结的场所直接登上救生艇筏，或者利用登乘梯、海上撤离系统登乘，因为利用救生索登乘（见图2-15）需要一定的体力，在登乘时，两手要握住救生索，两脚要登在救生索结上，两手交替向下把握绳索，两脚逐级向下登牢救生索结，直到登上救生艇筏。不可在半空中跳下来，这样容易造成伤害，或者引起其他事故。在利用其他绳索登乘时，在没有做好准备的情况下，不可直接从绳索上滑溜下来，避免受到伤害。可以采取两手交替握住绳索，两脚交错盘住绳索，手脚交替、协调地向下运动，争取快一些到达救生艇筏。在利用救生索和其他绳索登乘时，一定要考虑绳索的强度，不要多人同时出现在绳索上，以免发生意外。

图2-15　利用救生索登乘救生艇筏

三　登乘的秩序与顺序

在弃船求生的信号发出后，应保持不乱，维持良好的秩序，这是保障弃船求生，顺利登上救生艇筏的前提。

船长有责任维护全船的秩序，其他高级船员有责任维护普通船员的秩序，普通船员有维护全体旅客秩序的责任。

为防止不出现混乱现象，必须做好应急计划，平时加强演习训练，认真地做好每一个环节，增强广大船员应急应变的素质，尽可能避免出现大的漏洞。船员听到弃船求生的信号后，要按照应变部署的分工，做好各自应担当的工作，通常登上救生艇筏的顺序是：先船员，后船长；先旅客，后船员，最后是船长；妇女儿童优先，伤病员优先。

不可在弃船求生时，盲目地选择直接跳水，特别是从5 m以上高处跳水更不可取。在高处直接跳入救生艇筏会带来不必要的损失和伤害。

思考题

船舶弃船求生时在登乘秩序与顺序上有哪些要求？

第六节 降放设备的检查与保养

要点

船舶的救生艇筏的降放设备在船上要始终保持良好的技术状态，必须建立周期性的检查保养计划。SOLAS 公约有明确的规定，对于吊艇架、吊艇钩、吊艇索、各活络部位、操作部位等都有明确的检修内容和检修周期的要求，同时提出了必要的技术标准。本节重点讲解降放设备具体的检修要求。

必备知识

SOLAS公约要求降放设备要结构简单，维修保养方便。要保持降放始终处于良好的技术状态，必须进行有计划的、周期性的维护保养工作。

(1)要建立周期性的检查保养计划，并且要求切实遵照执行。

(2)每周要对降放设备进行一次外部验视检查，对任何有疑问的部位都要进行进一步的操作检查。

(3)每个航次都要对降放设备的活络部位进行加油润滑，保持降放设备的有效操作。

(4)每个月在进行救生艇降放演习时，要注意全面检查降放设备的活络部位和操作装置，使其处于良好的技术状态，必要时要对其进行维修保养。

(5)每个月要对自由降落艇的挂钩部位进行加油活络，对脱钩部位进行脱钩的实效检查。

(6)每个月要检查吊艇索在滚筒上的排列是否整齐，防止钢丝绳在滚筒上相互挤压绞缠。

(7)每个月要检查吊艇索是否有压扁和扭曲变形，是否在10倍直径的长度范围内有5%的断丝，如果发现上述任何一种状况都应该更换。

(8)每6个月要对释放装置进行一次全面的除锈涂漆的保养工作。

(9)吊艇索两端不超过30个月的时间间隔应对调使用一次，不超过5年的时间间隔应更新一次。

(10)静水压力释放器每隔12个月进行一次检修，可以自行调换的静水压力释放器要按照设施的调换周期进行调换。

(11)降放设备在不超过5年的时间间隔内，必须进行全面的检修并按照要求做必要的试验。

思考题

对于救生艇筏降放装置的检查保养有哪些规定？

第三章 救生筏

救生筏(Liferaft)是指在船舶发生海难时,从弃船起能够漂浮在海面,维持船上遇险人员生命安全的求生设备。救生筏是船舶配备的主要设备之一。救生筏操作简单,使用方便,在船舶发生应急状态时,能够快速地降放,供船上人员登乘并漂浮于水面上。救生筏的特点是具有一定的浮力,备有必要的属具备品,体积小,重量轻,便于存放和操作。但是,救生筏没有自航能力,只能供乘员漂浮于水面上,等待援救。

第一节 救生筏的种类及特点

要点

救生筏目前在船舶上得到了广泛的使用,其种类较多。近些年来,随着人们对救生筏的重视,救生筏的功能也越来越多,广大的船员必须了解或掌握救生筏的一般知识,在平时能够正确地选择,紧急时能够更好地使用。本节比较全面地讲解了救生筏的种类和特点,同时介绍了气胀式救生筏的结构名称及作用。

必备知识

由于救生筏制造方便,操作简单,并且有防寒保温的设施,所以在海船上得到了广泛的配备使用。为了在应急时能够安全、正确、迅速地进行操作和使用,广大的船员应该全面地了解救生筏的相关知识和技术要求。

一 根据浮体的不同分类

根据救生筏的浮体的制造材料、性质的不同，可以将救生筏分为两类。

（一）刚性浮体救生筏

刚性浮体救生筏(Rigid Liferaft)的浮力提供是经过主管机关认可的固有材料，主要是硬质的闭孔泡沫。浮力材料应该是阻燃的，或者在浮体表面加以阻燃覆盖层进行保护。浮力材料尽可能放置于救生筏的四周，救生筏的筏底应该有效地支撑乘员身体离开水面，而且能够有效地防止水进入筏内并有御寒的功效。

刚性救生筏也要求在倾覆时能自行扶正，或者由一个人操作就可以进行扶正。刚性救生筏的主要结构如图3-1所示。

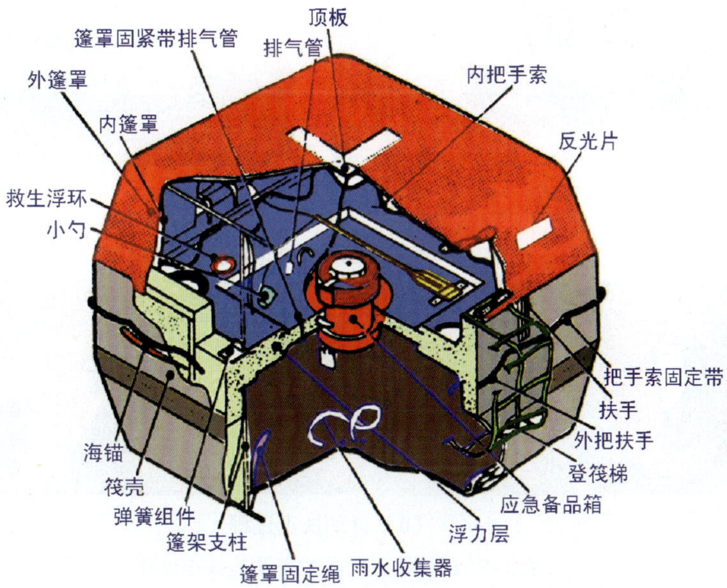

图3-1 刚性筏的结构名称

（二）气胀式救生筏

气胀式救生筏(Inflatable Liferaft)的制造材料主要是尼龙橡胶布，气胀式救生筏的浮力是由两个分别独立、充满气体的分隔舱来提供保证的。在构造上设立两个浮力胎，分别配有两个装有二氧化碳和部分氮气的钢瓶，以便于在应急使用时，将钢瓶启动，通过各自的止回充气阀充气，在短时间内使筏体、篷柱充胀成形。

二 按照操作特点的不同分类

按照操作特点分类的救生筏都是气胀式救生筏。由于气胀式救生筏存放方便，操作简单，维修保养工作量少，能在应急使用时，保证一定的功效，所以在船上得到了广泛的配备和使用，并且在使用中得到了不断地完善和提高。

按照操作特点来分类的救生筏，就是将近几年SOLAS公约所提出的在船舶配备的相关气胀式救生筏给分列出来。

（一）需要人力扶正的救生筏

这种救生筏大多数是进行抛投式降放操作的，在降放使用时，救生筏在降落入水或者在入水充胀成形后，有可能发生倾覆。救生筏倾覆时需要一个人身穿救生衣下水进行扶正操作，待扶正后其余的人员才能进行登乘。

（二）自动扶正的救生筏

SOLAS公约规定，滚装客船配备的救生筏应该为自动扶正式救生筏。自动扶正式救生筏的篷柱比较粗大，形成一个类似自动扶正拱门式构造，另外，自动扶正式救生筏的篷顶比较圆滑，容易滚动。自动扶正式救生筏及其扶正过程如图3-2所示。

（a）自动扶正式救生筏

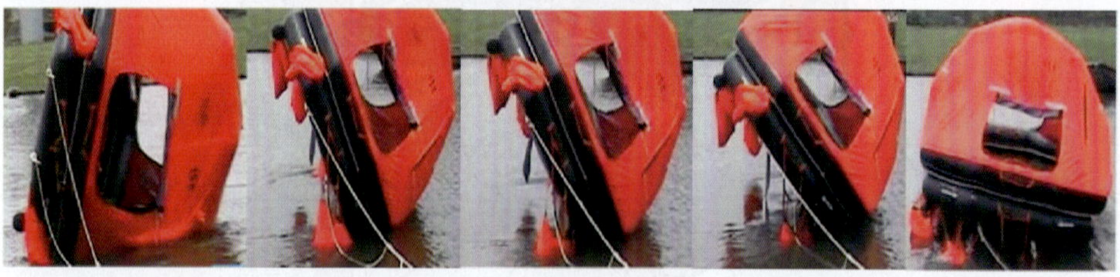

（b）自动扶正过程

图3-2 自动扶正式救生筏及其扶正过程

自动扶正式救生筏在充胀成形的过程中产生倾覆时，救生筏能够依靠筏体自身构造中力的平衡特点自行扶正，使救生筏正浮在水面，并且是稳定的。船上人员可以借助登乘工具进行救生筏的登乘，避免了人员直接入水的不利因素，进一步保护了海上求生人员的安全。

（三）两面可用救生筏

SOLAS公约在提出自动扶正救生筏的同时，也提出了可以配备带顶篷的两面可用救生筏，如图3-3所示。

图3-3 两面可用救生筏

带顶篷的两面可用救生筏是在救生筏充胀成形的时候，无论是哪一面朝上，救生筏都可以正常使用，都带有顶篷，在救生筏充胀成形的过程中，不必担心倾覆的问题，只要救生筏充胀成形，船上人员就可以立即采取登乘措施，而且无论正浮使用哪一面，救生筏都是稳定的。这样，在船舶发生海难进行海上求生时，加快了船上人员脱离难船的时间，保障了海上求生的安全。

(四)与海上撤离系统相连接的救生筏

LSA规则第6.2.3条提出，与海上撤离系统连用的气胀式救生筏，应该符合规则中有关气胀式救生筏的要求，存放在海上撤离系统的附近，能离开降放设备和登乘平台投落。能从存放架每一次降放一只救生筏，并能使降放的救生筏停靠在登乘平台旁。该救生筏设有能和海上撤离系统登筏平台预先连接或易于连接的回收绳索或其他索具。

(五)在船首存放的救生筏

SOLAS公约规定在船长超过100 m的货船上，除了配备正常额定乘员的救生艇筏外，在尽量靠近船舶首、尾处，额外配备一只救生筏，在船舶首、尾配置的救生筏，在筏体的结构、属具备品的配备上，都与其他气胀式救生筏一样，只是在救生筏存放的位置可以不考虑正常的存放要求，只要存放在合理可行的范围内就被允许。另外在固定的方式上，可以按照能够用人力脱开的方式固定，而且这只救生筏的降放，可以不必考虑适用认可的降放设备进行降放操作。

三 按照降放方式的不同分类

救生筏按照降放的方式不同，可以分为抛投式、机械吊放式和自由漂浮式三种。不同的降放方式可以相互补充，在各种不同情况下救生筏可以充分降放，因此，一个存放位置的救生筏，可能会配备三种降放方式，也可能会配备两种降放操作。

(一)抛投式

在船舶发生紧急情况，进行救生筏降放时，是依靠人力解脱救生筏的固定索具，并且借助人力抬起救生筏，将其抛出舷外，落入水中充胀成形，等待船上求生人员的登乘。船上习惯上称利用这种方式降放的救生筏为抛投式救生筏(图3-4)，包括刚性救生筏和气胀式救生筏。

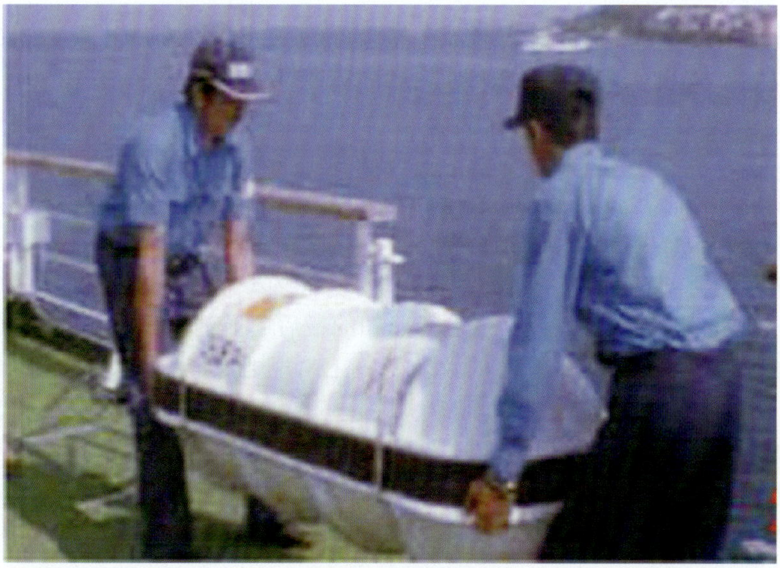

图3-4 抛投式救生筏

（二）机械吊放式

在船上为救生筏的降放专门配备了降放设备，在发生紧急情况时，打开组合存放救生筏的固定索具，将其抬到吊放设备的吊钩下，挂好吊钩，利用吊臂的移动，将救生筏转到登乘甲板的舷外（如果是气胀式救生筏，先启动气瓶使其充胀成形），临时固定在舷侧，船上人员登乘救生筏完毕后，解开临时固定索具，松放吊筏索，将救生筏降落入水，筏内人员解脱缆绳，离开难船进行海上求生。刚性救生筏和气胀式救生筏都配备有专门降放设备进行机械吊放式降放（图3-5）。

图3-5 机械吊放式救生筏

（三）自由漂浮式

现代船舶配备的救生筏都具有自由漂浮式降放的功能。在救生筏存放装置上配有静水压力释放器、薄弱环或易断绳，当救生筏在存放位置上，随着船舶的下沉而沉入水下1.5~4 m水深时，静水压力释放器产生压力作用，自动解脱救生筏的固定索具，救生筏向水上浮起（气胀筏同时充胀成形），通过拉断易断绳，救生筏脱离难船漂浮于水上，落水人员登上救生筏，进行海上求生。

按照LSA规则的分类

LSA规则中规定，按照属具备品配备的种类不同、数量不同的救生筏，在救生筏的筏体等应该加以标明型号的位置上，明显的标示出“A”或“B”标志。

（一）“SOLAS A PACK”标志的救生筏

依据LSA规则的要求，配备全部属具备品的救生筏，在救生筏体、救生筏的容器及救生筏内应急袋型号标志上都应该明显地标明“SOLAS A PACK”。

（二）“SOLAS B PACK”标志的救生筏

短程国际航行的客船，是指船舶在航行中，距能够安全安置乘客和船员的港口或地点不超过200 n mile国际航行的客船，或航行船舶的最后起航港到最终目的港的航程不超过600 n mile的客船。在这种船舶配备的救生筏，在LSA规则规定的属具备品中可以不配备钓鱼用具、每个额定乘员的口粮、淡水、不锈饮料量杯。LSA规则中规定的火焰、烟雾救生信号的配备量减半（火箭降落伞信号2支、手持火焰信号3支、飘浮的烟雾信号1支），配备这样属具备品和数量要求的救生筏在其筏体、容器及救生筏内应急袋型号标志上都应该明显地标明“SOLAS B PACK”。

五 国内常用救生筏种类的代码

我国生产单位及检验机关，在救生筏购买、销售、维修、检验上经常使用一些代码代表某种类救生筏。常用代码来表示具有一定性质的救生筏主要有："A型救生筏"表示是符合LSA规则规定的"SOLAS A PACK"救生筏；"B型救生筏"表示是符合LSA规则规定的"SOLAS B PACK"救生筏；"D型救生筏"表示是机械吊放式救生筏；"CR型救生筏"表示是两面可用、有遮篷式的救生筏；"FJ型救生筏"表示是浮具型救生筏；"HSC型救生筏"表示是两面可用无遮篷救生筏；"Y型救生筏"表示是在渔船配备的救生筏；"YJ型救生筏"表示是在渔船上配备的简易救生筏；"Z型救生筏"表示是具有自动扶正功能的救生筏。

六 气胀式救生筏结构

气胀式救生筏是采用尼龙橡胶布作为主要制作材料的。使用时，由专门的充气钢瓶向筏体充气，使其充胀成圆形、椭圆型或多边形的带有顶棚的救生筏。气胀式救生筏主要有筏体、篷柱、篷帐、筏底以及附属设施、器材组成。

（一）气胀式救生筏的结构部位名称

气胀式救生筏的结构和具体的部位名称如图3-6所示。

1—篷帐；2—雨水沟；3—瞭望窗；4—上浮胎；5—属具备品；6—筏底；7—登乘平台；8—下浮胎；
9—篷柱；10—艏缆；11—安全刀；12—反光带；13—内扶手绳；14—救生扶索；15—减压阀；16—平衡水袋

图 3-6 气胀式救生筏的结构部位名称

（二）气胀式救生筏各部位设施及作用

（1）筏体（Buoyancy Tubes）：习惯上是指上、下两个浮胎，是气胀式救生筏的主浮力舱。上、下两个浮力胎是两个相互独立的隔舱，为救生筏在载足全部额定乘员和属具后浮于水上提供了足够的浮力。上浮胎的气室通过两个单向阀与支撑篷帐的篷柱相通，充气时，通过上浮胎充气可以直接使篷柱充胀成形。如果上浮胎损坏破漏时，篷柱仍然能够保持支撑状态。下浮胎在保持独立的基础上，在结构上与筏底相连，保持筏体在整体结构上的密闭。上、下浮胎用制造材料保持叠立相连。

（2）篷柱（Inflated Arch Tube）：主要用于支撑篷帐，与上浮胎相连，形成直力式圆柱形或者圆柱形拱门状的篷柱。

(3)篷帐(Awning):主要是为了避免救生筏内的求生人员直接暴露在自然环境中,起到避雨、防浪、避风、防晒等作用。它是由尼龙橡胶布制成,直接粘贴在上浮胎和篷柱上,外表颜色为橙黄色,内部为筏内人员感觉舒适的颜色。

(4)筏底(Liferaft Bottom):与下浮胎密闭相连,以保证筏体的水密。筏底是两层的,中间形成一个气室,当天气寒冷时,进行海上求生,筏内人员可以用手动充气器向筏底充气,使得筏内人员与水面相隔一个气垫层,减少了筏内热量的散失,起到一个防寒保温的作用。当天气炎热时,可以把筏底的气体放掉,筏底和海水直接接触可以起到降低筏内温度的作用。

(5)充气钢瓶(Gas Cylinder):救生筏内配有两个高压钢瓶,在应急使用时,分别负责上、下浮胎和篷柱充胀成形。钢瓶内装二氧化碳和小部分氮气,瓶口附有瓶头阀,在操作使用时,由充气拉绳(筏的艏缆)控制启动,将瓶头阀打开,钢瓶气体自动向筏体、篷柱充气并使其充胀成形。钢瓶内配有部分氮气,主要是为了在-30℃的低气温充气时,使二氧化碳能够正常使用,并满足快速充胀成形的要求。

(6)安全阀(Over Pressure Valve)、充气阀(Inflation Valve):在上、下浮胎中各设有一个安全阀,在充胀成形的过程中,如果气体的充胀压力超过工作压力的两倍,安全阀就会自动开启排气减压,直到达到工作压力为止。减压时安全阀边排放气体、边发出"吱吱"的尖叫声,在使用过程中,如果发现上、下浮胎及篷柱内气压不足时,可以利用安全阀进行补气。在筏底也设有一个充气阀,可以用来向筏底充气。在上、下浮胎、篷柱上都设有排气阀,是用来排除筏体内气体的。正常情况下,在年度检验时,用来排放出筏体内进行充胀成形实验的气体。

(7)扶正带(Righting Strap):装配在筏底的外部,从有钢瓶一侧的筏底垂直向另一侧引伸并固定好,形成两条平行带,或者形成"V"、"Y"形的扶正带,主要作用是当筏处于倾覆状态时,人们可以借助扶正带将救生筏扶正过来。

(8)平衡水袋(Water Pocket):在筏底外侧接近下浮胎的下面,四角对称地设立了四个平衡水袋。水袋是尼龙橡胶布制作的,水袋的大小容积是根据额定乘员的人员来确定的,每个袋都设有3个进水口(或者称漏水孔),进水口要能够达到SOLAS公约的要求,在筏入水后,一定的时间内,进水达到一定的容量。其主要作用是增加气胀式救生筏的稳性、平衡和救生筏在漂流、集结等待救助时增大阻力,降低救生筏随风流漂移的速度。每一平衡水袋都附设一个提拎绳带,以备救生筏被拖带时,利用提拎带将平衡袋提起,使袋内的积水漏出,减少救生筏的阻力,加快拖带的速度。

(9)示位灯(Position Light)和照明灯(Interior Light):在气胀式救生筏的篷帐顶上内、外两边各设一盏海水电池灯。外边的灯为示位灯,示位灯应该能在良好视线的晚上,在2 nmile外被发现。里边的灯是照明灯,电源为海水电池,其中一块固定储存在救生筏进出口上浮胎稍内侧的专用袋里。备品电池可以供照明12 h以上。

(10)进出口和门帘(Window In Inter Door):LSA规则规定,救生筏额定乘员超过8人,至少应该设有两个对称的进出口。在进出口上装有内、外双层门帘。外层门帘与篷帐外部相连,开启时由下向上卷起,关闭时从上向下松放垂下。里层门帘关闭时由下向上拉起,打开时由下向上松放下来。这样的结构可以防止风、雨、波浪进入筏内。

(11)扶手绳(Becket Line):围绕着救生筏的四周,在上下浮胎的中间部位,筏的内、外都设有扶手绳。外部的扶手绳,是供在水中的求生人员攀扶登筏使用。内部的扶手绳,是供筏内乘员在救生筏大幅度摇摆时,稳定个人位置,防止随着筏的摇摆人员滑动产生不稳定因素。

(12)登筏踏板(Boarding Ramp):又称为登筏平台。LSA规则规定,至少要在一个进口处设有半刚性登筏踏板,以方便在水中的求生人员能从海面登入救生筏内。

(13)软梯(Boarding Ladder):LSA规则要求,没有设立登筏踏板的进出口,应该备有登筏梯。登筏梯的最下一级踏板,应该位于救生筏的最轻载水线以下不小于0.4 m处。一般情况下,气胀式救生筏的筏梯都是用布带外套橡胶管制成的软梯,为水中的求生人员登乘救生筏提供方便的设施。

(14)瞭望口与瞭望窗(Viewing Port):有的救生筏在篷帐的边侧设有有机塑料制成的窗,便于筏内人员向外瞭望。有的救生筏在篷帐上,设立一个可以提供人员从筏内向外探出脑袋进行瞭望的开口,这个开口还要对筏内的气温散失、防雨、上浪有所保护。

(15)雨水沟(Rain Water Ditch):在篷帐外两侧的防雨胶布上,分别设立了一个大"V"字形的流水沟,沟口设有一根橡皮管,直通筏内的积水袋,便于下雨时收集雨水。

思考题

1. 简单叙述气胀式救生筏各部位名称及作用?
2. "SOLAS A PACK"救生筏与"SOLAS B PACK"救生筏有什么不同?
3. 我国常用的救生筏代码有哪些?各表示什么意思?

第二节 救生筏的技术要求

要点

本节重点阐述了对救生筏的技术要求,广大的船员必须了解或掌握救生筏的技术要求,以便于更好地操作使用。

必备知识

为了确保海上人命安全,使救生筏在应急时能安全顺利地操作使用,SOLAS公约及LSA规则都对救生筏提出了详细的技术性能要求。

一 救生筏的一般要求

(1)救生筏在构造上,应该能够经受在一切海况下暴露漂浮30天。

(2)救生筏及其属具在从18 m高处投放入水后,能够安全正常地使用。

(3)救生筏体漂浮在水上,能够经受从筏底以上至少4.5 m高度反复蹬踏不损坏、不影响正常使用。

(4)救生筏在载足全部乘员和属具并释放一只海锚,在静水中被3 kn航速拖带不损坏。

(5)救生筏应该设有在降落水面时,能自动撑起的顶棚,以保护乘员免受暴露的伤害:

①顶棚内部的颜色应该使乘员感到舒适;

②顶棚应该能够防水、隔热和御寒;

③容纳8人以上的救生筏应该至少设有2个进出口;

④进出口应能使穿着救生衣的人员从内、外两面迅速开启,从内部关闭;

⑤即使关闭进出口,救生筏也应该便于通气,并且能防止海水和冷空气的进入;

⑥应该至少设有一个瞭望窗,设有收集雨水的设施,设有离水面1 m以上安装雷达应答器的设施。

(6)救生筏的定额乘员不得少于6人。

(7)救生筏体、属具备品和容器总的质量不得超过185 kg。

(8)救生筏的舾装件应该设有:

①沿救生筏的筏体内、外两侧应牢固地装设链环状扶手索;

②应该设有一根艏缆,其长度应该是10 m加上从存放处到船舶最轻载水线的高度或15m,取大者;

③艏缆与救生筏的连接及其破断强度,在额定乘员9~25人时不少于10 kN;

④在筏顶棚上的内、外部位,应该设有一个人工控制灯,其灯光应是白色的,能持续照明12 h,当顶棚竖起时,灯能自动点亮。

(9)机械吊放式救生筏在满载乘员和属具后,能够承受不少于3.5 m/s速度的侧向撞击力;能从至少3 m高投落于水中,不损坏不影响正常使用。

(10)吊放式救生筏要设有与登乘甲板紧密贴靠并能系留的设施,以便于乘员能迅速安全地登上救生筏。

(11)货船配置的吊架降放的救生筏,能在弃船信号发出后3 min内,全部乘员登上救生筏;客船能使人员迅速地登上救生筏。

(12)如果盛装属具备品的容器不是筏的整体部分,其容器在盛满备品的状态下,在水面漂浮不少于30 min,并且内存属具不损坏。

(13)救生筏应设有自由漂浮装置,自由漂浮装置主要包括静水压力释放器、薄弱环、艏缆系统等。

二 气胀式救生筏的要求

气胀式救生筏除了要符合救生筏的一般要求外,LSA规则还针对气胀筏的特点提出了具体要求。

(1)主体浮力舱应该至少设有2个独立的隔舱,其中任一个舱破漏,救生筏仍然能浮于水上,而且筏体四周干舷都应该是正值。

(2)筏底是水密的,可以由乘员直接向筏底充气或放气,并且能够充分绝缘以御寒冷。

(3)筏体应该由一个人操作就能够使其充胀成型,当满载乘员和属具时不变形。

(4)在环境温度为18~20℃时，充胀成形时间不超过1 min；在–30℃时，不超过3 min，并且设有安全阀防止压力增大，配有充气器以保持筏体的工作状态。

(5)气胀式救生筏的成员定额的确定，应该取下列计算方式所得的较小数：

①充气后，主浮胎的容量(立方米)除以0.096所得最大整数；

②筏内的水平横剖面面积量至浮胎的最内边(平方米)，除以0.372所得最大整数。

(6)气胀式救生筏的出入口应该设有：

①至少有一个入口设有登筏踏板，踏板应能支撑100 kg重的人员，以便于人员能从海面登入救生筏，踏板的损坏不影响筏体的正常使用。

②未设踏板的应备有登筏梯，其最下一级踏板应位于筏的最小水线以下不小于0.4 m处。

③筏内应设有帮助水中人员将自己从登筏梯拉入筏内的设施。

(7)气胀筏的稳性至少应该达到的标准是：救生筏倾覆后，能由一个人扶正；救生筏充胀成形后在水面漂浮时，在风浪中应当稳定；满载时应该能被3 kn航速拖带。

(8)气胀筏筏底的周围应该对称地设有颜色为明显易见的水袋，水袋的构造应该能在布放25 s内，充装其容积的60%的水。

(9)气胀筏的筏体上应该标明：所属船舶的船名、船籍港、所属船舶的识别号；在进口处应用明显易见的颜色标明成员定额(字高不小于100 mm)、制造厂商、商标、出厂号码、制造日期(年月)、检验机关名称、最近一次检修的地点和检修站名称。

(10)盛装气胀筏筏体及属具备品的容器，应该能在海上各种条件下经久耐用，并且有充裕的固有浮力。在装有筏体和属具时，船舶沉没后，能从内部拉动充气装置充胀成形。筏体在容器内的叠装，应该能确保筏体在充胀成形时，处于正浮位置。除容器底部的泄水孔外，应该结合实际来保证水密。容器上应该标明：制造厂名、商标、检验机关名称、乘员定额、SOLAS公约的相关要求、内装应急袋的型号、艏缆的长度、最大允许存放高度、最近检修日期、降放须知。

(11)吊架降落的气胀筏除了符合气胀筏的要求外，还应该使用经主管机关认可的降落设备。当救生筏悬挂在吊钩和进行吊放时，应该至少能够在环境和救生筏的温度稳定在17~23℃时，关闭全部安全阀的状态下，承受4倍的全部乘员和属具的质量；在环境和救生筏的温度稳定在–30℃时，打开全部安全阀的状态下，承受1.1倍的全部乘员和属具的质量。

思考题

1. 救生筏有哪些基本要求？
2. 气胀式救生筏有哪些特性要求？

第三节 救生筏的配备及属具备品

要点

对于救生筏的配备，SOLAS公约有明确的规定，如：国际航行的客船每船配备救生筏至少能够容纳船上总人数的25%，必须配备机械吊放式的救生筏；货船船长(L)不小于85 m的，配备救生筏至少能够容纳船上总人数的100%等。LSA规则对救生筏所应该配备的属具备品也提出了最低的种类和量的要求。

必备知识

一 救生筏的配备

在救生筏的使用和配备上，SOLAS公约有着明确的要求。船舶在投入营运前一定要按照要求，配备具有良好技术状态的救生筏。同时规定客船上所配备的救生艇筏，在发出弃船救生信号后30 min内，能够载足全部乘员和属具降落水面；货船应该在10 min内降落水面。

对救生筏配备的要求如下：

(1)国际航行的客船，应该配备吊架降落的救生筏(每舷至少设立一台)，每船配备救生筏至少能够容纳船上总人数的25%。

(2)500总吨以下的客船；并且船上总人数不超过200人的，每舷配备救生筏的总容量能容纳船上人员总数的100%；如果所配备的救生筏不能从一舷转移到另一舷使用，那么每舷所配备的救生筏应该能容纳船上总人数的150%。

(3)客滚船上配备的救生筏，应该使用海上撤离系统，或者使用均等地分布在两舷侧的救生筏的降落设备。

(4)客滚船上使用的救生筏，应该是自行扶正或带顶棚两面可用的救生筏；或者除了配备正常额定乘员的救生筏外，还应该配备超过救生艇额定乘员50%的容量；其中至少每4个救生筏要配有一个雷达应答器。

(5)货船船长不小于85 m，每船配备救生筏的总容量能容纳船上总人数的100%。如果救生筏不能从一舷转移到另一舷使用，每舷配备的救生筏应该能容纳船上总人数的100%。

(6)船舶长度小于85 m的货船(液货船、气体运输船除外)，每舷配备救生筏的容量为船上总人数的100%，如果不能够舷对舷的转移使用，则每舷应该配备的救筏应容纳船上总人数的150%。

(7)船长大于100 m的货船，应该在船首附近额外配备一只救生筏，必要时在船尾也可以配有一只同样的筏。

二 救生筏的属具备品

LSA规则规定了救生筏至少应该配备的属具备品，如图3-7所示：

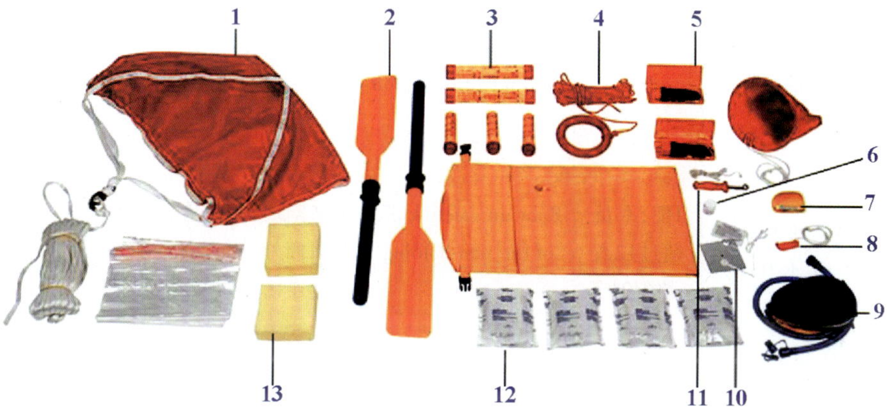

(a)

1—海锚；2—可浮的手划桨；3—降落伞红火焰信号；4—系有长浮索的可浮救生环；5—手持红火焰信号；6—水杯；7—海水电池；8—哨笛；9—充气器；10—日光信号镜；11—可浮的安全小刀；12—淡水；13—海绵

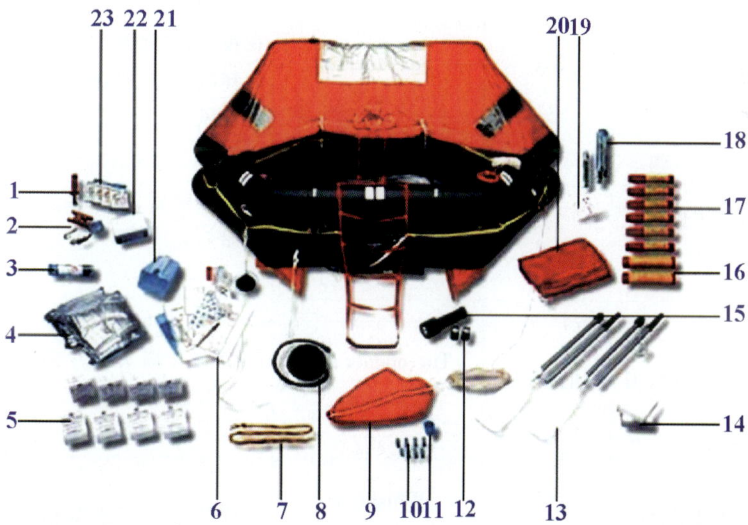

(b)

1—安全小刀；2—钓鱼用具；3—防风火柴；4—钓鱼用具；5—食品；6—药物；7—哨笛；8—罗经；9—海锚；10—晕船药片；11—水杯；12—电池；13—手划桨；14—淡水；15—手电筒；16—降落伞红火焰信号；17—手持红火焰信号；18—缆绳；19—日光信号镜；20—保温用具；21—水舀子；22—海水电池；23—救生信号图解

图3-7 救生筏的属具备品图示

主要用品、数量和用处的简单说明如表3-1所示。

表3-1 救生筏属具备品表

序号	属具备品及标准	数量	英文名称	作用及备注	图片
1	系有不少于30m长浮索的可浮救生环	1个	Buoyant rescue quoit	抛掷给水中人员，对落水人员进行海上救助	
2	可浮的非折叠安全小刀	1把，乘员超过12人的配2把	Buoyant safety knife of the non-folding type	用来割断绳索，存放在筏的顶棚外、靠近筏的艏缆与筏连接处的袋内	
3	可浮水瓢	1只，乘员超过12人的配2只	Buoyant bailer	用来排除筏内积水，收集雨水等用	
4	海绵	2块	Sponge	一块用来收集露水，另一块用来收集、排除筏内积水	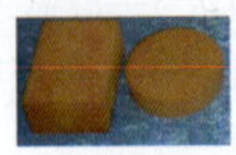
5	海锚	2只	Sea-anchor	一只备用另一只固定系在筏上，当筏释放充胀时能释放出去，控制筏稳定地顶风	
6	可浮手划桨	2只	Buoyant paddle	人员登乘后，用划桨离开难船	
7	开罐头刀和剪刀	3把和1把	Tin-opener and scissor	附带有开罐头叶片的安全小刀也可以	
8	哨笛或等效的音响号具	1个	Whistle or equivalent sound signal	供联络和发送求救信号用	
9	急救药包	1套	First-aid outfit	医疗救助时使用，存放在密闭的防水盒内	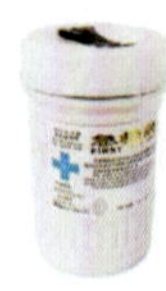

续表

序号	属具备品及标准	数量	英文名称	作用及备注	图片
10	火箭降落伞信号	4支	Rocket parachute flare	当发现他船，向他船发出求救时用	
11	手持红火焰信号	6支	Hand flare	当发现他船，向他船发出求救时用	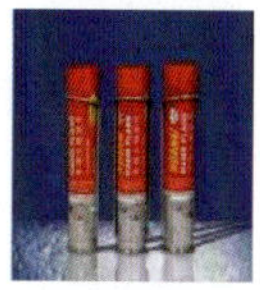
12	雷达反射器	1具	Radar reflector	增大救生艇筏被搜寻发现的机会（配有雷达应答器的筏可免除）	
13	保温用具	10%的额定成员或2件	Thermal protective aids	防止暴露、防寒保暖	
14	漂浮的烟雾信号	2个	Buoyant smoke signal	发现他船，白天发出求救信号	
15	防水手电筒	1只	Waterproof electric torch	需要发送联络和求救信号用	
16	日光信号镜	1面	Daylight signalling mirror	当其他求救联络信号失效，用其进行联络求救	
17	钓鱼用具	1套	Set of fishing tackle	在有淡水时，用来钓鱼补充食品的	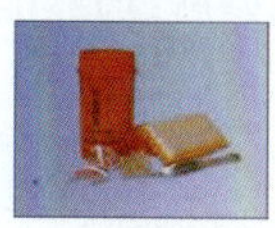
18	口粮	1份	Food ration	额定乘员每人不少于10 000 kJ的口粮	

续表

序号	属具备品及标准	数量	英文名称	作用及备注	图片
19	淡水	每个乘员 1.5 L	Fresh water		
20	有效的手动充气器	1具	Manually operated bellows or pump	气胀式救生筏备用，为筏体补充气体时用	
21	修补工具	1套	Repair kit	气胀式救生筏备用补或堵筏体破漏部位用	
22	不锈饮水量杯	1个	Rustproof graduated drinking vessel	分配淡水时使用	
23	防晕船药，清洁袋	每人1份	Anti-seasickness medicine	防晕船药够 48 h使用，清洁袋备晕船呕吐时使用	
24	救生须知和紧急行动须知	各1份	Instructions for immediate action	临时救急使用	
25	救生信号图解	1份	One copy of the life-saving signals	印制在防水硬纸上	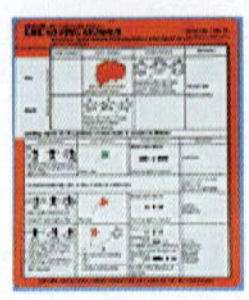

所有属具备品只要可能应该全部装入容器，并牢固地存放在救生筏内。在救生筏充胀成型后，仍然能固定存放在筏内，以便于进入救生筏的人员能在应急时获得使用。

思考题

1. 客货船上对于救生筏的配备有哪些规定？
2. 在救生筏的属具备品中"海绵 2 块"有什么用？
3. 救生筏中配备海锚几个？各有什么用处？

第四节 救生筏的存放

要点

SOLAS公约对救生筏的存放提出了具体的要求，应该设有一个自由漂浮的装置，应该将筏的艏缆牢固地系在船上，存放的位置应该在有遮蔽的场所，以免受火灾和爆炸而损坏等；同时详细地规定了救生筏存放的各种技术要求，以保证在使用时尽可能地做到万无一失；并讲解了救生筏的存放装置及操作特点，以及静水压力释放器的种类、特点，使广大的船员在应急时能够正确地操作使用。

必备知识

救生筏的存放位置，直接影响了在船舶应急时是否能够安全迅速地使用。因此，救生筏的存放位置在船上都是在船舷或接近船舷的附近，以便于抛投降放或吊架降放。

一 救生筏的存放位置的要求

在SOLAS公约中，对于救生艇筏的存放要求大致相同，主要有：

(1)救生筏的存放装置应该不能够影响其他救生设备的操作。

(2)救生筏在船上要保持良好的技术状况，始终处于准备使用的状态，由2名船员能够在不到5 min内，完成登乘和降落的准备工作。

(3)每只救生筏的存放，应该将筏的艏缆牢固地系在船上。

(4)每只救生筏(或每组救生筏)应该设有一个自由漂浮的装置，气胀式救生筏能在船舶下沉时，自由漂浮并能自动充胀成形。

(5)救生筏的存放位置，应该能用人工将其从系固装置上解脱、降放救生筏。

(6)吊架降放的救生筏，应该存放在吊钩所能达到的范围内。

(7)抛投式降放救生筏的存放应该能够转移到任一舷进行降放。

(8)在可行的情况下，存放位置应该设在有遮蔽的场所，以免受火灾和爆炸引起的损坏。

(9)在船首额外配备的救生筏，其存放的要求是在船首合理可行的范围内，可以用人力脱开的方式系牢。

(10)在救生筏降放过程，应该能够防止船舶任何排水排放到救生筏内。

(11)油船上配备的救生筏，不应该存放在货油舱、污油舱或其他含有爆炸性、危险性货舱上或者上方(在船首额外存放的筏除外)。

(12)在安全可行的情况下，救生筏的存放位置尽可能靠近水面，在船舶纵倾10°，并向任一舷横倾20°的不利情况下，其存放登乘的位置应该在水线以上至少2 m(抛投降放的救生筏除外)。

(13)在救生筏的存放位置，应该张贴国际海事组织规定的标记，说明该位置存放的设备、用途及数量。

二 救生筏的存放设备

目前海船上配置的救生筏绝大多数是气胀式救生筏，其筏体和属具备品是盛装在容器里存放的。其容器大体上是圆柱形，因此，救生筏的存放设备主要是考虑了存放时的稳固、降放时的方便。特别是抛投式降放的救生筏，按照存放设备的结构不同，抛投式救生筏的存放设备有：

(一)水平式存放架(Universal Cradle)

这种筏架底座直接镶装固定在甲板上，下半部是一个半圆形托架，托架上固定安装着橡胶衬垫。平时救生筏的容器水平安放在托架上，使用一根简单的索具固定。救生筏的艏缆通过容器下半部的绳孔引出，系牢在筏架的底座上。存放架的结构形式保证了救生筏存放的稳定。

降放时解开固定索具，两个人将盛装筏的容器抬到舷边，抛投到海面，使救生筏充胀成形。或者当船舶沉没时，依靠自由漂浮装置，救生筏浮起、充胀成形、脱离难船，以备求生人员使用。这种救生筏的存放架，在人工降放时，必须将救生筏的容器整体抬起，离开筏架，才能抛投降放，费时、费力，如图3-8所示。

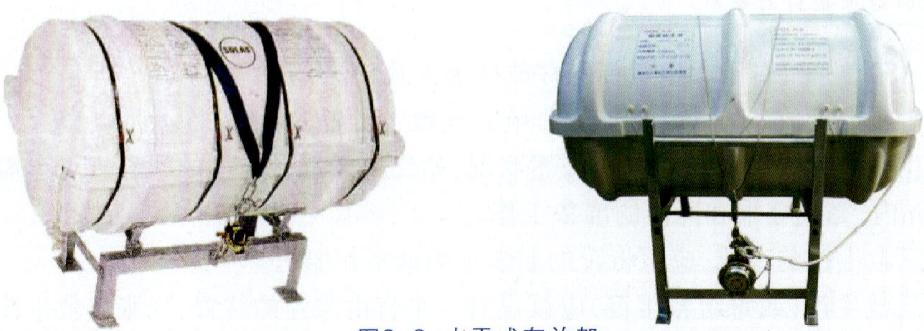

图3-8 水平式存放架

(二)滚动式存放架(Sliding Rack)

这种筏架存放救生筏的位置类似一个三角形框架斜边，救生筏的容器直接安放在两个稍有凹进型的，表面光滑的向下倾斜的钢管(或角钢)上，底座框架的四个边脚牢固地固定在甲板上，固定筏的索具从靠近舷外的低边拉起，在筏体容器的上方向另一边拉过，向下固定在静水压力释放器上。救生筏的艏缆系固在底座的框架上，在人工降放时，按照静水压力释放器的指示标志，推动手动拉杆，解脱救生筏的固定索具，救生筏就顺势滚动抛出舷外(或用手推一下)，在接近水面时，筏的艏缆拉动充气钢瓶，使筏体充胀成形。如图3-9所示。

(三)翻架式存放架(Inclined Launching Rack)

这种存放架的安放尽可能接近舷边，存放架的底边座牢固地固定在甲板上，救生筏的艏缆直接系固在底座上。在靠近舷边的底座上，铰接安装一个可以向舷外倾倒的翻架，固

图3-9 滚动式筏架

定救生筏容器的索具一边系接在翻架上，从筏的容器上向下拉到静水压力释放器上固定。在人工降放时，解开固定索具，翻架向舷外倾倒大约120°，形成一个使救生筏容器向舷外滚动的滑道，救生筏顺着滑道降放到水面充胀成形。如图3-10所示。

图3-10 翻架式筏架

（四）机械吊放式救生筏的存放

机械吊放式救生筏的存放，通常是组合性堆放式固定存放的。在客船上要求每5个筏，至少配备一个机械吊放式救生筏的降放架。

机械吊放式救生筏的降放架是一种单臂可旋转移动的降放装置，借助机械动力可以进行救生筏降放和回收。吊臂向舷外或舷内的旋转运动靠机械动力和人力都可以进行，救生筏的吊升和降落依靠机械动力。

三 静水压力释放器

LSA规则要求，具有自由漂浮功能的救生艇筏降落设备，在救生艇筏从存放地点自由脱开时应该是自动的。静水压力释放器是救生艇筏在自由漂浮释放过程中，借助静水压力自动解脱固定艇筏设施的脱开装置。

目前在船上，除了自由降落救生艇的降放设备具有自由漂浮功能外，静水压力释放器主要用在气胀式救生筏上。LSA规则对于静水压力释放器做了基本的规定：

（1）为了防止静水压力释放器发生故障，制造时应该采用兼容材料。

（2）不得采用在静水压力释放器的部件上镀锌或其他形式的金属镀层。

（3）在水深不超过4 m处，应该能自动脱开。

（4）在正常位置时，静水压力释放器的静水压室内应该设有泄水设施，以防止水的积聚产生压力。

(5)静水压力释放器在构造上,应该能够承受海浪的拍击,而且不产生脱开的动作。

(一)工作原理

静水压力释放器的主要工作原理是:在构造上设有一个气密的气室,气室的一边用橡胶膜片密封,另一边设有进水口。当船舶带着装有静水压力释放器的救生艇筏向下沉时,海水大量地从进水口进入静水压室内,产生一定的压力作用,使气室的橡胶模片内凹,推动模片轴向内缩与吊重钩的杠杆支点分离。此时,吊重钩受救生艇筏体本身浮力的作用而旋转,导致挂重环脱离静水压力释放器,救生艇筏体借助本身的浮力离开存放位置,向上浮起,脱离难船,漂浮在海面上(图3-11)。

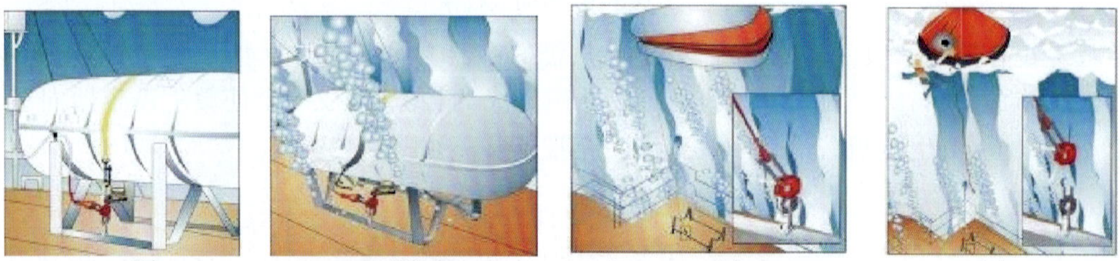

(1) (2) (3) (4)

图3-11 静水压力释放器工作原理

(二)静水压力释放器的种类

目前船上使用的静水压力释放器在结构上有多种形式,其自动释放的工作程序基本一样,而且大部分都有手动操作功能,即使没有手动的专门释放方式,也与快速脱钩装置连在一起,能够达到手动释放的功效。手动操作的释放方式不同,各自具有自己产品的特点。因此,除了产品的制造商、供应商明确静水压力释放器的规格代码之外,习惯上都用手动操作的方式来区分静水压力释放器。

(1)拉杆式:这种结构形式的静水压力释放器手动操作方式简单,操作标示明确,在其结构表面有一个明显的拉杆,在进行手动操作时,只要将拉杆按照标示箭头逆时针方向转动90°,吊重钩就可以脱开(图3-12)。

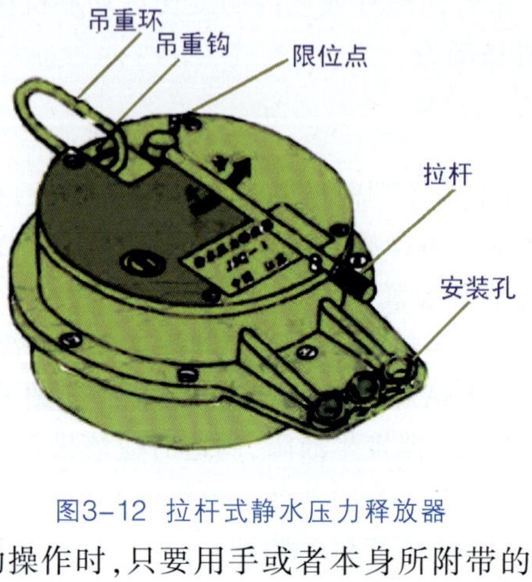

图3-12 拉杆式静水压力释放器

(2)手揿式:在进行手动操作时,只要用手或者本身所附带的工具揿按释放器中心的模片部位,就可以使其吊重钩脱开。

(3)旋转式:在释放器的中部、吊重钩部位附近,安装了一个直接控制吊重钩的操作旋柄，在操作时，只要直接扳动旋柄，就可以使吊重钩脱开。

(4)拉环式：利用快速脱钩装置上的拉环，用手指直接拉出即可以将吊重钩脱开(图3-13)。

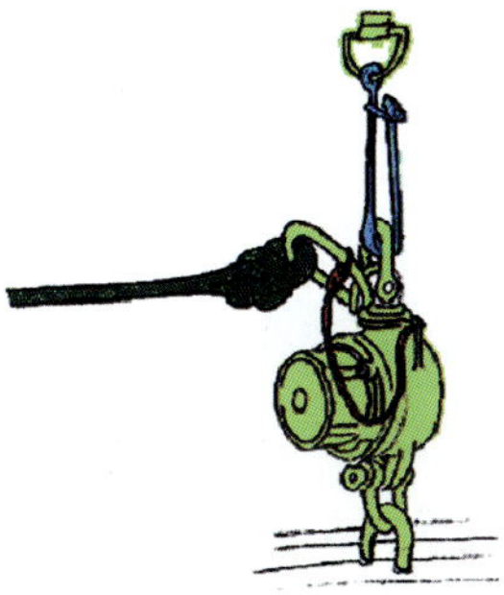

图3-13 拉环式静水压力释放器

(5)自行调换的静水压力释放器：这是一种特制的静水压力释放器，具有固定的使用时期，到期后，需要整体换新[图3-14(a)]。

(三)静水压力释放器的保养

(1)经常保证进水孔畅通，不得涂漆，防止堵塞。

(2)平时不得随意操作手动释放，也不得用力推动压力芯轴膜片，更不得用顶针顶推芯轴。

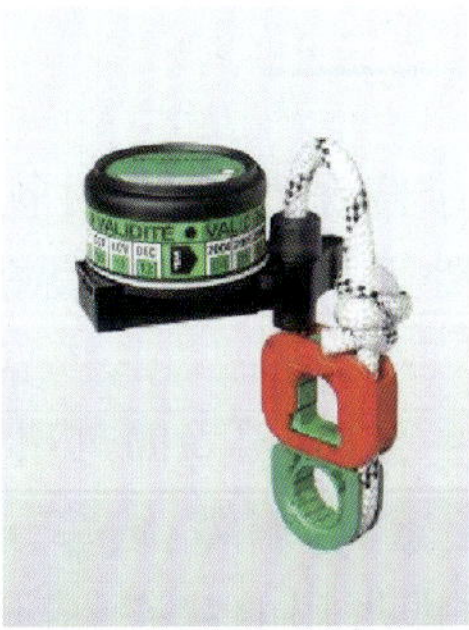

(a) 自行调换式静水压力释放器

(b) 手揿式静水压力释放器

图3-14 静水压力释放器

(3)定期检查固定索具与释放器的连接，不得另加索具加固。固定索具要松紧合适，如有损坏应及时按原样更换。

(4)在非正常使用范围内造成释放器的启动，应该立即进行各设施的复位操作，以保持释放器处于立即可用的状况。

(5)进行静水压力室膜片的复位操作：使用顶针(直径大约3 mm)通过复位孔(复位孔在与释放器相连的、起着固定安装作用的器具后面，在释放器产品铭牌的下面，安装定位器具中间)将芯轴向内推移，将保险钩与吊钩分别恢复原位(处于正常固定状态)。

思考题

1. SOLAS公约对救生筏的存放有哪些要求？
2. 静水压力释放器在救生艇筏存放装置中起什么作用？
3. 目前在船上使用的静水压力释放器有哪几种？
4. 在静水压力释放器的保养上应该注意些什么？

第五节　救生筏的检查与保养

要点

主管机关根据SOLAS公约的规定，对救生筏周期性的检查保养项目提出了具体的要求，确定了救生筏的检修时间间隔不超过12个月，检修时必须到专业的、主管机关认可的检修站进行检修。检修时，针对救生筏的所有内外设施、用具、筏体及救生筏的属具备品进行检修、更新，保持良好的技术状态。

必备知识

SOLAS公约要求，船上所有的救生设备都要制订维修保养计划，对救生设备要建立周期性检查维护的制度，使船上的所有救生设备都始终处于立即可用的良好技术状态。救生筏的检查保养工作有：

(1)每周对救生筏及存放和降放设备进行目视检查，以确保立即可用，并要做好记录。

(2)每个月要对救生筏存放架上的快速脱钩、固定索具、艏缆、绳塞、连接卸扣、救生筏容器上的封条检查一次，发现有损坏的或不是处于立即可用的状态，应该立即修复，使之处于良好的技术状态，并要做好记录。

(3)救生筏检修的时间间隔不超过12个月，经主管机关的同意可以展期到17个月。

(4)救生筏的检修，必须到主管机关认可的检修站检修，或者由主管机关经考核认可的持证人员在船上按要求对救生筏系统进行检查。检修的主要项目有：筏体的表面质量(粘贴脱落、破损等)检查，盛装筏体容器的检查，对筏的舾装件的检查，救生筏属具备品的清点、检查，对充气钢瓶的检查，启动撞针、启动拉绳的检查，进行充气试验和检查。总之，这个检查不应该疏忽任何一个细小部位、任何一个零部件、任何一个舾装件、任何一件属具备品。发现短缺、损坏、霉变等一切不良的情况，必须补充、修理或更换，保证其处于良好的技术状态。

(5)在一般的存放和使用情况下，救生筏的筏体使用年限为10~15年，超过使用年限，必须更换。

(6)如果静水压力释放器在船上可以自行调换，船上要有合格的备件，使用到期后，要及时更换。

(7)静水压力释放器(除可自行调换的外)检修的时间间隔为12个月，经主管关认可，可以展期到17个月。

(8)救生筏的容器表面决不可以涂漆，容器上标明的标志、技术数据一定要清楚明显。在容器上不可以另外加盖，不可以另外再添加固定索具。

思考题

应该如何进行救生筏的保养？

第四章 救助艇

救助艇(Rescue Boat)是SOLAS公约和我国《海船救生设备规范》要求的、在海船上配备的救生设备之一,主要是为了保障海上人命安全,完善海船救生设备。救助艇是指为了救助遇险人员,在弃船时集结救生艇筏而专门设计配备的船艇。

第一节 救助艇的种类及结构特点

要点

本节主要介绍目前在海船上使用的救助艇,按照制造材料来分类的刚性救助艇、充气式救助艇、刚性充气混合式救助艇的特点。重点讲述了刚性救助艇的结构名称,主要设施,如艏缆释放器与缆桩、排水泵与排水口、艇底塞与泄水孔、登艇梯与救生扶手、艇上扶手与艇底扶手等的作用。

必备知识

一 救助艇的种类

救助艇是为了在船舶发生海难时,救助船上遇险人员和对在海上进行求生的救生艇、筏进行集结而配备的救生设备。

目前在海船上配备使用的救助艇,从制造材料上来分类,大致分为三种:

(1)刚性救助艇(Rigid Rescue Boat),主要是使用玻璃纤维增强塑料与不饱和聚酯树脂黏合而成的刚性材料构成的救助艇,是目前船上比较普遍使用的一种救助艇,如图4-1

所示。

图4-1 刚性救助艇

(2)充气式救助艇(Inflated Rescue Boat),主要由橡胶材料及附属材料构成的救助艇(俗称橡皮艇),如图4-2所示。

图4-2 充气式救助艇

(3)刚性充气混合式救助艇(Rigid & Inflatable Rescue Boat),就是在制造艇体的材料中既有刚性材料又有橡胶材料,如图4-3所示。

图4-3 刚性与充气混合式救助艇

这三种救助艇都是《海船救生设备规范》中允许在海船上配备使用的。如果从救助艇推进机器的配备上来看,救助艇配备的推进机器可以在舷内安装,大多数是以柴油机为推进动力的;也可以配备舷外安装的机器(俗称挂机),是以汽油机为推进动力的。其次,救助艇的推进方式有借助螺旋桨推进的,也有喷气推进的。

任何一种救助艇如果是在船上配备使用,从制造材料到所配备的机器设备、属装件及规格等都必须经过主管机关的检验批准。

二 救助艇的结构名称

刚性材料制造的救助艇类似于敞开式救生艇，由于其主要作用和《海船救生设备规范》中对其有独自的要求，所以在一些结构上又不同于救生艇，下面介绍一下救助艇的结构名称(见图4–4)。

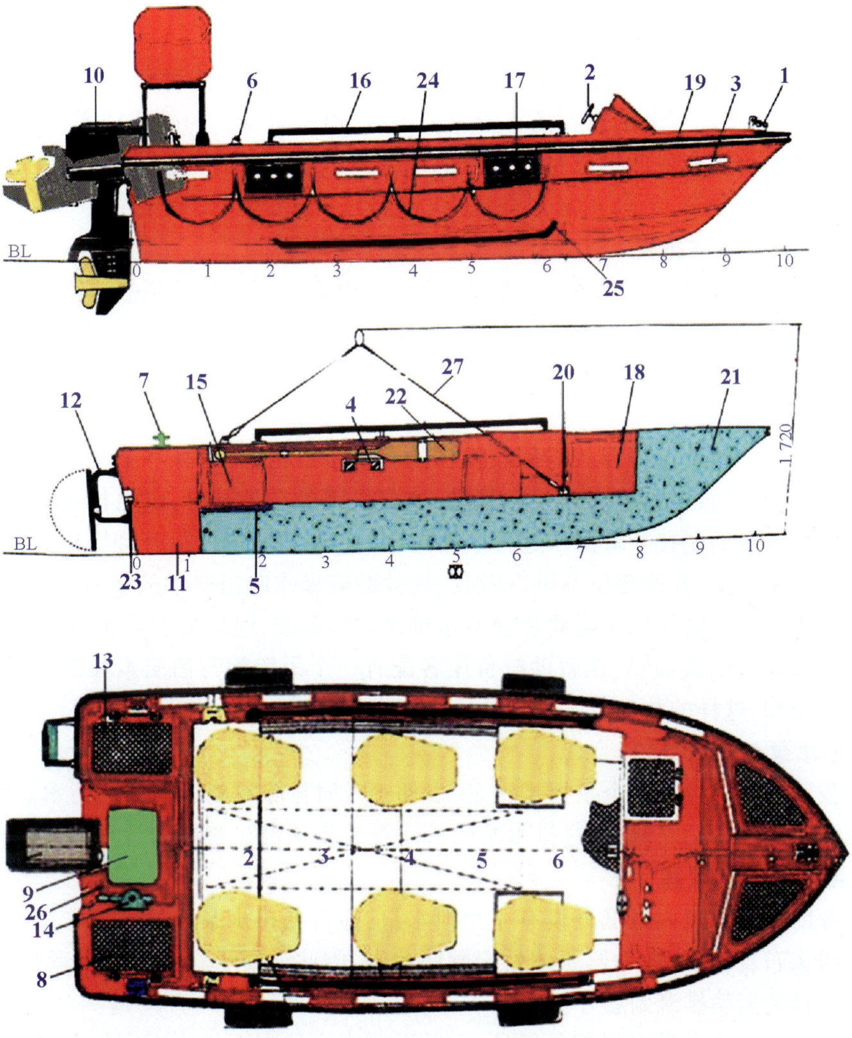

图4–4 救助艇结构名称

1—艏缆释放器；2—操舵轮；3—艇舷反光带；4—座板；5—排污管；6—后吊座；7—带缆桩；8—属具备品箱；9—艇底塞；10—舷外机；11—尾井；12—登艇梯(油箱)；13—反光带；14—手摇污水泵；15—电瓶箱；16—舷侧上扶手；17—舷侧碰垫；18—前工具箱；19—护舷材；20—前吊艇钩；21—填充浮体；22—可浮桨；23—排水口(前吊座)；24—救生扶手绳、绳的浮体；25—艇底扶手；26—泄水口；27—吊艇索

三 救助艇的主要设施及其作用

刚性救助艇主要采用增强玻璃纤维材料、手糊工艺成型建造的。艇上所配有的舾装件采用不锈钢、铝、铜或钢质镀锌制成,以便于提高救助艇的防腐能力。艇体分内、外两层壳体制成,中间填充了大量的聚氨酯闭孔泡沫,提供了救助艇足够的浮力,并保证了救助艇的抗沉性,使救助艇在满载额定乘员和属具备品的状态下破损通海后,仍然具有不沉的特性。救助艇艇体的特殊构造减缓了艇体所承受的撞击力,保证了救助艇的足够强度。另外,根据救助艇的作用和作业环境,艇上还主要备用如下设施:

1.碰垫和护舷材

在救助艇左右舷侧,分别在靠近艇首、尾部位设有4块橡胶材料制成的突出于舷侧的碰垫,目的是为了减缓救助艇在离靠操纵时挤压、撞击对艇壳的破坏。围绕着艇体四周舷边镶贴着橡胶材料制成的护舷材,其目的也是为了保护救助艇舷边减缓挤压碰撞对艇体的破坏而配置。

2.艏缆释放器与缆桩

在救助艇艇艏设有一个艏缆释放器,其主要构造是一个可控制的活钩装置,能使艇艏缆在受力的状况下安全释放。在救助艇艇尾左右两舷侧各设一个缆桩,主要是为拖带集结救生艇筏时使用的。救助艇可以拖带一个载有25人的气胀式救生筏,航速不少于3 kn。

3.前、后吊艇座

在以单臂吊艇架进行释放与回收操作的救助艇结构中,设有一个艇首部吊艇座,两个艇尾部吊艇座、形成三点聚合成一点吊升,主要是因为在吊升时,艇尾相对重一些,便于最大限度地保证救助艇在升降操作过程中的稳定性。在救助艇进行升降操作时,吊艇索必须连接在三个吊座上,其他部位不可以做收、放救助艇操作时吊艇索的受力点。

有的船上配备的救助艇降放装置不是单臂式吊艇架,而是重力式吊艇架。利用重力式吊艇架收放操作的救助艇,在救助艇首尾各配有一个吊艇钩与吊艇索相连接,便于释放装置的匹配操作,这样的救助艇不配置前后吊艇座设施。

4.排水泵与排水口

在救助艇尾部设有一个手摇排水泵,以便于及时排除在艇内积存的污水。排水泵设在救助艇的艇尾挂机的左侧,通过排水泵的排水管系将积聚在艇内的污水排出艇外。

5.泄水口与艇底塞

在救助艇尾部艇内最低处设有一个泄水口,通常在排水泵连接的排水口下方,由于救助艇的构造布置,造成救助艇艇体处于艉倾状态,因此方便于在航行中或者其他情况下使艇内积水自然流淌排泄到艇外。

艇底塞设立在救助艇尾部最低处,在救助艇离水状态下将艇底塞打开,以便于排除艇内积水。

6.登艇梯与救生扶手绳

在救助艇艇尾部,固定设有一个由铝合金制成的折叠式固定登艇梯,以便于水中人员顺利登艇或者救助艇的救护人员顺梯安全下水进行水中救护作业。

救生扶手绳,设立在救助艇左右两舷侧水线附近,设有链环状可浮救生扶手绳,主要是方便于水中人员,利用扶手绳等待救助或协助攀附救助艇时使用。

7.艇上舷侧扶手与艇底扶手

在救助艇两侧紧贴舷边上方各设有一个自艇首至尾贯通的扶手栏，大部分是由船用铝材料制成的，主要是保护救助艇内人员的安全，便于救助艇在风浪中操纵颠簸时或高速转向时艇内人员用手把握住护栏，避免发生意外。

艇底扶手是在救助艇两侧艇底舭部设立的扶手，主要是供不能自行扶正的救助艇在救助艇倾覆时供水中人员扶正攀附时使用，其镶装结构应该使救助艇在碰撞时能将扶手打掉而不损坏救助艇。

8.电气装置

救助艇配有蓄电瓶，蓄电瓶为12 V直流电，每个蓄电瓶都配有一个自浮式充电器，电源来源于船舶，为42 V交流或者救助艇挂机在运转时电动机的再充电。

思考题

1. 救助艇按照制造材料分类有哪几种？
2. 艏缆释放器、救生扶手、泄水口、艇底扶手的主要作用是什么？

第二节 救助艇的基本要求

要点

SOLAS公约规定，救助艇在构造上、救助艇的舾装件配置、吊艇索的脱钩装置、艇的标记上要符合于救生艇的要求；另外还要求救助艇长度不小于3.8 m、不大于8.5 m，额定乘员至少能搭载6人(其中5个坐位人员、一个躺位人员)，艇的航速在静水中满载时不得小于6 kn，并能持续航行不少于4 h，充气式救助艇要有足够的强度与刚性，其浮力应该由至少5个大致相等体积独立的舱室分隔，或者由2个均不超过60%总体积的独立浮力胎提供等。

必备知识

SOLAS公约对于船舶配备救助艇的一般要求中，特别强调救助艇在构造上应该符合对救生艇的要求，同时在救助艇的舾装件配置上、吊艇索的脱钩装置、艇的标记等部分都要符合与救生艇的等同要求。除了上述要求外，特别强调了下述要求：

(1)主管机关允许配置在船舶上的救助艇的长度不小于3.8 m，不大于8.5 m。

(2)乘员定额至少能搭载5个坐位人员和一个躺位的人员。

(3)救助艇除了有足够的舷弧外，还应该设有延伸不少于15%艇长度的艇首盖。

(4)救助艇航速应该不小于6 kn,并能以此航速持续航行不少于4 h。

(5)救助艇在海浪中应该具有足够的机动性和操纵性,以便于能够从水中拯救人员、集结救生艇筏,并能以至少2 kn航速拖带本船舶配备最大的一个载足全部乘员和属具的救生筏。

(6)救助艇可以装设舷内发动机或舷外发动机。如果装设舷外发动机,舵与舵柄可以是该机的组成部分。

(7)救助艇可以装设具有认可燃油系统的汽油驱带舷外发动机,但燃油柜应有特殊的防火和防爆保护。

(8)救助艇应该安装固定的拖带装置,其强度应该足够拖带本船舶所配备的最大的载足全部乘员和属具的救生筏,并能以不少于2 kn速度航行。

(9)除钩篙外,其他属具应该固定或装进舱柜存放,应配备足够数量的可浮桨或手划桨。

(10)充气式救助艇应该有足够强度和刚性,使其在装载全部乘员和属具后能降落和回收。

(11)充气式救助艇在环境温度17~23℃时,在不使用安全阀的情况下能承受其全部乘载质量的4倍负荷。

(12)充气式救助艇在环境温度为–30℃时,使用所有安全阀的情况下能承受其全部乘载质量的1.1倍负荷。

(13)充气式救助艇的构造应该能在海上被存放在开敞甲板上,并且在一切海况下暴露漂浮达30天。

(14)充气式救助艇除了标有所属船名、船籍港、乘员定额、艇的规格、编号外,还应标明制造厂名、出厂号码、商标、制造日期。

(15)充气式救助艇的浮力,应该由至少5个大致相等体积的独立隔舱分隔的单独浮力胎或2个均不超过60%总体积的独立浮力胎提供。

(16)充气式救助艇浮力胎的布置在任何一个隔舱损坏时,其余的隔舱应该仍能支持全部额定乘员和属具浮于水上,而且救助艇四周的干舷值都是正数。

(17)充气式救助艇浮力胎充足气后应能为每个额定乘员提供不少于0.17 m^3的体积。

(18)充气式救助艇浮力舱应该设有一个供人力充气用的止回阀和放气设备,还应该设有一个安全释放阀。

(19)充气式救助艇的艇底部外面容易损害的部位应该设主管机关同意的防擦板条。

(20)充气式救助艇如果装有艇尾板,该板嵌入救助艇长度不应该超过其总长的20%。

(21)充气式救助艇在船上应该始终维持充满气状态。

思考题

1. 救助艇在额定乘员上有哪些规定?
2. 救助艇在长度上有什么要求?
3. 在充气救助艇的浮力提供上和艇的标记上有哪些要求?
4. 对于救助艇的拖带有哪些基本技术要求?

第三节　救助艇的配备及属具备品

要点

SOLAS 公约中明确规定，在货船上至少要配备一艘救助艇，500 总吨以下的客船至少配备一艘救助艇，500 总吨及以上的客船每舷至少配备一艘救助艇，在客船上每一艘救助艇承担的拖带、集结救生筏不超过 6 只等要求，还规定了在救助艇内应该配备的属具备品的种类及最低数量。

必备知识

SOLAS公约对船舶配备救助艇有如下要求：

(1)货船应该至少配备一艘救助艇。

(2)500总吨以下的客船至少配备一艘救助艇。

(3)500总吨及以上的客船每舷至少配备一艘救助艇。

(4)如果救生艇也符合救助艇的要求，可以将此救生艇作为救助艇。

(5)配备在客船上的每一艘救助艇，在弃船时需要承担集结的救生筏不超过6只，从事短程国际航行的客船，不超过9只。

救助艇属具备品的配备如表4-1所示。

表4-1　救助艇属具备品表

编号	属具备品及标准	数　量	英文名称	作用及备注	图片
1	可浮桨或手划桨	足够数量	Buoyant oars	供在平静海面划桨时使用	
2	可浮水瓢	1只	Buoyant bailer	淘水	
3	海锚及属具(锚索长度不小于10 m)	1套	A sea-anchor and tripping line	释放海锚控制艇首顶风顶浪，减缓漂移速度	

续表

编号	属具备品及标准	数　量	英文名称	作用及备注	图片
4	艏缆	1根	Painter		
5	罗经并备有夜间照明装置	1具	Operational compass		
6	可浮索(长度不少于50 m)	1根	Buoyant line	备拖带救生筏时使用	
7	防水手电筒	1个	Waterproof electric torch	供发送求救信号时用	
8	哨笛或等效的音响号具	1个	Whistle or equivalent sound signal	供联络和发送求救信号用	
9	急救药包	1套	First-aid outfit	医疗救助时使用	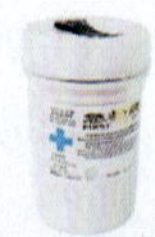
10	可浮救生环系有长度不少于30 m的浮索	2个	Buoyant rescue quoit	供救助落水人员使用	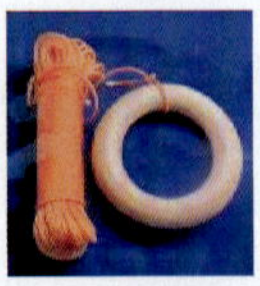
11	探照灯(光强度为2 500 cd,持续时间不少于3 h)	1盏	Searchlight	搜寻海面救助时使用	
12	雷达反射器	1具	Radar refletor	增大救生艇筏被搜寻发现的机会	
13	保温用具	10%的额定成员或2件	Thermal protective aids	防止暴露、防寒取暖	

续表

编号	属具备品及标准	数 量	英文名称	作用及备注	图片
14	便携式灭火器	1个	portable fire-extinguishing equipment	扑灭机器等油类火	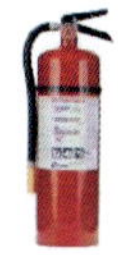
15	带钩艇篙	1只	Boat-hook	刚性救助艇备有,操艇时用	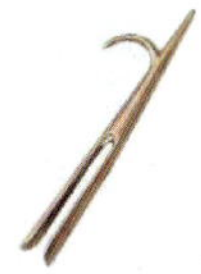
16	水桶	1只	Bucket	刚性救助艇备有,淘水和积存淡水用	
17	小刀或者太平斧	1把	Knife or hatchet	刚性救助艇备有,应急使用	
18	可浮安全小刀	1把	Buoyant safety knife	充气式救助艇备用	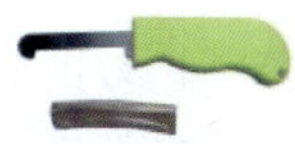
19	海绵	2块	Sponge	充气式救助艇备用,排除艇内积水和收集露水用	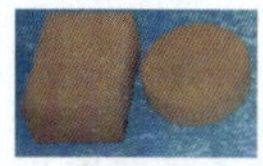
20	有效的手动充气器	1具	An efficient manually operated bellows or pump	充气式救助艇备用,为艇补充气体	
21	修补工具	1套	Repair kit	充气式救助艇备用,补破漏部位用	
22	安全的艇篙	1只	Safety boat-hook	充气式救助艇备用,操艇用	

思考题

1. 对于货船、客船在救助艇的配备上有哪些规定?
2. 对客船上的救助艇在集结拖带救生筏上有什么要求?
3. 救助艇上配备一根 50 m 长可浮索的作用是什么?

第四节　救助艇的存放与降放设备

要点

SOLAS 公约规定，救助艇在船存放的位置应是便于降放和回收的位置，要在5 min 内就能够降落。目前，在船舶上配备的救助艇的降放装置主要有重力式和单臂悬吊式两种，本节重点介绍了单臂悬吊式救助艇降放装置的结构名称及作用。

必备知识

救助艇配备在船上，由于和救生艇的作用不同，因此，对于救助艇的存放要求也不同。救助艇的存放位置，至少应该满足SOLAS公约的要求。

一　救助艇的存放

(1)救助艇在船应该始终保持处于准备使用状态，要求达到在5 min内就能够降落。

(2)救助艇的存放位置应该不影响其他救生设备的操作使用。

(3)救助艇应该存放在便于降落和回收的位置。

(4)如果是救生艇兼做的救助艇，其存放的位置还应该符合救生艇存放的要求。

二　救助艇的降放装置

救助艇的降放装置在船上有重力式的吊艇架，也有单臂悬吊式吊架。救助艇的重力式吊艇架与救生艇重力式吊艇架在结构上、操作上都基本相似。在这里，简单介绍救助艇的单臂悬吊式降放装置的结构及作用。

单臂悬吊式降放装置的结构名称，参照图4–5所示，其主要构件的作用：

(1)起重臂(Jib)：是降放装置主要负重的结构设施，依靠起重臂的转进或转出，可以将救助艇转出舷外或转进舷内。

(2)回转盘(Slewing Unit)：回转盘的支撑部件与起重臂的底座相连接，通过电动液压回转装置的驱动，可以使起重臂有效地转出舷外降放或转进舷内存放。

(3)起升机构(Winch)：由电动机驱动滚筒，专门控制吊艇索进行升降。

(4)限位装置(Limited Unit)：是安全保险装置，专门用来防止吊艇索绞升过大。

(5)遥控装置(Remote Unit)：用来控制操作救助艇向舷外转出和吊艇索下降的。

(6)蓄能器和手动泵(Accumulator & Handle Pump)：当无电源操作时，依靠蓄能器的储存能源或手动泵使起重臂转出或转进。

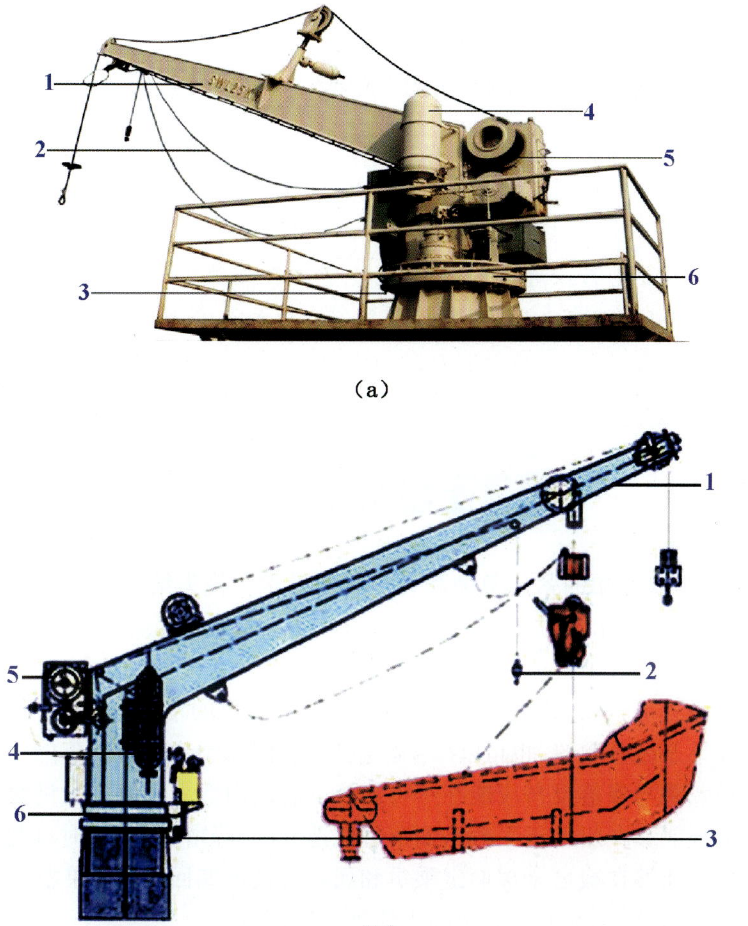

(a)

(b)

图4-5 单臂悬吊式吊艇架

1—起重臂;2—遥控降放设施;3—降放装置底座;4—蓄能器;5—吊艇索卷筒(起升机构);6—降放装置回转盘

思考题

1.救助艇在船存放有哪些规定?

第五节　救助艇登乘、降落的要求

要点

救助艇的乘员要能够从存放的场所直接登乘和降落，当船舶于平静水面前进航速 5 kn 时，救助艇能够安全降落，救助艇能够在载足 6 名乘员时回收，回收的时间不超过 5 min。

必备知识

由于救助艇承担着船舶的紧急救助和弃船时拖带救生筏集结的应急任务，因此，对于救助艇的登乘与降落的要求与救生艇的登乘要求大不相同。SOLAS公约对救助艇的登乘和降落做了详细的规定，其主要内容是：

(1)救助艇的布置应该使救助艇可以在载足其额定乘员的情况下，能够从存放位置直接登乘和降落(如果兼做救生艇，也可以符合救生艇从登乘甲板上登艇并降落)。

(2)救助艇的登乘与降落设备应能在尽可能短的时间内登上并降落救助艇。

(3)救助艇应该能够在船舶于平静水面前进航速5kn时降落，如必要时可利用艇首缆。

(4)救助艇应该能够在载足全部额定乘员和属具时被迅速回收。如果救助艇兼做救生艇，至少在载足全部属具及6名乘员的情况下能被迅速回收。

(5)救助艇在载足全部额定乘员和属具时，在一般的海况情况下，回收时间不超过5 min。

(6)救助艇降落入水速度应不小于

$$S=0.4+0.02H$$

式中：S为下降速度，单位为m/s；H为从吊艇架顶部到船舶最轻载水线距离，单位为m。

(7)为了使救助艇的乘员在艇的降放时，免受惯性力、加速度的冲击，主管机关必须制定出降放艇的最大下降速度，并采取措施确保不超过此速度。

(8)每具救助艇的降落设备应该能以不少于0.3 m/s的速度，吊起载足全部额定乘员和属具的救助艇。

(9)救助艇的登乘与回收设备应该能够顺利进行有效的搬运担架病人的操作。

(10)在船舶不利纵倾10°，并向任一舷横倾20°时，应能安全降落满载乘员及属具的救助艇。

思考题

1. SOLAS 公约对于救助艇的降放有哪些要求？
2. 对于救助艇的回收有哪些规定？

第六节 救助艇的检查与保养

要点

救助艇是海船上重要的救生设备之一，主要作用是救助海上遇险人员和弃船时拖带救生筏集结。因此，要求只要配备在船，都要始终保持良好的技术状况，处在立即可用状态。对于救助艇的检查、保养、维修要求得更严格一些。SOLAS公约要求，救助艇必须建立周期性的检查保养的制度，备有一整套的文件资料，以及可以落实检查的有关记录，以确保救助艇检查、保养、维修工作的有效实施。

必备知识

一 有关救助艇维修保养的记录性资料

船舶建立的救助艇维修保养须知等文字资料，必须是通俗易懂的，如果方便的话，应该加以图示说明，以便于实施。

(1)建立船上救助艇维修保养须知。

(2)设立对于救助艇的检查清单。

(3)定期维护保养计划。

(4)备有救助艇及降放装置各润滑点示意图，并注明建议使用的润滑剂。

(5)设立救助艇及降放装置的可替换部件表，以及备件来源的一览表。

(6)检查和维修保养记录簿。

二 实施检查的主要工作

1. 每周检查

(1)每周对救助艇目视检查一次，并做好记录。

(2)每周只要环境温度在启动和运转艇机所要求的最低温度以上，就要将救助艇的机器启动和运转试验一次，时间不少于3 min，并确认救助艇的发动机正常，做好记录。

(3)如果救助艇配备的是舷外机，机器离开水，不能够进行艇机的启动和运转试验，应该按照机器说明书的要求进行必要的检查。

2. 月度检查

(1)每月清点属具备品一次，少了补，坏了修，不能使用的更新，确保齐全并好用，检查情况应该记入维修保养记录簿同时载入航海日志。

(2)检查救助艇表面的标志是否清晰，反光带是否正常，艇的通信设备、导航设施、搜寻设施等是否正常，并做好记录。

(3)每个月对于艇的结构水密情况进行一次检查，检查艇壳是否有变形，吊艇钩及吊艇基座锈蚀是否严重，每个月检查“救助艇的降放操作方法”以及其他的张贴标志是否清楚完备。

(4)检查各活动部件是否活络，有无锈死和油漆卡死等现象，如果存在不良现象，应该立即恢复正常。

(5)每个月应该将救助艇进行舷内、舷外移动和收、放吊艇索的检查，检查各操作部件、设施是否灵活正常，存在不当之处应该立即纠正，使之处于良好的技术状态。在进行舷内、舷外移动和收、放检查时，艇内不得承载人员，以确保安全。

三 主要的保养工作

(1)每次进行操作使用救助艇收回船舶固定存放后，应该立即检查所有的属具备品，不足的应该立即补充，并且存放到原来存放的位置。

(2)每次进行检查或进行演习操作后发现设备设施以及零部件有不正常的地方应该立即修复，活络部位应该加油润滑。

(3)每3个月救助艇应该入水一次，进行水上操作训练，检查救助艇、吊艇架所有部位是否助于良好的技术状态。

(4)吊艇索按照时间要求及时调头使用发现缺陷后应该及时更新。

(5)要保持救助艇表面颜色新鲜，标志清楚、齐备，救助艇舷外的扶手绳及手握浮标牢固、齐全。

(6)救助艇金属部位如有锈蚀、损坏，应该及时除锈、修复。

(7)所有充气式救助艇的修理养护应该按照制造商的要求进行，可以在船上进行应急性修理，永久性修理应该在主管机关认可的检修站进行。

思考题

1. 在救助艇检查保养上要求具有哪些文字资料？
2. 如何对救助艇进行检查？
3. 对于救助艇的保养应该进行哪些主要工作？

第五章

无线电救生设备及其他求救视觉信号的操作

为了及时地将船舶发生海难事故和求救的信息向在附近航行的船舶、飞机以及主管机关、救助单位、船舶所属公司等相关单位报警求助，通报难船的船位、遇险的性质等相关消息，船上配备了一些无线电救生设备。当船舶发生海难事故决定弃船时，应该由专人将指定的可携型无线电救生设备携带到救生艇筏上，以便于在求生过程中持续、有效地发出求救信息。

目前，船舶配备的可以在救生艇筏上使用的无线电救生设备，主要有下列各类：

(1)紧急无线电示位标。紧急无线电示位标(Emergency Position Indicating Radio Beacon，简称EPIRB)被启动后，可以发出遇险信号，发出的信号经卫星转发后传至相关的搜救中心，以便采取适当的行动使遇险人员获救。

(2)搜救雷达应答器。搜救雷达应答器(Search and Rescue Radar Transponder，简称SART)用于在船舶遇险时寻找遇难船舶、救生艇筏或求生者，以及求生者手持搜救雷达应答器时，可以使他们得知是否有救助船舶或飞机在靠近他们。

(3)甚高频双向无线电话(Two-way VHF Radiotelephone)。甚高频双向无线电话使用简单方便，主要用于较短距离遇险通信。

(4)通用报警和公共广播系统。通用报警系统(General Alarm System)可以发出应急报警信号，公共广播系统(Public Address System)可以广播包括紧急信息在内的各类信息。

第一节　紧急无线电示位标

要点

紧急无线电示位标(EPIRB)在船舶遇险时,可以启动操作,发出船舶遇险信息,其中的船舶识别码和测定船舶位置数据有助于搜救中心采取行动救助遇险人员。紧急无线电示位标能在406 MHz频道发送信号,能够人工启动,也可以自动启动工作,平时存放在船舶驾驶台两侧的舷墙上或栏杆上,紧急时由专人携带到救生艇筏上使用。本节以英国MCMURDO生产的示位标为例讲解一下各操作旋钮的名称与功能。

必备知识

紧急无线电示位标在船舶遇险时,可以人工操作,也可以自动启动操作,发出包括本船识别码在内的遇险报警信息。报警信息经卫星转至相关的搜救中心,其中的船舶识别码和定位数据将有助于搜救中心采取适当行动救助遇险人员,其主要功能如图5-1所示。

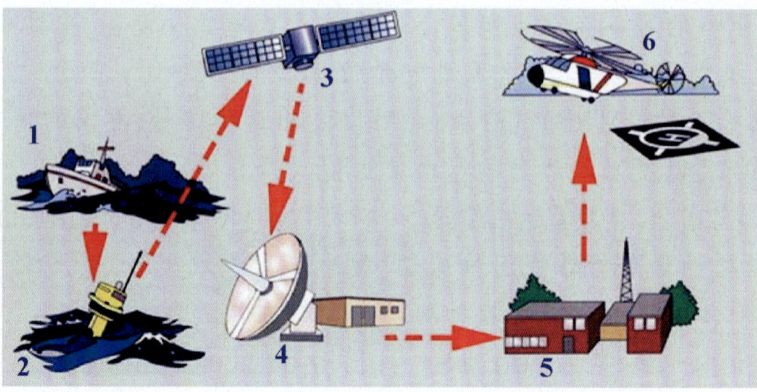

图5-1 EPIRB的功能示意图

一 技术性能及配备

(1)能在406 MHz频带发送遇险报警;

(2)能人工启动发送遇险报警,并由一人携带进入救生艇筏;

(3)船舶沉没时,能自由漂浮,浮起之后能自动启动发送遇险报警。

每艘船舶至少配备1台紧急无线电示位标(EPIRB)。紧急无线电示位标平时存放在驾驶台两侧的舷墙上或栏杆上,紧急时由专人携带到救生艇筏上使用。

二 结构名称及作用

紧急无线电示位标在船上配备使用的种类型号繁多，现对在船上比较常见的船用紧急无线电示位标的主要结构、名称及功能做一介绍。

1. Smartfind系列 406 MHz EPIRB

Smartfind系列406 MHz EPIRB是由英国MCMURDO生产的紧急无线电示位标，如图5-2所示。

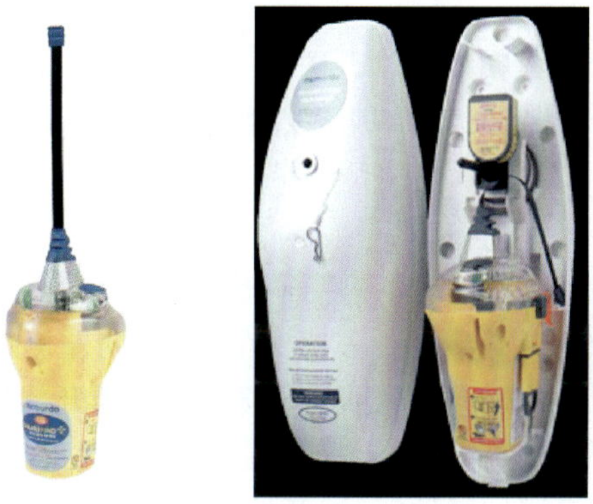

图5-2 Smartfind系列406 MHz EPIRB

这类紧急无线电示位标是一个整套设备装在一起的功率强大的遇险发射机，它以一块锂电池作为电源，更换时间为5年。紧急无线电示位标为一键式设备，启动后可以工作至少48 h。它可以漂浮在水面使用，也可以在船上或救生艇筏内工作。

2. 主要结构名称及功能

紧急无线电示位标的主要结构、名称及功能作用如图5-3所示。

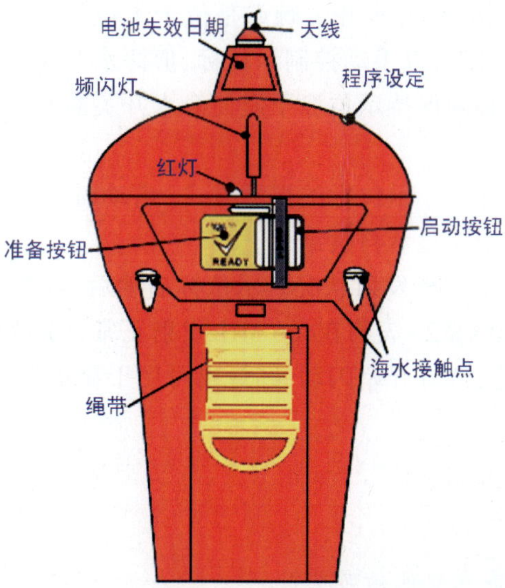

图5-3 紧急无线电示位标的结构

(1)天线：这是一种挠性鞭状天线，工作时天线必须保持垂直。

(2)频闪灯：这是一种U形真空玻璃管，通过明亮的圆顶透镜可以观察到。紧急无线电示位标启动以后，频闪灯每间隔几秒钟闪一次。

(3)红灯：通过位于紧急无线电示位标的后方的圆顶透镜可以观察到。该灯持续发光或闪光表示紧急无线电示位标的不同工作模式。

(4)程序设定：用于向应急无线电示位标输入唯一的编码信息。

(5)准备按钮：按一下此按钮可以关闭紧急无线电示位标；持续按住此按钮可以运行内置的自检程序，检查设备的基本状况。

(6)启动按钮：按下此按钮可以手动启动紧急无线电示位标。启动按钮用一个带有安全封条的滑动盖保护。

(7)海水开关：这两个螺丝帽是海水开关，一旦浸入水中自动启动紧急无线电示位标。

(8)绳带：拉动并向下缠绕拉索可以释放紧急无线电示位标，用此索将紧急无线电示位标系到救生艇筏上。

3. 控制功能

(1)启动按钮。此按钮隐藏在滑动盖后面，防止意外启动。盖子上面有一个安全封条，可以显示紧急无线电示位标是否启动。去掉安全封条，向左侧推滑动盖并立即按下“启动”按钮即可手动启动紧急无线电示位标。此时，频闪灯立即开始发出闪光，但在2 min之内并不发射任何遇险信息，以便出现意外启动紧急无线电示位标时有机会关闭它。红灯在2 min内持续发光，2 min延时过后红灯开始闪动，开始遇险发射。

(2)准备按钮。此按钮不但可以关闭紧急无线电示位标，也可测试紧急无线电示位标。

准备：快速按下并松开此按钮可以关闭紧急无线电示位标，使其返回准备状态。松开此按钮，闪光灯和红/绿灯停止闪动。

自检：持续按下“准备”按钮约10 s将运行内置的自检程序。

(3)海水开关。当示位标安装在存放架或机箱内时，它处于完全关闭状态。取下示位标就会激发磁性开关使示位标进入“准备”状态，在此状态下不消耗电池。如果海水开关触点浸入水中，示位标将自动接通，海水开关触点是位于示位标后面开关旁边的两个螺丝帽。虽然用“准备”和“启动”按钮可以手动控制示位标，但海水开关优先各种手动设置。为正确实现各种手动操作，首先必须保持示位标干燥使海水开关断开。

(4)频闪灯及红灯。

频闪灯：频闪灯是一种寻找示位标的视觉方式。启动时，频闪灯每分钟23闪。示位标发射期间中断，频闪灯也可用作显示自检结果。

红灯：红灯用于显示示位标发射状况。示位标启动后，红灯与频闪灯交替闪烁表明在121.5 MHz发射正常，每50 s亮2 s表明在406 MHz发射正常。示位标启动之初红灯持续发光直至示位标开始发射为止，红灯开始闪动，红灯也可用于显示自检的结果。

思考题

1. 无线电救生设备主要包括哪些？
2. EPIRB 有哪些基本技术性能要求？
3. 按下 EPIRB 的“启动”开关后会出现哪些信息现象？

第二节 搜救雷达应答器

要点

搜救雷达应答器在船舶遇险时,可以由人工启动或者自动启动处于待命状态,当搜救的船舶或飞机接近遇险船舶或求救救生艇筏时,搜救雷达应答器便会收到搜救船舶或飞机导航雷达发来的探测脉冲,触发搜救雷达应答器,使其产生回波信号被导航雷达收到后,在其雷达荧光屏上显示出由12个亮点组成的沿半径方向的亮线,可以判断出搜救雷达应答器所在的方位和距离,便于营救。应答器能在9 GHz的频道上工作。本节讲解了应答器的技术性能及结构名称。

必备知识

在遇险时搜救雷达应答器由人工启动或自动启动后,处于待命状态。当搜救船舶或飞机接近待救的救生艇筏或求生者时,搜救雷达应答器便会收到搜救船舶或飞机导航雷达发来的探测脉冲,触发搜救雷达应答器,使其产生一组由12个脉冲组成的特殊信号,这种信号作为回波被导航雷达收到后,便会在其荧光屏上显示出由12个亮点组成的沿半径方向的亮线,由此可判断出持有搜救雷达应答器的救生艇筏或个人的方位和距离,便于迅速营救(如图5-4所示)。

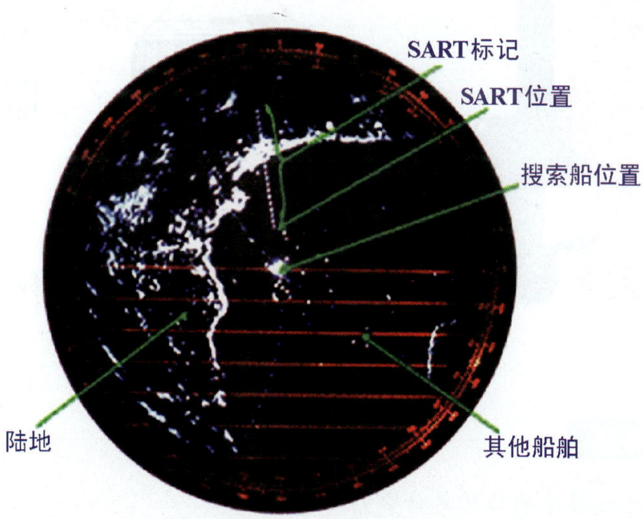

图5-4 在雷达上显示的SART发出的信号

(1)在搜救船舶或直升机上的导航雷达探测脉冲作用下,搜救雷达应答器发射的信号能使搜救船舶或直升机上的导航雷达荧光屏显示搜救雷达应答器的确切位置。

(2)能使手持搜救雷达应答器的求生者或配备搜救雷达应答器救生艇筏上的人员确信有搜救船舶或直升机在靠近他们。

一 技术性能及配备

搜救雷达应答器的主要技术指标是：

启动后处于待机状态，即“收”状态。当搜救船舶飞机接近时，搜救雷达应答器被触发并发出一组由12个脉冲组成的特殊信号。

SOLAS公约要求客船和500总吨及其以上的货船每舷至少装备1台；500总吨以下的货船至少1台，平时存放在驾驶台两侧的存放架上，应急时由专人携带到救生艇筏上使用。

二 结构名称

S4 RESCUE SART是英国MCMURDO生产的搜救雷达应答器，其主要结构名称如图5-5所示。它的机体为醒目的橙色热塑性塑料，通过不锈钢装置与密封电池连成一体，O形密封圈可以保持连接部位水密。旋转环形开关可以执行启动、关闭和测试功能。只有撕下安全标签，才能将环形开关转到启动位置。环形开关为弹性设计，可以从“测试”位置自动返回。

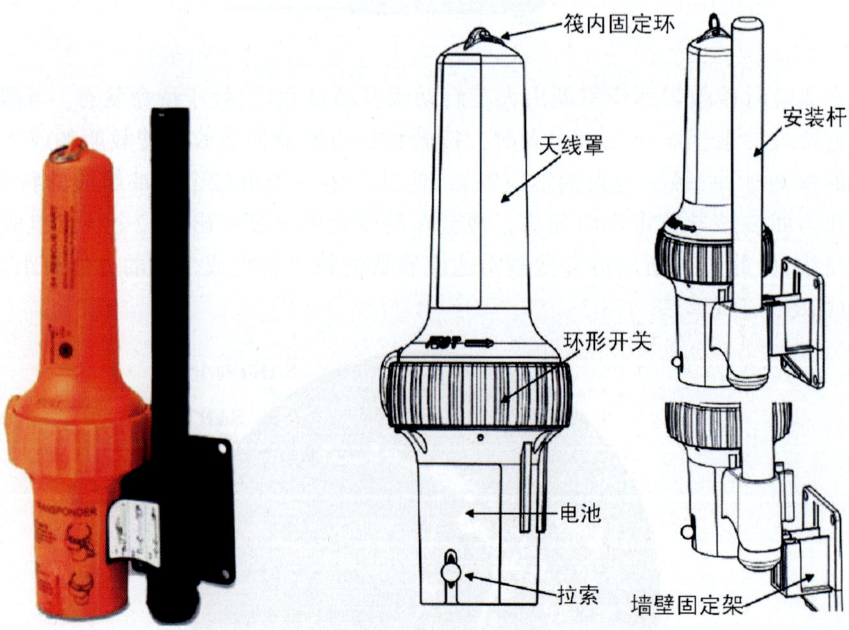

图5-5 搜救雷达应答器

思考题

1. 搜救雷达应答器的作用是什么？
2. 搜救雷达应答器的基本技术性能有哪些？
3. 应答器的存放有哪些要求？

第三节 甚高频双向无线电话

要点

在船舶应急时，甚高频双向无线电话主要用于救生艇筏之间，救生艇筏与本船之间的通信联系，在搜寻救助时，还可以用来在救助艇、搜寻直升机与难船或救生艇筏之间的通信联系。其工作频率是156.8 MHz(甚高频16频道)，能够在-20℃~55℃的温度范围内工作，在1 m水深处，能够保持水密至少5 min。在《国际无线电通信规则》中配有有关甚高频双向无线电话的使用要求。SOLAS公约规定在客船和500总吨及其以上的货船上至少应该配备3台。本节重点讲述了甚高频双向无线电话的主要技术性能，并且通过船上常用的无线电话的类型，讲解了各个操作旋钮的使用功能。

必备知识

甚高频双向无线电话便于携带，使用简单方便，通信距离较短，主要用于本船船内通信，如船舶船头与船尾之间有关于遇险与搜救的通话，在应急时用于救生艇筏及本船相互间的通信，在搜寻救助时用于救助艇或搜救飞机与难船或救生艇筏之间的搜救现场通信。

一 技术性能及配备

甚高频双向无线电话的主要技术性能是：

(1)可以从1 m高处向硬表面跌落，在1 m水深处能保持水密至少5 min。

(2)在浸没状况下受到45℃的热冲击时能保持水密性，不受海水或油的损坏。

(3)长时期暴露于阳光下不至性能减退，应有明显的黄/橙颜色或标志。

(4)应能在156.800 MHz频率(甚高频16频道)至少一个额外的频道工作，所有选配的频道只用于单一的语音通信。在任何光线环境下指示出16频道已被选择，应在开机后5 s内可以工作。

(5)有效辐射功率的最小值应为0.25 W。如果有辐射功率超过1 W，则有一功率降低开关，以使功率降低至1 W或更小。当用于船上通信时，输出功率在这些频率上不得超过1 W。

(6)发射类别应符合《国际无线电通信规则》附录19的要求，频道指示应符合附录18。

(7)在输出端当信号对噪声和失真比为12 dB时，接收机的灵敏度应等于或优于2 uve.m.f。接收机的抗扰性应达到使不需要的信号不会对需要的信号产生严重影响。

(8)天线应当是垂直极化的并尽可能在水平面上是全向的，天线应适于在工作频率上对信号进行有效的辐射和接收。

(9)音频输出要足以在船上和救生艇(筏)中可能遇到的环境噪音的水平上被听到。

(10)双向无线电话应能在-20~+55℃的温度范围内工作,在-30~+70℃的温度范围内存放时,不应有损坏。

对于甚高频双向无线电话的配备,SOLAS公约要求在客船和500总吨及其以上的货船上至少应该配备3台,在300总吨及以上、500总吨以下的货船至少应该配备2台。平时以充电方式存放在驾驶台。

二 结构名称

甚高频双向无线电话同种类的通信设备有多种型号,以在船上比较常见ICOM公司的IC-GM1500双向无线电话为基础,介绍甚高频双向无线电话的结构名称,如图5-6和图5-7所示。这是一款救生艇筏双向无线电话,其输出功率为0.8 W和2 W。

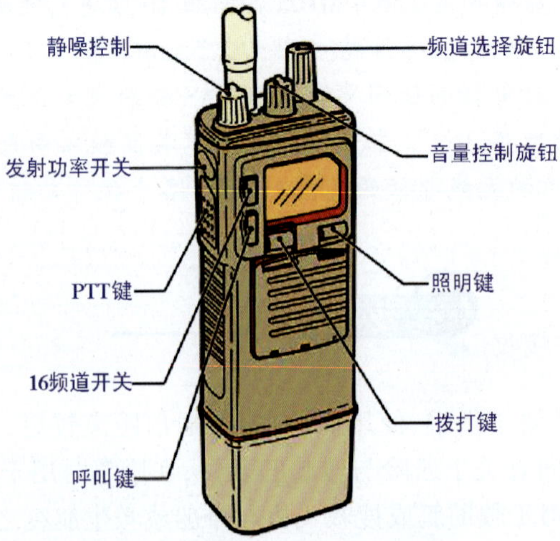

图5-6 船上常用双向无线电话图示

图5-7 双向无线电话外观图

三 各键钮的功能及作用

1. 功能键

(1)静噪控制旋钮。

(2)发射功率开关。选择高或低的输出功率,也可以激活其他键附属功能。

(3)PTT键(按键式对话)。按下PTT键,发射信号;松开PTT,接收信号。

(4)16频道开关[16]。16频道是遇险呼救频道，它用于与其他站台建立初始联系及应急通信。接通电源时，机器自动选择16频道模式。

(5)呼叫键。按下键同时选择呼叫频道写入模式。

(6)频道选择旋钮 。在拨打模式下设定一个工作频道：

- 选择呼叫频道模式
- 按下键，同时按下呼叫键，16频道显示闪动
- 转动频道选择旋钮选择所要的频道

(7)按下发射功率键，同时按下呼叫键。接通和关闭电源，调节音量。

(8)照明键。开启和关闭照明灯；按下键，可以启动锁定功能。

(9)拨打键。选择拨打模式，在此模式下，可以在19个国际通信频道中选择一个通信频道。在16频道建立初始联系后，使用此模式选择一个频道继续通信。

2. 功能显示

(1)发射显示：发射时出现。

(2)锁定显示：启动锁定功能时出现。

(3)呼叫频道显示：当处于呼叫模式时出现。

(4)发射功率显示：在选择低输出功率时显示；选择高输出功率时消失。15和17频道上不能选择高功率。

(5)“忙”显示：当正在接收信号或静噪控制旋钮逆时针方向开启过大时出现。

(6)频道显示：在呼叫频道模式或拨打模式下出现。

(7)电量不足显示：当电池需要充电时显示。

(8)频道号码显示：显示选定的工作频道号码。

四 操作方法

(1)顺时针旋转音量控制旋钮[OFF/VOL]，接通电源；

(2)逆时针旋转静噪控制旋钮至最大；

(3)用音量控制旋钮[OFF/VOL]调节音量至适宜水平；

(4)顺时针转动静噪控制旋钮，直至噪声刚好消失为止；

(5)按住键，开始讲话；

(6)松开键，开始接收。

思考题

1. 甚高频双向无线电话的作用是什么？
2. 甚高频双向无线电话的主要技术性能有哪些？

第四节　通用应急报警和公共广播系统

要点

本节讲解了船舶通用应急报警系统和公共广播系统在船舶应急报警时的作用。

必备知识

通用应急报警系统能发出7个或以上的短声继以1长声组成的通用报警信号。该报警系统由船舶主电源或应急电源供电，由船舶号笛或汽笛以及附加电铃等报警系统发出信号。公共广播系统为一套扬声器装置,能向船员或乘客以及他们经常活动的所有地方广播信息。

通用应急报警系统除船舶号笛外,可以在船舶驾驶台和其他要害位置操作。全船所有起居处所和船员经常工作处所均应听到通用应急报警系统的报警。该系统在启动后能连续发出报警信号,直至人工关闭或被公共广播系统的信息暂时打断。

公共广播系统为一扬声器装置，能向船员或乘客或两者经常活动的所有地方广播信息,并通向集合地点。它可以在驾驶室和船上其他地方广播消息。所有船舶都应该配备一个通用应急报警系统,所有客船还应设置一套公共广播系统。

在存放无线电救生设备的地方，应该张贴用图解说明的各无线电救生设备的使用方法,有专人负责管理和使用。存放位置必须标有明显的标志,如图5-8和图5-9所示。

图5-8 搜救雷达应答器标志

图5-9 双向无线电话标志

第五节　求救视觉信号

要点

在船舶驾驶台和救生艇筏内按照规定还配备了一定数量的求救视觉信号，主要有火箭降落伞火焰信号、手持红火焰信号、飘浮烟雾信号、日光信号镜等。对于它们的技术性能，LSA规则中做了比较详细的要求。本节主要讲解了求救视觉信号的技术性能以及应该配备的数量。

必备知识

船舶除了配备无线电救生设备外，在船舶驾驶台和救生艇筏内，按规定还配有一定数量的视觉信号。其主要有：火箭降落伞火焰信号(Rocket Parachute Flare)、手持火焰信号(Hand Flares)、漂浮烟雾信号(Buoyant Smoke Signals)、日光信号镜(Heliograph)等，见图5-10所示。

船舶在遇险时，发现有来船或者飞机在待救的海域附近航行，可以利用这些视觉信号

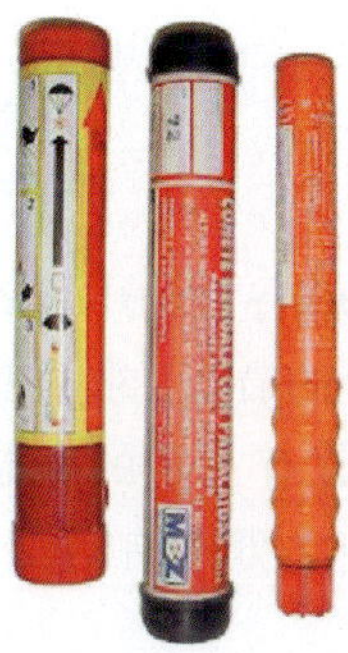

（a）火箭降落伞火焰信号

（b）手持火焰信号

（c）飘浮烟雾信号

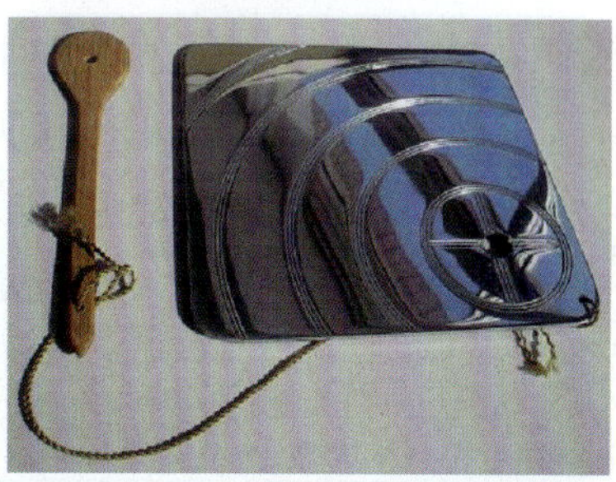

（d）日光信号镜

图5-10　视觉信号

显示难船以及救生艇筏的位置，以便引起周围船舶、飞机上人员的注意。在使用这些信号时应特别注意，白天最好使用烟雾信号，夜间尽可能使用灯光火焰信号，以达到容易被发现的目的，而且只有当船舶、飞机出现在视线范围内时使用这些信号，才会起到遇险报警的作用。

1. 火箭降落伞火焰信号技术性能

(1)火箭信号垂直发射的高度不少于300 m。

(2)发出明亮红光,平均光强不小于30 000 cd,燃烧时间不小于40 s。

(3)降落速度不大于5 m/s。

(4)在燃烧时不烧损降落伞或其附件。

2. 手持火焰信号技术性能

(1)可发出明亮均匀的红光,平均光强不少于15 000 cd,燃烧时间不少于1 min。

(2)浸入100 mm深的水中历时10 s后,仍能继续燃烧。

3. 漂浮烟雾信号技术性能

(1)在平静水面漂浮时,能均匀喷出鲜明易见颜色(通常为橙黄色)的烟雾,持续时间不少于3 min;

(2)在整个喷出烟雾期间,不喷出任何火焰;

(3)在海浪中不会被淹没,在浸入100 mm深的水中历时10 s后,仍然能喷出烟雾。

4. 日光信号镜技术性能

镜面质量比较好的反光镜,如果操作正确,在强烈的日光下,可以被10 n mile外的目标发现。

5. 哨笛与灯光信号

(1)杂乱的哨笛声容易引起对方注意;声音在顺风方向可传送到较远的距离。

(2)夜晚可利用电筒发光的长短信号发送遇险信号,杂乱的电筒灯光可引起船舶和飞机的注意。

6. 求救视觉信号的配备

救生艇筏和船舶中应该配备的视觉求救信号,在SOLAS公约中无论是种类和数量上都有明确的规定。SOLAS公约对视觉求救信号的种类和数量上的最低要求如表5–1所示。

救生信号(除日光信号镜外)在使用年限和数量上都有一定的限制,因此,有年限规定的救生信号应在平时的检查中按规定年限予以更换,使之处于有效期限内,确保在应急使用时能保证良好的技术状态。

表5–1 视觉信号配备要求

		信号名称	救生艇	救生筏	船舶
视觉信号	夜间用	火箭降落伞火焰信号	4	4	12
		手持火焰信号	6	6	
		防水手电筒	1	1	
	白天用	日光信号镜	1	1	
		飘浮烟雾信号	2	2	

思考题

1. 视觉求救信号在救生艇筏内、船舶驾驶台上各配备多少?
2. 在海上求生时,最好在什么时候使用视觉求救信号?
3. 火箭降落伞火焰信号有哪些技术性能的要求?

第六章 在海上求生时对救生艇筏的管理

救生艇筏除了需要日常的维修保养管理,保持其处于良好的技术状态外,还需要在一定的时间周期内,组织相关人员进行操作训练,以便于广大的船员在海难事故发生后,能够做到临危不乱,服从指挥,正确迅速地进行应急应变的操作。在船舶发生海难事故时,船长发出弃船救生的信号,船上人员撤离难船,登乘救生艇筏后的管理,也是一个非常重要的组织管理工作,这项管理工作做得好,将直接影响到海上求生的成功。因此,需要船员在日常工作中进行必要的学习,并做一些心理上的准备和经验上的积累,特别是高级船员必须要高度重视。

第一节　登上救生艇筏后应该采取的行动

要点

海员在海上最好的工作场所、最好的生活环境都是船舶,即使船舶发生海难事故,船舶也是最好的救生场所,因此,只要可能,决不可以轻易地离开船舶。当船舶发生海难事故后,任何船员个人,不可以根据自己的判断,轻易地采取弃船的行动。弃船命令只有船长认为需要时才能发出。船长在海难救助中,首先要考虑保护船上人员的安全,其次才是考虑保护船舶、货物财产的安全。所以说,当接受到弃船信号后,一定要服从指挥,努力做到不慌不乱,按照应变部署的分工,每个人都争取以最快的速度完成平时演练的应急操作的任务,做好弃船前必须要做的应变应急工作。只要时间、情况允许,都要做好必要的海上个人求生的准备,完成应变部署所分担的任务,做好弃船前的应急作业。只有在情况紧迫的情况下,才能采取匆忙的携带救生衣到集结场所集合的行为。本节比较详细地阐述了在船舶弃船前,只要时间来得及应该做好的准备事项,以及登上救生艇筏后应该立即采取的行动。

必备知识

一 弃船前必要的准备工作

当船长发出弃船求生的应急信号后，船员接受到弃船命令，为了尽可能减少海上求生过程的艰难，使海上求生能早一些获得成功，弃船前要争取做好必要的准备工作。

(1)每一位船员都应该按照应变部署表中所规定的任务，携带弃船求生时必须带入救生艇筏的物件、船舶有效的技术资料、必要的航海图书资料等必需品。

(2)由专人负责携带卫星应急无线电示位标、搜救雷达应答器、双向无线电电话等无线电救生设备，以备登上救生艇筏用。

(3)只要条件允许，每一位船员都尽可能争取多带一些淡水、食品、保暖物品等海上求生必需品。

(4)依据船舶的危险状况，船体的倾斜、破损的程度，海面上的风浪、水温、气温，遇难船的位置、离岸的距离，与救助船舶、直升机等救助单位的通信联系等，做好必要的心理安抚工作及相应的组织工作。

(5)船长在发出弃船命令后，根据船舶当时的总体状况，立即确定使用适合当时船舶状态的最有效的救生设备(例如在哪一舷集结和登乘救生艇筏)，并立即通知大副及全体船上人员。

(6)大副接到船长指令后，立即组织船员做好集结、降放救生艇筏的准备以及登乘的组织等必要的工作。

(7)同时要有人保证逃生通道、集结甲板、救生艇筏降放区域、救生艇筏降落水域应急照明设施的正常使用。

(8)在组织登乘前大副要清点人数，掌握人员的总体情况，在货船上要尽可能争取全体人员都能登上救生艇。

二 登上艇筏应该采取的行动

在有序地组织全体船上人员登上救生艇筏后，紧接着是安全顺利地将救生艇筏降放到水面。当救生艇筏脱开吊钩，大副或者各救生艇艇长、救生筏的负责人要特别注意：

(1)再一次确认本船人员或者各自救生艇筏的额定成员，是否都离开了难船，登上了救生艇筏。

(2)在人员确认无误后，艇长(筏的负责人)要根据当时海面风、浪、流的情况以及难船的运行状态，确定离开难船的操纵方法。

(3)立即解脱救生艇的缆绳，使用备放在出入口的安全小刀割断筏与难船的缆绳，操艇离开难船。操艇时要用艇内钩篙抵撑船舷，使救生艇首离开难船一段距离，进车，用一个外舷舵，操艇离开难船，注意防止艇尾与大船相撞；也可以稍用倒车，用一个外舷舵，操艇甩尾偏离难船，注意防止救生艇被风流压到大船螺旋桨范围内。

(4)操艇离开难船大约500 m左右的水域，漂流等待援救。在这期间要利用探照灯、手电筒、哨笛或者呼喊等手段，搜寻和救助在水中漂流的求生人员。

(5)操艇到达本船所有救生艇筏集结的安全水域，操纵救生艇艇首处于顶风顶浪状态，抛出海锚，做好海上漂流待救的准备。

(6)检查救生艇筏内是否有积水，是否有破漏之处。利用救生艇的手摇排水泵、水舀子(水瓢)、海绵或救生艇筏内可用的备品清除积水。如果确有破漏，立即使用属具备品进行堵漏，要保持救生艇筏内求生环境的干燥。

(7)要做好防寒、防风雨、防日晒的准备。检查救生艇门窗、进出口、救生筏篷帐、瞭望口、门帘等有可能破漏的部位，要确认安全可用，保证温暖。

海上求生最好的环境是干燥温暖，在登上救生艇筏最初时段，除了清点人数、争取快速安全地离开难船外，一定要注意采取防寒保暖的周密措施，做好漂流待救的求生环境。

思考题

1. 弃船时应该携带哪些主要物品离开难船？
2. 救生艇筏离难船时主要的操纵方法有哪些？
3. 离开难船后应该做的主要工作有哪些？

第二节　在漂流待救时对救生艇筏的管理

要点

救生艇筏在集结的水域漂流待救，有时要等待2~3天，以便于搜救船舶、直升机能够及早的发现，在漂流待救时，船长、大副、艇长、救生筏的负责人必须做好安抚全体海上求生人员的心理工作；同时做好救生艇筏内属具备品安全合理使用的计划。安定人心，鼓舞求生的意志，团结一心，战胜各种困难，渡过漂流待救的难关。本节主要介绍救生艇筏开始漂流待救时，从人员的心理安抚、救生艇筏内人员的安排管理、艇筏内属具物品的管理使用(特别是淡水、食品)上应该做的一些主要工作。

必备知识

一　心理安抚工作

船员处在危险和恶劣的海洋环境条件下进行海上求生，需要人员的情绪稳定，人与人之间的和谐互助。相互鼓舞，坚定求生意志是海上求生成功的基础。船长、大副、艇长、救生筏负责人等高级船员的团结、协调和镇定的指挥，可以使乘员稳定情绪、鼓舞求生的勇气，

是战胜困难、获取求生成功的有力保障。因此,在漂流待救时至少应该注意做到:

(1)船长等高级船员要稳定情绪,沉着指挥,关心每一位求生人员,特别照顾好伤病员,从心理上安抚所有的人员。

(2)登上救生艇筏后,应该及时地给每一位救生艇筏的乘员发放晕船药。因为晕船时,晕船的人员浑身无力、头皮发胀、冒虚汗、脸发黄、容易呕吐、非常难受,容易丧失求生的意志、放弃求生的信心,不利于海上求生的坚持和管理。因此,为了防止晕船人员的呕吐,抑制口渴,减少求生人员的痛苦,增强求生的信心,加强在救生艇筏中海上求生的管理,必须做到晕船药的及时发放。

(3)船长将漂流待救的位置,周围环境,距离最近海岸的国家、港口、陆地,预计在短时间内周围海面的气象、风、流等情况告知大家。另外,一旦要计划离开漂流待救的水域,应将选择的大致方向、距离,明确告知艇筏的负责人。

(4)将本船已经发出的遇险求救报文,信号以及有关岸台、船舶、直升机等是否已经收到信号等能鼓舞求生信心和坚定求生意志的信息通告每一位求生人员。

(5)船长及高级船员要综合分析所有的信息,获取能够得到救助的可能性,清楚大概需要漂流待救的天数、最大的威胁和危险,做到心中有数,有的放矢地做好预防准备,必要时也可以告知大家。

(6)熟悉掌握无线电救生设备、视觉音响信号的使用方法和使用时机,必要时应安排专人负责。

(7)尽可能安抚求生人员,防止产生急躁情绪,避免出现偏激情绪,严格管理锋利器具,防止产生求生绝望情绪的人员发生意外。

把心理安抚工作作为在救生艇筏漂流待救时的重要的管理工作之一,是因为采取所有措施的目的是稳定情绪,鼓舞求生的信心,坚定求生的意志,相互帮助,服从指挥,战胜困难,获取海上求生的成功。在这里特别强调的是,榜样的力量是巨大的,船长和高级船员克服困难时的以身作则,沉稳的指挥操作,积极的引导广大船员战胜困难,说服和教育全体人员认清当时求生的困难和有利因素,使大家充分认识到,只有依靠集体的力量才能战胜各种艰难困苦,直至获救。

二 乘员的管理工作

在救生艇筏漂流待救时,做好每一位乘员因人而异的安排管理,也是船长、大副和救生艇筏负责人的一项重要工作。进入漂流待救的水域,立即进行人员上的工作分工。

(1)除了伤病员外,安排乘员24 h不间断的值班,每班1 h,由两人负责值班,一人负责外勤,一人负责内勤。

(2)值外勤的主要职责是保持不间断地有效瞭望:

①注意瞭望发现过往的船舶,前来搜寻救助的直升机、船舶;

②保持应有的警觉,注意搜寻救助落水的海上求生者;

③保持肃静,注意倾听哨音、呼救声,注视黑暗中的灯光及各种视觉信号;

④搜寻发现陆地;

⑤注意天气,海浪的变化,在大风浪来临时,通知艇筏内人员做好抗风浪的准备;

⑥随时注意艇筏周围水域的情况,尽可能掌握救生艇筏随风流漂移的大致方向和距

离；

⑦避免大型海洋生物的伤害，使用钓鱼用具钓取海洋生物补充食品；

⑧下雨时，及时通知艇筏内人员收集雨水，补充淡水；

⑨保持与周围其他救生艇筏的联系。

(3)内勤的主要职责是负责艇筏内力所能及的工作：

①应该时刻注意保持艇筏内的干燥和温暖，随时排除艇筏内的积水，发现有任何渗漏都要及时修补；

②根据当时的环境情况，注意通风保暖，保持艇筏内的干燥和卫生，必要时对救生筏浮胎或筏底进行充气或放气；

③照顾好伤病员，及时地发放晕船药，按时定量地发放食品、淡水，及时地收集雨水；

④固定好可移动物品，注意保护属具备品处于良好的使用状态；

⑤安抚好相关人员的情绪，掌握艇筏内人员的健康情况，及时地向艇长报告，正确地协调和解决问题，鼓励人们战胜困难的信心。

(4)尽可能安排其他乘员休息好，提醒专人监听无线电救生设备的信号。

(5)组织好有关人员对漂流待救水域周围天气、风浪情况的分析，做好预防伤害的准备。

(6)船长及高级船员要对持续下去的求生待救所能遇到的困难，做出可能的、科学的预测，并尽可能地做好应急的准备。

在救生艇筏漂流待救的过程中，管理好救生艇筏内的乘员，使大部分人员休息待救，一小部分人员在为海上求生努力工作着，使海上求生在有秩序的等待或作业中进行。这样可以更好地稳定情绪，增强求生的信心，增大海上求生成功的可能性。

三 艇筏中的淡水与食品

在救生艇筏的属具备品中维持生命的主要物质水与干粮更是重中之重，必须重视，必须严加管理，必须合理而公平的使用，使海上求生人员在最少维持活着的物质条件下，延长生命活着的最长时间，直至获救。

1. 淡水

水，是构成人体的主要物质，是维持人体生理活动必要的营养物质，大约占体重的60%。人体内缺少大约1/5的水分，就可能造成死亡。一个成年人在正常情况下，每天至少消耗2.5 L的淡水，其中通过肾脏器官、出汗排出2 L，肺及其他内脏器官消耗0.5 L。人体内失去的水分，如果不能够及时的补充，就会失去平衡，直至死亡。一个成年人在正常情况下，为了维持活着每天至少需要饮用淡水0.5 L，淡水对于求生者来说要比食物更加重要，在有淡水无食物的条件下，人维持生命的时间能达到40~60天，与此相反，在有食物没有淡水的条件下，人维持生命的时间只能是10天左右。

救生艇内每个额定乘员配备淡水3 L，离开难船登上救生艇筏后，第一个24 h，不喝不吃，依靠体内原来的水分和营养维持，第二天开始，每人每天分发0.5 L的淡水，可以使用7天。救生筏内每个额定乘员配备1.5 L淡水，与救生艇同样的使用方法，可以使用4天。

在救生艇筏内饮用淡水时，每天0.5 L的淡水要分3次饮用(分早、中、晚)，在饮用时，要一小口一小口地喝，要在口中含一会，使这少量的淡水充分的润泡一下口腔、舌、唇后，再慢慢地咽下,以便于这少量的水即维持了生命,又克服了口渴的难忍之苦。

在海上求生的过程中淡水的补充主要来源于雨水,其他的来源是露水、霜、雪等,在两极附近航行,可以打捞海中陈旧古老的冰块,这种冰块表面显示蓝色、片圆状、边缘不是很光滑,容易破碎,非常好辨认,而年代近的冰块,轮廓粗糙,近似乳白色,含盐量较高,化成水后也不能喝。

在收集雨水时,应该使用救生艇筏中所有能够盛装水的容器,先用雨水将容器冲刷干净去掉容器中的盐分,然后每个乘员喝足雨水,再盛接雨水储存。当雨水与艇筏中所配给的淡水共存时,应该先饮用雨水、先饮用保存期不长的水。因为淡水的保鲜期的长短主要与三个条件有关,其一是水的质量,其二是盛装水容器的清洁度,再者是保存水的环境温度,三个条件合适,淡水的保鲜期大约在50天左右。

在海上求生过程中,极端缺水的情况下,寻到了水,非常想立即饮用,但是为了安全,必须利用一切措施,保证饮用水的安全。发现水后,先判断一下是否能够正常饮用,我们可以先嗅一嗅水是否有异味,无异味浑浊,可以采用过滤澄清,或者使用漂白粉,在20 L一桶的水中,添加约10 mg漂白粉,充分搅拌溶解,待漂浮物沉淀,水清澈既可以饮用。也可以在20 L左右的一桶水中添加浓度为2.8%的碘溶液8滴,在8~10 min后,就可以饮用了。如果条件允许,一般的水烧开3 min后,即可以饮用。在无条件的情况下,可以采用试取的方法,先选一个人少喝几口水,待2~4 h后,没有什么反应,再让其稍多喝一些水,再待4 h后,如果没有什么问题,这个水就可以喝,但是一次不能多喝,以确保安全。

除此之外,还可以拧绞非常新鲜鱼的鱼肉的汁来解渴,非常新鲜鱼的眼窝内的水汁可以代替淡水饮用,鱼的骨髓可以借用来解渴。在热带亚热带水域,可以钩钓海龟,海龟的血可以解渴。

另外,如果有要求,可以在救生艇筏中配备能用人工驱动的海水除盐器,将海水生产出饮用水。LSA规则要求该除盐器不能依靠太阳能,也不能依靠海水以外的化学品来生产出淡水。

国际卫生组织郑重地向海上求生人员发出警告:在海上求生中不能饮用海水和尿,因为海水的含盐量通常超过5%以上,如果饮用100 mL的海水,为了排泄掉其中所含的盐分,不仅要把饮入海水中的水分全部排出体外,还要额外再使身体失去50 mL的水分,否则,体内盐分就会增加,使人体肾脏等器官负担过重、受到严重伤害,丧失其功能,同时还会导致心脏负担过重,危及生命安全。有人做过统计分析,在求生过程中,由于饥渴喝海水而死亡的人数要比没有喝海水而死亡的人数高出10倍以上,因此,在海上求生过程中绝不能饮用海水。

尿,本身有一股尿骚味,容易引起呕吐,进一步减少体内的水分,再加上在海上求生过程中,长时间的缺乏饮用水使得尿液少而浓,大大增加有毒物的含量,因此,饮用尿不仅不能解渴,还会导致恶心、呕吐,使身体水分更加缺少,更加口渴而导致死亡。但是,在近些年里,许多国际、国内的海难案例中,不少的海上求生人员在最后是饮用了自己的尿,而延长了活着的时间,最后获得救助成功。

2. 食品

救生艇筏中每一个额定成员配备具有10 000 kJ(千焦耳)热量的压缩饼干式食品一份。救生艇筏中配给的干粮主要营养成分是按照最佳营养比例配制而成的,含有适量的蛋白质、脂肪、糖类等的碳水化合物，艇筏中决不允许配备容易使人口渴的食品。

有研究认为，一个人每天能够获取大约2 100 J(焦耳)热量的食物，就不会感觉到饿，获取大约4 200 J热量的食物就能维持体力，救生艇筏中每一个额定成员配给的口粮是按6天配备的，离开难船登上救生艇筏后第一个24 h，不吃不喝，依靠身体内原来的水分和养分消耗，第二天开始，每人一块饼干，分三顿吃(早、中、晚)，当第三天后还没有获救，将一块饼干分为两天吃。

人体吸收营养是靠水分的溶解，胃肠器官才能吸收，而救生艇筏所配给的干粮的营养成分的吸收，只靠少量的水分或不依靠水分的溶解就可以被吸收。因此，在没有淡水的时候，什么食物也不可以吃，只有少量水的时候，仅可以吃救生艇筏所配给的干粮，因为消化食品是要消耗体内水分的，没有饮用水，只是吃食物，会增加人的口渴及对淡水的需求。

当然，如果淡水充分，食品的补充来源也是比较多的，在救生艇筏的属具备品中有钓鱼用具一套(包括鱼线、鱼钩、鱼饵)，钓上来的鱼肉可以充饥、鱼血可以止渴。另外，各类海藻大多数都可以生吃，海藻的叶子吃起来比较方便，富有维生素和矿物质。

但是，不是所有钓上来的鱼都可以吃的，捕捞上来的鱼颜色特别鲜艳不能吃，鱼的身体形状比较奇特的不能吃，鱼肉有辛辣味不能吃，鱼体表面黏液质比较多的不能吃；肺鱼、墨水鱼、鱼体上长刺的鱼不能吃；鱼体上有硬毛或棘毛大多数是有毒的鱼；用手按一下鱼的身体，留下凹陷印记的不能吃。在吃海藻时，寄附在海藻上的寄生贝类不能吃。

救生艇筏上有很多可以利用的捕捞鱼的用具，别针、发夹、衣领钩、裤钩、钉子、耳环、鞋带、绳索、钩篙、锡箔纸、裤袜、衣裤等都可以用来替代捕鱼的工具。

四 低温效应及预防

在海上求生的活动中，对求生人员造成生命安全的最大威胁是求生人员的身体直接暴露在低温的环境中。1912年4月16日，“泰坦尼克”号邮轮在北大西洋与冰山相撞，不幸沉没，大约在1 h50 min后，第一艘救援船就赶到海难现场，可是呈现在救援人员面前的状况是，浸泡在0℃水中大约1 500名左右的落水人员无一生存。这是令人震惊和难以忘怀的、是在海难事故中由于低温效应所造成的典型的案例。

1. 低温效应

求生者在低温的水中，如果不能够做好自我保护，很快就会出现低温昏迷，直至死亡。造成低温昏迷的主要因素有两个：其一，人体表面的隔热能力太差；其二，水的导热速度太快，大约是空气的26倍。当求生人员刚开始进入低温环境中时，人体表面皮肤为避免身体热量过分消耗，会迅速地收缩皮肤表面的毛孔和血管，以达到保证体内温度保持在37℃左右。随着身体会不自主的发生抖颤，以求得能够过多的产生热量来抵抗寒冷，但是，随着暴露时间的延长，散热速度的加快，人体将不能够正常地保存体温，体温开始下降，紧接着会出现“过冷现象”，这时候人体最容易受到伤害的器官是大脑和心脏。当体温下降到35℃以下时，人员就会出现“低温昏迷”，主要体现在身体过度疲倦、失调、麻木，说话不清，神志不清，精神恍惚；当体温下降到31℃以下时，人就会失去知觉；当体温下降28℃以下时，就会出现血管硬化；当体温下降到26~24℃以下时，就会发生死亡。但是，绝不能以低体温作为确定死亡的标准。低体温之死的定义是“无法取暖复苏”。

2. 预防措施

当船舶发生海难事故,船长发出弃船命令后,全体船上人员在弃船前,只要时间来得及,现场情况允许,就要尽最大的可能做好自我保护的措施。在弃船求生时,应该争取做到:

(1)绝不能忘了正确地穿好或携带救生衣离船。

(2)在时间允许的情况下尽可能多穿几层衣服(所有可能穿的衣服,包括棉衣、雨衣等)。

(3)尽可能从难船上直接登上救生艇筏,避免直接入水。

(4)如果时间允许,在登上救生艇筏前或登上救生艇筏之后应该立即服用晕船药,因为晕船呕吐更容易使求生者造成低温昏迷。

(5)如果没有能够直接从难船上登上救生艇筏,应该尽可能借助配备在船舷的救生软梯、救生索、海上撤离系统等一切可以利用攀登的属具、用品,登上停靠在船舷的救生艇筏,避免身体入水。

(6)万一急需直接入水,也要尽量避免直接突然浸入冷水中,最好是尝试着逐渐进入冷水中,避免突然入水,造成低温对人体大的伤害。

(7)在必须入水求生的情况下,要尽可能将穿着的各层衣服的衣扣系好,要扎紧领口、袖口、裤腰、裤腿口,以达到做好自身保护的作用。

(8)在水中漂浮待救时,求生人员要保持"HELP"(Heat Escape Lessening Posture)姿势,以减少体热散失。

(9)在水中漂浮待救时,绝不要盲目的游泳。除非存在获救的可能,如发现了前来救助的船、艇、漂浮的救生筏等能够协助救生攀附的漂浮物或者需要接近同样在水中漂浮待救的人员或者为了尽快被救助人员发现,得到救助。减少在水中的时间,否则不能采取在水中游泳的措施。

(10)坚定海上求生的信心和意志,不放弃、不抛弃,始终保持对海上求生的积极态度,会延长活着的时间,增大获救的机会的。

五 艇筏内属具备品的管理

在漂流待救开始阶段,对于需要等待多长时间才可能获救,应该说是没有一个准确的时间概念。指挥者应该将困难和危险考虑到最大,因此,有计划合理地分配使用救生艇筏内的属具备品,使这些物品能够发挥最大的效益,也是在漂流待救时救生艇筏管理中的一件大事。进入漂流待救水域,应该马上组织人员对艇筏内的属具备品进行清理。

(1)船(艇)长立即组织相关人员对艇筏内的物品进行分类清点,并分别将食品、淡水、医药及其他属具安排专人负责保管和使用。

(2)随时可用的物品要安排值内勤的人员专门保管使用,不常用的物品要固定存放好。

(3)淡水和食品的分配要由专人负责,在分配时必须要留有充分的余地,分配要公平合理,除了伤病员外,不得有任何特殊照顾。即使需要有特例,也要服从艇长的指挥,征得全体乘员的同意。

(4)对于锋利的器具要由专人保管使用,要用一次取一次,避免发生伤害艇筏、物品和人员的意外事故。

(5)按照应变部署分工所携带到救生艇筏的物品也要统一清点,全体人员合理使用。

(6)个人在弃船救生时所携带的私人物品由个人保管使用,在个人自愿的情况下,按照个人所愿分配使用。

(7)要防止属具备品掉落海里，杜绝随意地将物品抛投到海里，避免产生应急使用时的失措，影响救生艇筏和人员的安全。

思考题

1. 登上救生艇发后首先应该做的心理安抚工作有哪些？
2. 在救生艇筏上的人员值班是如何安排的？值班的主要任务是什么？
3. 淡水在海上求生的重要意义有哪些？求生中如何分配和饮用？
4. 如何处理在求生中补充的淡水？
5. 在求生中饮用水和食品有什么关系？
6. 在救生艇筏中的属具物品的使用管理上要注意哪些事项？

第三节　救生艇筏在漂流待救时的主要工作

要点

救生艇筏离开难船 500 m 左右，在等待救助的时间里，主要的任务是漂流待救，而决不可以远离，以免错失被搜寻救助的良机。漂流待救的救生艇筏主要达到两个目的：保护好海上求生人员；保持救生艇筏的位置在一定的水域漂流待救，同时，利用可能的条件和方式积极争取早一些被发现。在救生艇筏集结完毕，为了有利于海上求生的成功，要明确所有的救生艇筏，加强联系及联系的方法，统一使用救生艇筏的属具备品，减少值外勤的人员，明确领导、服从指挥，发挥好海上求生的集体力量，降低海上求生的失败因素。

必备知识

一　救生艇的主要工作

在离开难船到达漂流待救水域时，救生艇、救助艇的主要任务是拖带、集结所有的救生筏、救生艇。艇筏的集结可以做到相互照应，增加海上求生人员战胜困难的信心，坚定求生的意志，还可以增大目标，有利于被发现。同时还要注意搜寻救助已经落水的求生人员。除此之外，救生艇应该努力做到：

(1)抛放海锚，关闭艇机，漂流待救。不是必需的情况下不得开机，以节约燃料，以备万一急需时使用。

(2)救生艇筏集结在一起时,要注意防止海锚的索具相互绞缠,影响减缓救生艇筏漂移速度的目的。因此,艇筏集结时,要注意相互之间的排列位置。

(3)救生艇、救助艇在集结时,最好在边侧,以便于随时机动应用。

(4)刚开始漂流时,要注意记住救生艇首所指的罗经航向,根据船舶发生海难事故的船位,推算出漂流待救水域的大概位置。

(5)船长、大副或救生艇筏的负责人,利用最简单的、当时条件允许的方法,测算出救生艇漂移的速度。

(6)掌握救生艇的大概位置、艇首方向、漂移的速度,都是为了明确自己的位置,积累信息,便于下一步海上求生的安全进行,以及能够向搜寻船舶、直升机报告自己的准确信息。

(7)及时地利用时间检查艇机,以保证大风浪时海上求生的安全。

(8)在漂流待救中,大风浪来临前,要关闭救生艇的所有门窗,关闭艇机的海底阀,检查艇机的排水管,保证水密,防止风浪打进救生艇内。除非应急,禁止人员走出艇外。

(9)大风浪来临前,还要扩大集结艇筏之间的间距,减少艇筏之间的撞击,避免救生艇筏的损坏。艇内人员将自己固定在座位上,艇内的可移动物件也要固定好。

(10)在漂流待救期间,还要按照海上个人求生的专业知识和技能,维护好干燥、温暖的求生环境,做好海上求生人员的自身保护。

二 乘坐气胀式救生筏时的主要工作

由于气胀式救生筏的构造特点,在漂流待救时,需要做一些符合救生筏特点的操作。抛投式救生筏收起海锚,割断缆绳,离开难船后,在经过自身的努力或由救助艇、救生艇拖带到漂流待救的集结水域。用缆绳与其他救生艇筏集结在一起,重新抛出海锚。将海锚索固定在筏内进出口专用的绳索上或筏内扶手绳上。救生筏内的人员应该立即进行下列工作:

(1)仔细检查救生筏的浮胎、篷柱是否有漏气的迹象、压力是否充足,如果有不足,应该堵漏或取出充气器进行补气,必要时充气器管可以直接连接在补气阀口上,以便于随时进行补气操作。

(2)将安全阀(溢气阀)用专用橡胶塞,旋紧堵上。

(3)用充气器向筏底充气(见图6-1),使筏底充胀成形,筏内人员与海水之间形成了一

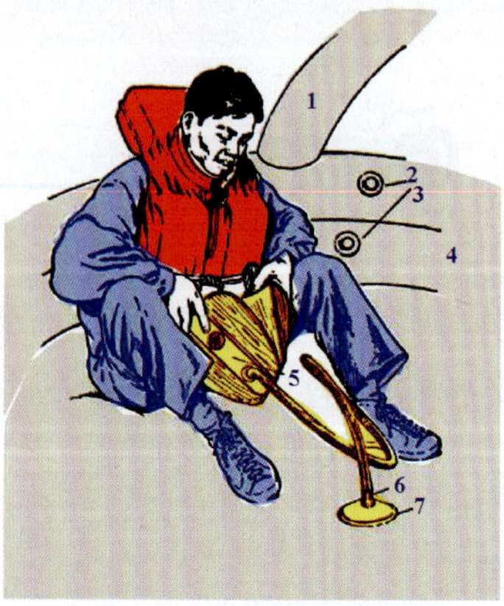

图6-1 筏底充气

1—篷柱;2—安全补气阀;3—上浮胎;4—下浮胎;5—手动风箱;6—排气胶管接头;7—筏底充气阀

个气垫层，可以减少筏内温度的散失，保持筏内的温度，又增加了筏底的刚性，增大了安稳和舒适性。

(4)将可浮救生环的绳索收盘好，备好可浮救生环，存放在筏的进出口旁边，以备发现落水人员立即抛投出去，及时救助。

(5)从备品袋中取出雷达反射器，组装起来并固定竖放好。

(6)指派专人负责清点筏内的属具备品，并分类由专人负责存放好，便于随时可用。

(7)清除筏内积水，保持筏内干燥温暖，关闭筏的进出口门帘，筏内人员面向筏的中央，依靠着筏的浮胎，两腿伸开，相互挤靠着围坐在筏的四周。

(8)注意节约海水电池的使用，限制使用照明灯，点灯时间由船长(或筏的负责人)统一指挥决定。

(9)大风浪来临时，将筏进出口的内外门帘封闭固定好。筏内人员使用内侧扶手绳或其他绳索将自己固定在浮胎上，既稳定了每一位人员的位置，又保证了救生筏的稳性。

(10)天气炎热时，打开进出口门帘，调整通风，放掉筏底夹层的气体，必要时可以向筏的篷帐顶泼水降温。

(11)在筏内需要排尿时，要先排在一个容器里，再倒入海中，防止人员掉入海里。

(12)值外勤负责瞭望的人员，要在专门的瞭望口瞭望值班，这样既保护了值班人员，又避免了筏内温度的散失。

在救生筏的属具备品中还备有补筏工具一套，内有专用的圆锥形、刻有螺纹的橡胶材料制成的专用的补洞塞。在检查中，发现破洞口是近似圆形、口不大，可以直接使用补洞塞旋进破口进行补漏，见图6-2。

如果发现破洞稍大或者是稍长的裂缝，可以使用补漏工具中的补洞夹进行修补。先将补洞夹的固定螺栓打开，将夹的一面放在破洞口的外面，从破洞口引进螺栓，将另一面夹串进螺栓挤压住破口使用固定螺栓拧紧，即可以堵住破洞，如图6-3所示。

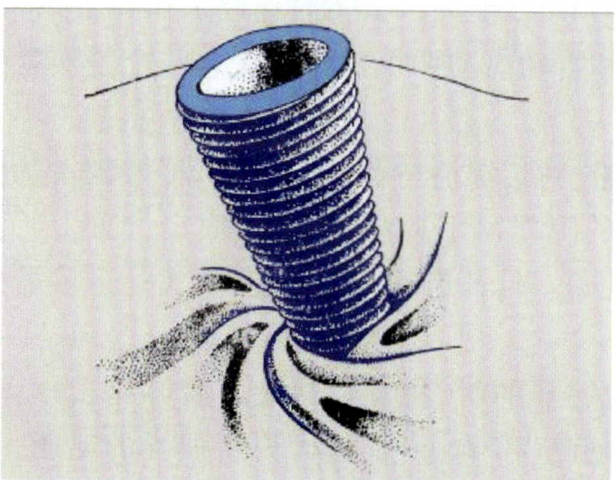

图6-2 补洞塞

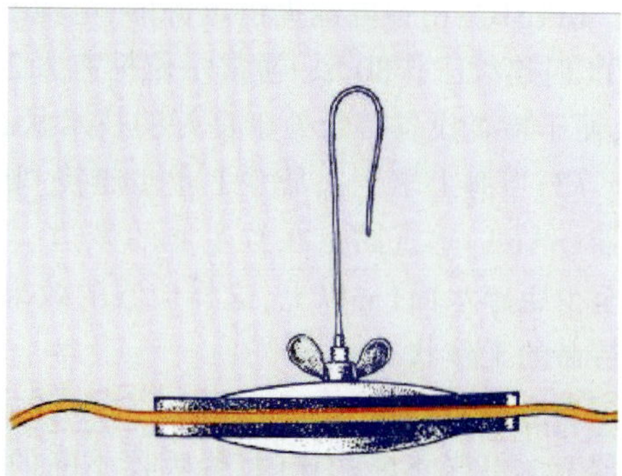

图6-3 补洞夹

如果破口使用专用工具不能够进行封堵，补筏工具袋中还有粘补的物料，使用剪刀剪裁一块至少比破洞大25 mm的尼龙橡胶布，用砂布打磨一下破洞口的四周，再将补丁打磨去掉蜡光面，在补丁和破洞口的四周均匀地涂上胶水，待胶水稍干后，将补丁粘贴在破口上，挤压平顺(见图6-4)大约5 min后再进行充气。

图6-4 粘补破洞

粘贴时要注意，补丁的经纬纹要与筏体破洞的原件相一致，才能使补丁与筏体均匀受力，保证一定的强度。

三 为使救生艇筏及早地被发现应做的主要工作

当船舶发生海难事故遇险时，船长就应该果断地使用船舶所配备的无线电救生设备，向在附近航行的船舶、飞机、主管机关、救助单位、船舶所属公司等相关单位报警求助，通报难船的船位、遇险的性质、需要救助的要求等相关信息。只要这些无线电救生设备是处于良好的技术状态，操作使用无误，就能够把求救信息及时的传送出去，为海上求生人员能够及早获救提供有力的保障。

虽然船长在下达弃船命令时，已经向外发出了求救报文，但是我们还是要求在离开难船时，必须按照要求将可携型无线电救生设备，如紧急无线电示位标、搜救雷达应答器、双向无线电话等携带到救生艇筏，以便于更快、更好地使海上遇难人员求生、救助获得成功。为了使在救生艇筏上的求生人员能够及早的被发现，救生艇筏在漂流待救时，应该注意掌握好时机，恰当地运用好无线电救生设备和各种求救信号。

(1)救生艇筏集结、漂流待救后，应该立即由船长(大副、救生艇筏的负责人)统一、合理地安排使用无线电救生设备和各种求救信号。

(2)如果携带到救生艇筏上的紧急无线电示位标(EPIRB)在撤离难船前没有启动，带入救生艇筏后，应该立即启动投入使用。越早投入使用，对于海上求生越有利。

因为EPIRB能通过在406 MHz频段上工作的极轨道卫星业务发送遇险报警，EPIRB被启动后，便发出遇险信号，经过卫星转发至所覆盖的地球表面的陆地、海洋和空中。救助机关接受到遇险信号后，会立即采取相关的救助行动，

EPIRB发射出的电文包括能解读出船舶国籍、船名、船舶呼号、难船位置等信息的识别码。

EPIRB是由锂电池提供电源的，电池有效期为4年，能够在-20℃时连续工作48 h，在+20℃时连续工作80 h。通常示位标有人工启动和自动启动两个操作开关，一个是实验开关，便于检查设备是否处于良好的技术状态。

(3)当海上求生人员登上救生艇筏、驶离难船，到达漂流待救的水域时，将搜救雷达应答器(SART)垂直固定在救生艇的舷边、救生筏的瞭望窗附近(或专门的固定位置上)，天线至少距离水面1 m以上，这样应答的效果才能更好。打开启动开关，使搜救雷达应答器处于待命的工作状态。

当应答器的信号被搜寻雷达接收的同时，应答器的听、视觉信号装置就开始工作，应答器上的灯光不断的连闪，蜂鸣器不断的发出“嘀嘀”声响，声音越大说明搜寻的船舶、飞机越靠近救生艇筏，可以提醒救生艇筏内漂流待救的求生人员，自己的位置已经被搜寻单位发现，只要再努力坚持一下，就可能获救。

搜救雷达应答器的工作电源是电池，在电池的有效期内，应答器在待命工作状态下，可以使用96 h，在连续发射的工作状态中可以使用8 h。因此，在集结、漂流待救的时候，要合理、统一地使用搜救雷达应答器，始终保持有搜寻雷达应答器有效工作。

(4)救生艇上还配备了3对双向无线电话，是为了提供救生艇筏之间、救生艇筏与船舶之间、搜寻飞机和搜寻的救助艇与难船或救生艇筏之间的通信联系。在使用时要注意节

约用电,可以开机监听,不做无谓的通信联系,避免失去获救的良机。

(5)要节约、合理地控制好使用焰火信号的时机。

在救生艇筏的属具备品中,分别配备了降落伞红火箭信号4支、手持红火焰信号6支、飘浮的烟雾信号2支。烟雾信号是白天使用的,降落伞红火箭信号、红火焰信号是晚上使用的。只有在视觉范围内已经发现了来船,为了引起来往船舶、飞机的注意,使他们加强对海面的瞭望搜寻,才可以选择时机进行释放,决不可以盲目的使用。特别是在无线电救生设备失去工作能力时,选择好操作使用火焰视觉信号的时机,使其能够充分地发挥最大的效益,就显得更加重要。

(6)在救生艇筏的备品中还配有哨笛等音响求救信号,要求在漂流待救中绝不要盲目地使用呼叫的方式来求救,以保有求生者的体力。尽可能地操作使用好所有的无线电救生设备和视觉求生信号,发挥这些设备和物品的最大作用,对于海上求生的成功将起着积极的保障作用。

思考题

1. 在漂流待救时救生艇内应该注意做好哪些工作?
2. 救生筏在漂流待救时主要应该注意哪些工作?
3. 在漂流待救时为了能够及早的被发现应该注意做好哪些工作?

第七章 在救生艇筏中的急救

在船舶发生海难事故后,船上人员弃船求生,登上救生艇筏,在海上求生中,也需要进行一些医疗上的应急救护,本章简单地介绍一些常用的医药救护技能和常识。

第一节 人工心肺复苏的主要方法

要点

本节主要介绍了在特殊情况下,对于危急病人进行人工心肺复苏操作时的主要方法,以及基本技术动作和技术要求,强调了在进行操作时的基本条件。

必备知识

一 人工呼吸法

人工呼吸法是心肺复苏术中的一种重要而有效的方法。当呼吸停止、心脏仍在跳动或者心脏刚停止跳动时,用人工的方法,使空气有节律地出入肺部,以供组织代谢所需的氧气,并排出二氧化碳,这种方法称为人工呼吸法。人工呼吸法是呼吸衰竭或呼吸停止时最重要的抢救措施,适用于溺水、触电、窒息、药物中毒等突发性的呼吸停止时的抢救。

常用的人工呼吸法分为五种:口对口人工呼吸法、口对鼻人工呼吸法、仰卧压胸法、俯卧压背法、举臂压胸法,其中口对口人工呼吸法效果最好。

在施行人工呼吸法操作前,应该做好一定的检查和准备工作:先将被抢救者尽可能安放在空气新鲜并流通的地方，解开被抢救者的领扣与腰带使呼吸不受阻，取下活动的义齿，并除去口鼻腔内的异物，防止舌后坠，因意识丧失的病人的下颚松弛，舌下垂，与咽后壁接触，使呼吸道发生阻塞而影响气流通过。

（一）口对口人工呼吸法

病人仰卧，操作者先将其颈部托起，一手手掌压患者上额，使头后仰，拇指与食指捏鼻，另一手把下颚托起，使下坠的舌根抬起，防止阻塞呼吸道，拇指压下唇使口张开。操作者深吸气后，将口紧贴病人的口吹气，使病人胸部扩张，然后放松病人鼻孔，吹气者的口就离开，由于肺弹性回缩，病人可被动地呼气。如此反复进行每分钟16~18次，使其保持正常人的呼吸频率，直到病人恢复自主呼吸或确诊死亡为止。对于有自主循环(可触到脉搏)的患者，人工呼吸维持在每分钟10~12次。如图7–1所示。

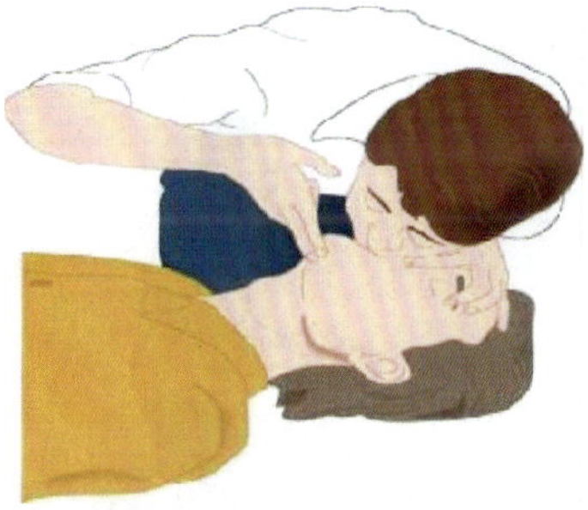

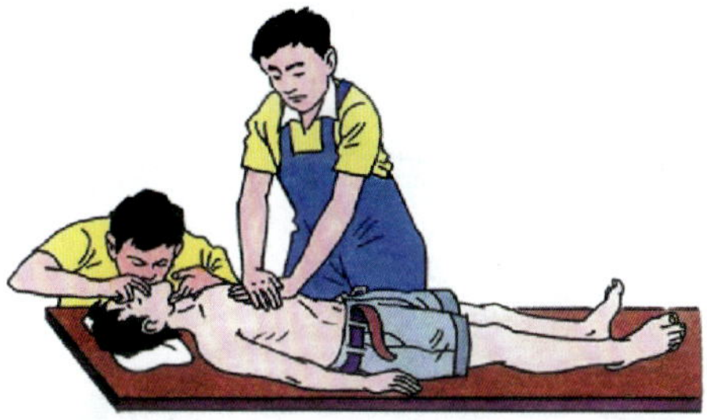

图7–1 口对口人工呼吸法

（二）口对鼻人工呼吸法

适用于牙关紧闭或口对口人工呼吸效果不佳者，操作者深吸气后，把病人的口紧闭，以口对鼻吹气，操作方法与口对口人工呼吸法相似。

（三）举臂压胸法

使病员仰卧，在肩下垫一枕头或较软的衣物，头偏向一侧，操作者跪于病员头前，双手分别握住病员两前臂近肘部，将上臂拉直过头，此时病员胸部被动扩张使空气吸入；然后再屈两臂，将肋部放回下半部，并压迫其前侧两肋弓，使胸部缩小，空气呼出，如此反复进行，每分钟16~20次。此种方法效果仅次于口对口人工呼吸法。此法特别适用于服毒的病员。如图7–2所示。

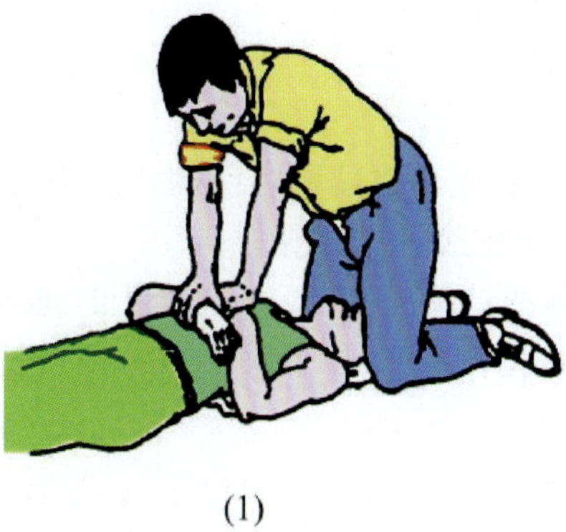

(1)

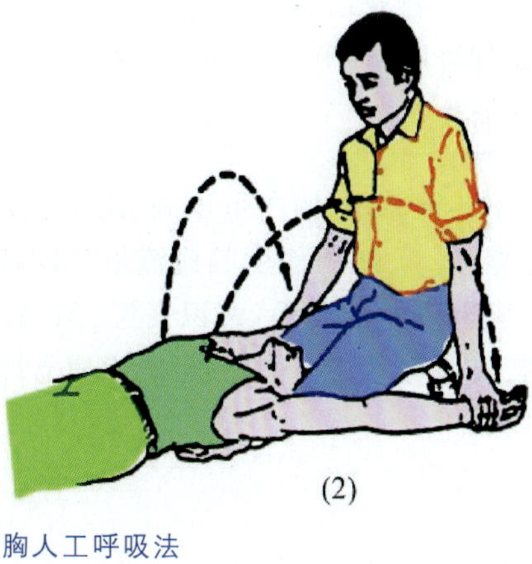

(2)

图7–2 举臂压胸人工呼吸法

(四)仰卧压胸法

病员仰卧，腰背部垫枕使胸部抬高，上肢放在身体的两侧，头转向一侧。操作者跪跨在病员大腿两侧，用两手掌贴在病员两侧下胸部，拇指向内，其余四指向外，向胸部上后方压迫，将空气压出肺脏，然后放松，使胸廓自行弹回而吸入空气。如此有节律地按压，每分钟16~20次，注意推压时不要用力过猛，防止造成肋骨骨折。如图7-3所示。

(五)俯卧压背法

使病员俯卧位，腹下垫枕，头向下略低，面部转向一侧，以防口鼻触地，一臂弯曲垫在头下，另一臂伸直，急救者跪跨在病员大腿两侧，将手在病员背部的两侧下方，相当于肩胛下角下方，向下用力压迫与放松，以身体重量向下压迫然后挺身松手，以解除压力，使胸部自行弹回，如此反复进行，每分钟16~20次。此法对抢救溺水者较为适宜，可使水向外流出，舌也不致阻塞咽喉。见图7-4。

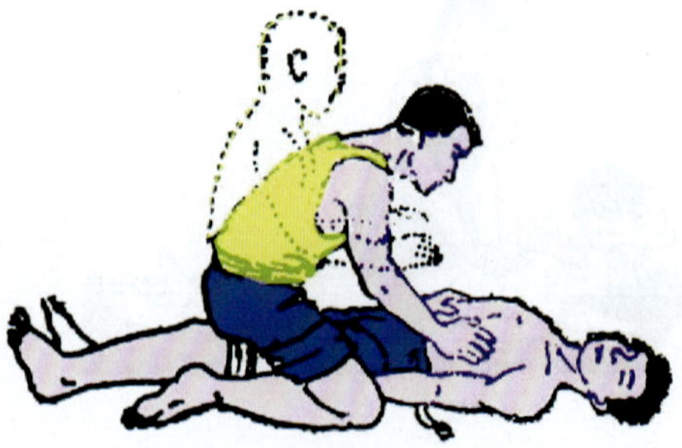

图7-3 仰卧压胸法

图7-4 俯卧压背法

在进行人工呼吸时应注意：

(1)判断准确，快速进行。因脑部缺氧超过3 min，大脑皮质即可破坏致死，难以康复。判断病员是否有呼吸的方法很简单：把手放在病员的鼻孔下感觉是否有气体从口鼻出来；看病员的胸腹部是否有起伏运动。

(2)保持呼吸道通畅。先尽可能地将病员置于空气流通处，松开衣领和裤带，清除口鼻内异物，如有义齿需取出，若舌头堵塞气道，则用纱布或布片包住后把它拉开。

(3)做口对口人工呼吸时吹气不宜过猛，吹气的时间占呼吸周期的1/3，每次吹气时间应持续1秒以上，同时要观察病员胸廓起伏运动，轻轻隆起时吹气合适。

(4)服剧毒药物及口鼻部严重外伤者，不能做口对口或口对鼻人工呼吸；胸背部损伤明显者，不做仰卧压胸、俯卧压背及举臂压胸法人工呼吸。

二 胸外心脏按压

心脏由于各种原因(如严重疾病、溺水、触电、窒息或药物过敏)会发生突然停止跳动，称之为心脏骤停。心脏骤停后脑血流量急剧减少，导致意识突然丧失。

判断心脏骤停的指征是：意识丧失，颈、股动脉搏动消失，呼吸断续或停止，皮肤苍白或明显发绀，胸前听不到心音。一旦确诊应立即采取抢救措施，要争取在5 min内恢复心跳，否则难以复苏。

(一)心前区拳击复苏法

如心搏骤停时间不到1分钟，而病因不是以缺氧为主，可先进行心前区捶击术，主要操作方法是：以左手掌贴于心前区(胸骨中下1/3段交界处)，右手握拳，用拳底多肉位置从20~25 cm高度向左手背部迅速的猛然捶击一至两次，部分病人心脏可立即恢复搏动。如心脏搏动仍未恢复，则应立即改换胸外心脏按压术抢救。

(二)胸外心脏按压法

胸外按压是用人工的力量挤压胸部，维持血液循环，使心脏内的血液排入主、肺动脉，当放松时胸骨恢复原来位置，使胸腔内负压增加产生抽吸作用，有助于静脉血回流入心脏，如此反复有节奏地按压，可改善全身血流量以维持有效的血循环，有利于维持重要脏器的血液灌注。胸外按压的操作方法是：首先要确定按压的位置，正确的按压位置是以胸骨下端的剑突为定位标志，在胸骨上2/3和下1/3交界处，具体位置的确定方法：将食、中两指横放在剑突上方，手指上方的胸骨正中部位为按压区。操作者将一手掌根部放在按压区，与病员胸骨长轴方向平行，另一手掌重叠放在前一手背上，并保持平行，手指可相互扣锁或伸展，但不应接触胸壁。按压时，肘应伸直，依靠肩和背部力量，垂直向下用力按压，使胸骨下陷约至少5 cm，随后突然松弛，速率应大于每分钟100次，如图7–5所示。

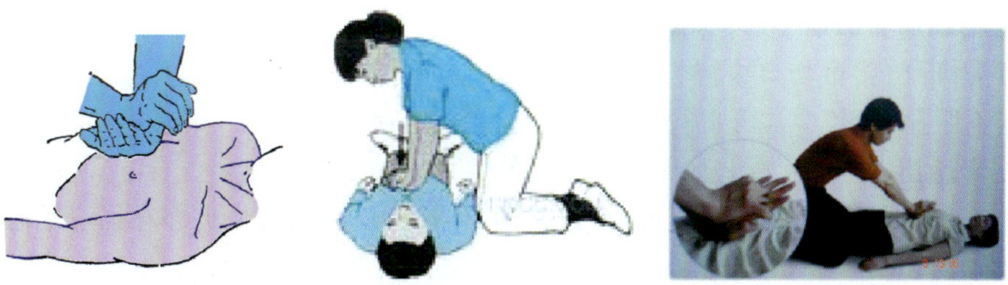

图7–5 胸外心脏按压法

(三)胸压术的注意事项

(1)首先病员应仰卧放在硬板床上或地上，解开衣扣、裤带。

(2)按压部位应准确，约在胸骨的中下1/3交界处。如部位过低，可能会损伤腹部脏器或引起胃内容物反流；部位过高，可能损伤大血管；不在中线，可能会引起肋骨骨折。

(3)按压应平稳、均匀、有规律，按压和放松时间大致相等。如用力过猛可导致肋骨骨折、心包积血或填塞、血胸、气胸、肺挫伤、肝或脾撕裂等并发症，如用力太小则无效。

(4)若心脏按压同时进行口对口人工呼吸，按压/通气的比例为30:2，即每30次胸外心脏按压和2次人工呼吸交替进行，每个周期为5组，时间大约2 min。

胸外按压的有效指征是：可摸到大血管，如股动脉、颈动脉搏动，能测出血压、颜面肤色、口唇、指甲色泽转红润，瞳孔由放大逐渐恢复。

思考题

1. 人工呼吸有哪几种方法？
2. 在实施胸压术时应注意哪些事项？

第二节 外伤止血的主要方法

要点

人体内的血量相当于体重的7%~8%，一个成年人有血液4 000~5 000 mL，人体的一切生理活动都离不开血液的流动。出血是血管破裂或断裂后血液外流的一种现象。伤口大量出血如不及时止血，可危及生命。一般失血量达到总血量的20%以上，就会出现血压下降，休克等严重症状，失血量超过人体总血量的40%~50%，就有生命危险。止血法是抢救伤员的一项重要措施，必须熟练地掌握这一技术，以便遇到出血紧急情况时，能够及时而准确地进行自救与互救。

必备知识

一 出血的种类

1. 毛细血管出血

血为鲜红色，由伤口中慢慢渗出，往往在创面上形成血滴，逐渐汇成血流，出血不多，出血点不明显，量较少常可自行凝结，其危险性较小。

2. 静脉出血

血色为暗红色，为持续性流血，多数是涌出或缓缓流出，出血点多在伤口远心端。

3. 动脉出血

为鲜红色血，出血速度快，有时形成血柱呈喷射状流出，出血点多在伤口近心端。

二 出血的方式

根据出血部位的不同，可分为外出血、内出血和皮下出血。

1. 外出血

血流出伤口外，可以看到，易辨别。一般外伤出血都属于外出血。

2. 内出血

血流在体腔或组织内，不能看到，只能由症状识别，如胸、腹部受伤或某些疾病引起的出血。

3. 皮下出血

皮肤未破，只在皮下软组织内出血，如挫伤、淤斑等。

当身体大量失血时(800~1 000 mL)就会出现头昏、耳鸣、眼花、倦怠、不安、口渴等全身症状。若失血量超过1 000 mL，可出现皮肤苍白、四肢厥冷、脉搏细弱、呼吸急迫、血压下降、休克等。当失血量超过全身血量的1/2(全身血量占体重的7%~8%)，就可引起呼吸和心跳停止。

三 止血方法

(一)指压止血法

是根据全身动脉血管的分布情况，临时用手或手掌直接压迫伤口近心端的动脉干，将动脉干压迫在深部的骨面上使血管被压闭,以阻断血液的流通而达到止血目的。

全身主要动脉的压迫止血点如图7-6所示。

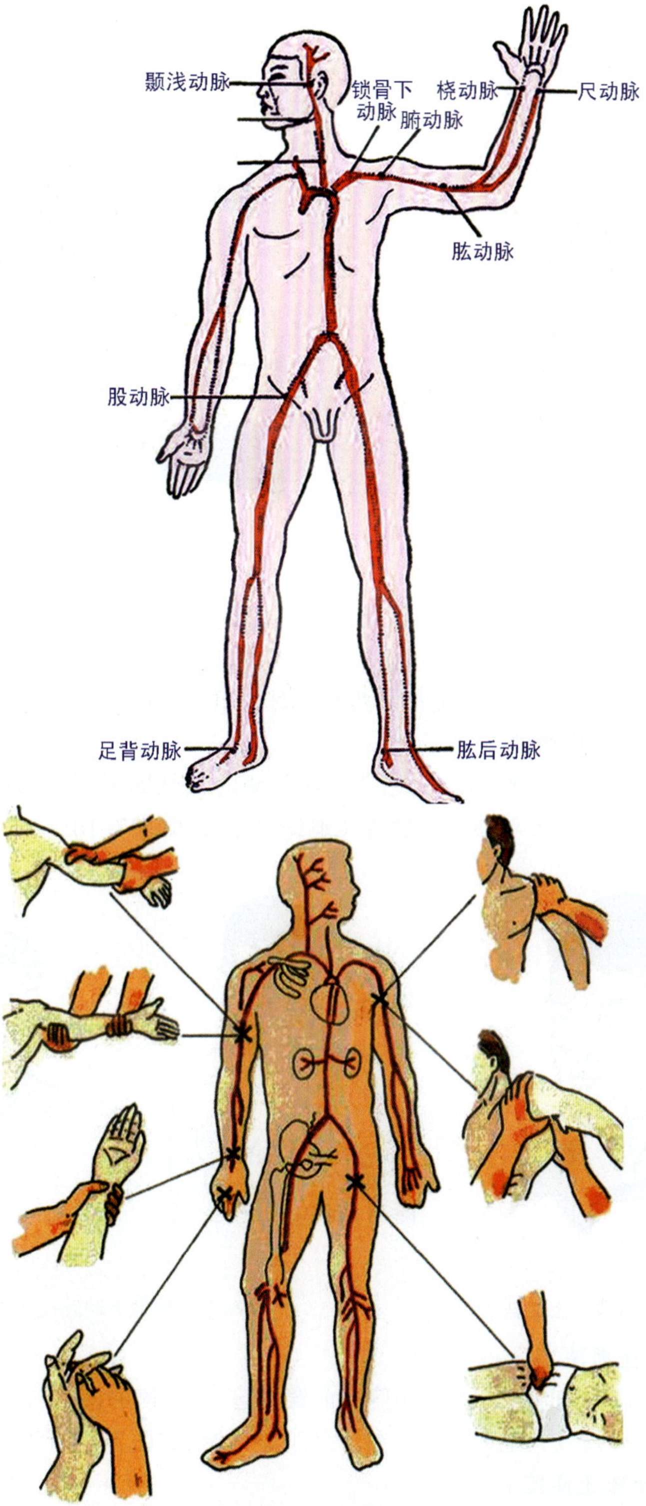

图7-6 全身动脉指压止血点

1. 颞浅动脉指压止血法

用于同侧的头顶部出血。部位在该侧的耳前，有一个动脉搏动处，压迫此点使血管闭合而止血，如图7–7所示。

2. 面动脉指压止血法

用于同侧面部的止血。急救者一手固定伤员的头部，另一手的食指或拇指在伤侧的下颌角前1.5~3 cm的凹陷处可触及有一动脉搏动，压迫此点可止血，如图7–8所示。

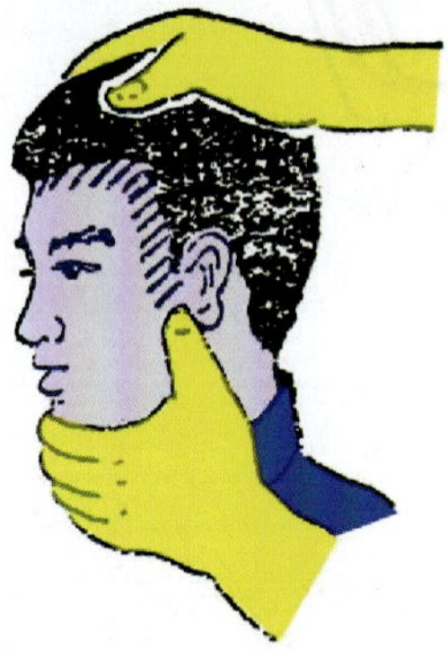

图7–7 颞浅动脉指压止血法

图7–8 面动脉指压止血法

3. 颈总动脉指压止血法

用于该侧的头、面部的较大出血。该侧的胸锁乳突肌和气管之间有一较强搏动处，用拇指或其他4个手指，将颈总动脉压在该侧的颈椎横突上即可止血。压迫颈总动脉时，容易引起病人昏迷，所以一般不宜使用，更不能两侧同时使用。见图7–9。

4. 锁骨下动脉指压止血法

肩部、腋窝部、上肢的动脉出血时，用拇指在伤侧的锁骨的上窝中部摸到锁骨下动脉搏动点后，将拇指向下内后方对向第一肋骨压迫即可止血，如图7–10所示。

图7–9 颈总动脉指压止血法

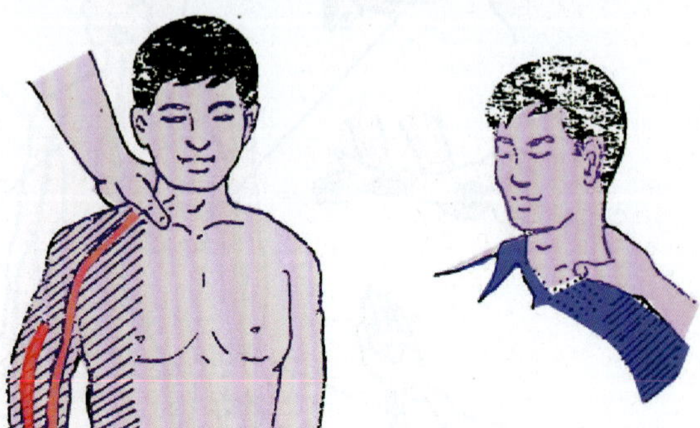

(1) (2)

图7–10 锁骨下动脉指压止血法

5. 肱动脉指压止血法

用于手、前臂的临时止血。一手将伤侧的前臂提起，使伤侧的前臂与肩平行，在肱二头肌内侧有止血点，用拇指或其他四指向肱骨干压迫肱动脉，如图7–11所示。

6. 尺、桡动脉指压止血法

用于手部小动脉出血的临时止血。用双手拇指压迫患侧的手腕横纹后方2~3 cm的两侧动脉跳动处，即可达到止血的目的，如图7–12所示。

7. 股动脉指压止血法

用于下肢动脉出血的临时止血。在伤侧的大腿上端腹股沟中间稍下方的搏动处，用两手的拇指或手掌，重叠压迫该处，将伤侧的股动脉用力压在耻骨上即可止血，如图7–13所示。

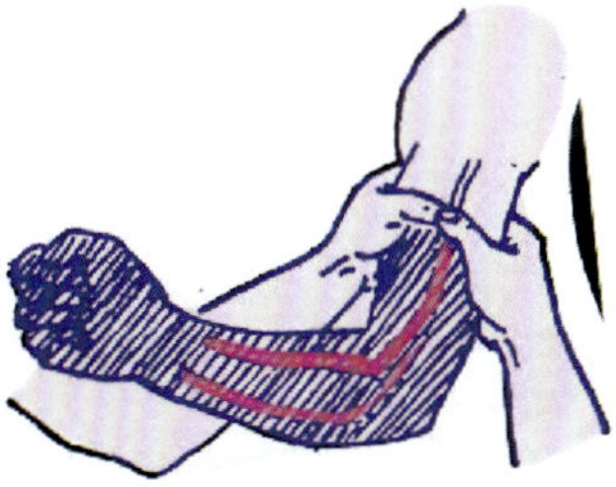

图7–11 肱动脉指压止血法

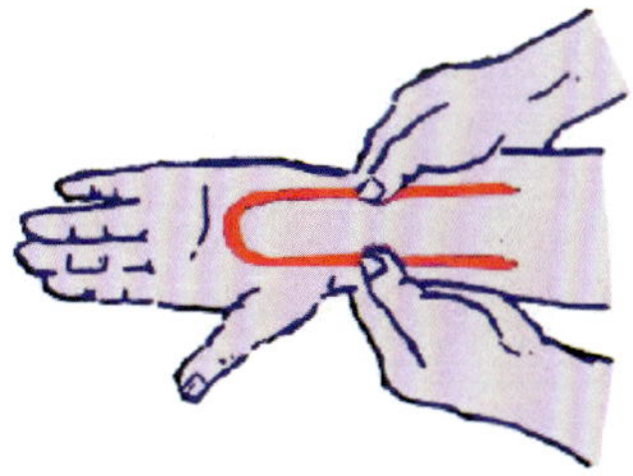

图7–12 尺、桡动脉指压止血法

8. 胫前动脉、胫后动脉指压止血法

用于足部动脉出血的临时止血，足背中部有一动脉搏动处，足内侧与内踝之间也存在一动脉搏动处，用双手拇指将两个动脉同时压住即可止血，如图7–14所示。

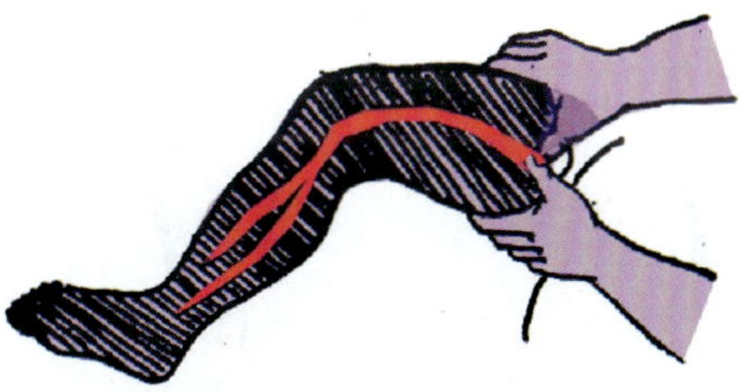

图7–13 股动脉指压止血法

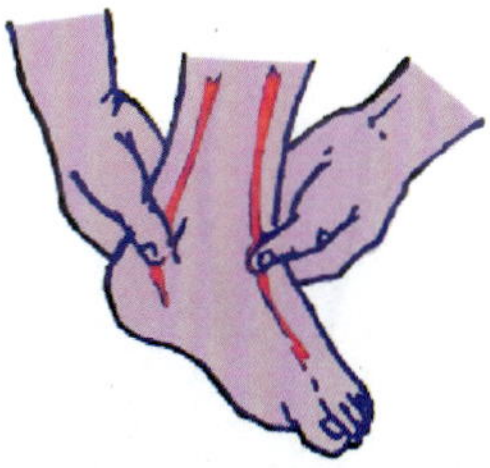

图7–14 胫前动脉、胫后动脉指压止血法

(二)止血带止血法

适用于四肢较大的动脉出血。用较软的布带或三角巾折成带状，或者使用橡胶管等在出血部位的近心端，将整个肢体用力绑扎，以完全阻断肢体血流达到止血的目的。但此法使用不当能引起或加重肢端坏死、急性肾功能不全等并发症。

止血带止血法的种类主要有以下几种。

1. 橡皮止血带止血法

在绑扎部位先用毛巾或衣服垫好，用左手的拇指、中指、食指持止血带的一端(距上端8~10 cm)，然后另一手拉紧止血带的另一端绕伤肢缠两圈，再将止血带的末端放入左手食指、中指之间，最后食、中两指夹住止血带拉回固定，见图7–15。

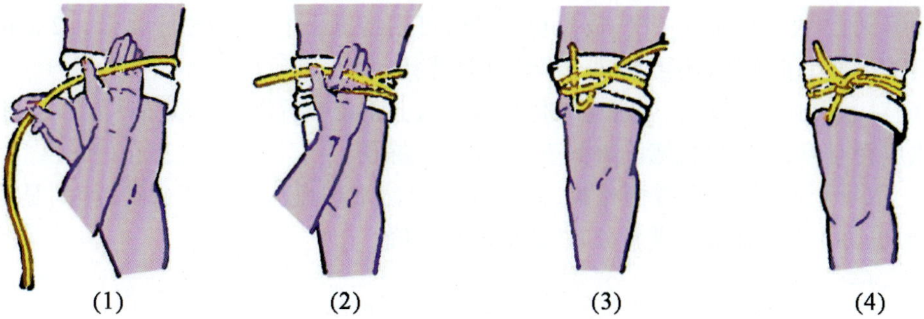

(1) (2) (3) (4)

图7–15 止血带止血法

2. 勒紧止血法

四肢动脉出血，可在伤口上部用绷带或三角巾叠成带状或选用类似材料勒紧止血。第一道绑扎做垫，第二道压在第一道上面勒紧，如图7–16所示。

3. 绞紧止血法

先用一小绷带卷放在出血动脉压迫点上，将三角巾折成带状，绕肢体一圈交叉在后，两端向前拉紧，打一活结，绞棒插在外圈下，提起绞紧，将另一端套入活结环内拉紧活结夹，固定绞棒，如图7–17所示。

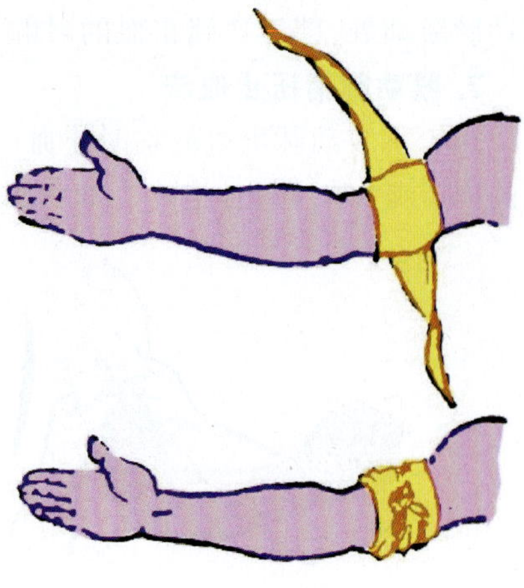

图7–16 勒紧止血法

(1) (2) (3)

图7–17 绞紧止血法

4. 使用止血带的注意事项

(1)扎止血带的部位应在伤口近心端，并应尽量靠近伤口。前臂和小腿不宜扎止血带，因其有两骨(前臂桡、尺骨，小腿胫、腓骨)，骨间可通血流，止血效果较差。上臂扎止血带时，不可扎在中1/3处以免损伤桡神经，引起远心端的肢体麻痹，应扎在上臂的上1/3或前臂的最上部。

(2)在止血带的下面要垫好衣服、毛巾等物，不应直接接触皮肤，并要垫平不应有褶。

(3)止血带绑扎的松紧要合适，以不流血为度。

(4)上止血带后，在显露位置标明上止血带的时间，以防止因肢体长时间阻断血流，而致缺血坏死。

(5)上止血带时间要尽量缩短，以1 h为宜，最长不得超过4 h。在使用止血带期间，应每隔半小时到1 h放松止血带一次。放松止血带时可用指压法止血。放松止血带1~2 min后，再在稍高的平面上止血带，不可在同一部位反复缚扎。

(6)对上止血带的伤员，应注意肢体保暖。因上止血带后伤肢血液循环被阻断，肢体的血液供应暂时停止，所以抗寒能力低下，容易发生冻伤。

(7)取下止血带时，应缓慢松解，防止伤肢突然增加血流而损坏血管，特别是毛细血管，同时也防止全身血液的重新分布、造成血压下降。

(8)取下止血带后，由于血流阻断时间较长，有时伤员可感觉伤肢麻木不适，对伤肢进行轻轻按摩可缓解症状。

(三)加压包扎止血法

1. 敷料加压包扎止血法

用于出血量不多、流血不急的出血，如毛细血管出血和小的静脉、动脉出血。方法是将无菌纱布(也可用干净毛巾、布料、手帕等代替)敷盖在伤口处，然后用绷带或布条适当加压包扎固定即可止血。但当有骨折或异物存在时，则不适用。

2. 屈肢加垫止血法

此法适用于无骨折情况下的四肢部位的出血。方法是用纱布垫，放在肘窝、腿窝、腋窝或腹股沟部，用力屈曲关节，并以绷带或三角巾等缚紧固定，此法可用于控制关节远侧血流，如图7-18所示

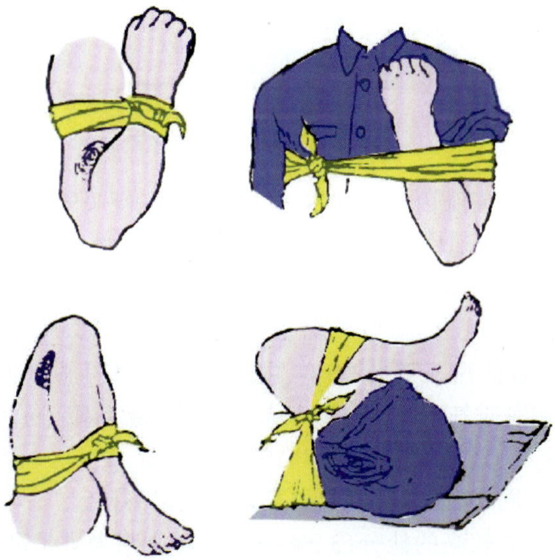

图7-18 屈肢加垫止血法

思考题

1. 出血的种类有哪些？
2. 止血的方法有几种，各自的作用是什么？
3. 使用止血带时应注意哪些事项？

第三节　艇筏应急救护

要点

本节主要介绍了在救生艇筏求生时的特殊环境条件下容易发生的一些特殊伤病，以及针对这些特殊伤病应该采取的应急救护措施和一些简单的救护操作技能。

必备知识

一　溺水

溺水是指水进入呼吸道及肺内时引起窒息，造成心跳、呼吸骤停，直接危及生命。人淹没于水中，水充满呼吸道和肺泡引起窒息，吸收到血液循环的水引起血液渗透压改变，电解质紊乱和组织损害，最后造成呼吸和心跳停止而死亡。

1. 溺水的主要原因

淹没于水中时，落水者往往因紧张、恐惧、主动屏气，或发生喉头痉挛而使水分进入呼吸道造成窒息，表现为肺泡通气不足而导致缺氧、二氧化碳潴留，同时大量液体进入肺泡后妨碍肺正常的通气、换气功能，加重缺氧和二氧化碳潴留。

因海水和淡水成分不同，淹溺后所引起的身体变化也不同。

(1)海水淹溺：海水含有较高的盐分(3.2%~3.8%)对血浆来讲是高渗透溶液，海水进入肺泡后，能使大量血浆及水分通过毛细血管到达肺泡，造成血液浓缩和肺水肿，伴血钠、钾、氯增高。

(2)淡水淹溺：淡水不含盐分，对血浆来讲是低渗溶液，淡水进入肺泡后，经肺部毛细血管进入血液循环中，使血容量增加，血液稀释，造成溶血。红细胞破坏后引起大量钾离子析出，钾离子浓度增高易发生心室纤颤，造成心跳停止。

2. 对溺水者的救治

患者被营救上来后，要先清理呼吸道，清除口腔和鼻腔内的泥沙、杂物，以保持呼吸道通畅。然后迅速将患者置于抢救者屈膝的大腿上，头部向下，随即按压背部迫使呼吸道和胃内的水倒出。一般肺内水分已被吸收，残留不多，因此倒水时间不宜过长，以免耽误复苏时间。对呼吸、心跳停止的患者立即进行心肺复苏，尽快进行口对口人工呼吸和胸外心脏按压。患者经抢救苏醒后，为预防吸入性肺炎，可用适量的抗生素，注意保暖。

二　冻伤

寒冷的水域，对于海上求生者的生存构成巨大的威胁，轻者容易造成冻伤，如果求生者在0℃以下的水温中漂浮待救，维持生命的时间仅有15 min左右。

1. 冻伤

局部冻伤主要是低温对局部的刺激引起血管强烈收缩造成的组织缺血。

局部冻伤表现为皮肤苍白、冰冷、疼痛和麻木，复温后伤部表现与烧伤相似，按程度可分为四度。

2. 冻伤的防治

相对于水中，救生艇的保温条件要好得多。在救生艇筏内待救，应该保持求生环境的干燥和温暖，尽可能避免身体长时间被水湿，保持体温，保持干燥，避免冻伤。寒冷的手脚可以贴近自己的腹部取暖，也可以与艇筏内的人员相互取暖。这样可以使冻伤部位迅速恢复局部血液循环，使皮肤颜色和感觉正常。切记不可对冻伤部位进行揉搓，避免揉破皮肤受伤感染。

如果已经被轻度冻伤，可以经冲洗后涂抹冻伤膏，然后使用干燥的布包扎好，如果已经出现较大的水疱，可以使用注射器吸出其中的渗出液，然后包扎；如果冻伤稍严重，可以对创面进行消毒、包扎、保暖，待坏死组织分界完全明确后，方可切除坏死组织，创面换药。

3. 冻僵

主要变化是血液循环和细胞代谢受到障碍。损害一般从四肢远端开始，逐渐波及躯干，体温逐渐下降，当血液温度降至28℃以下时，就会出现血管硬化，引起重要器官如神经系统的损伤，伤员感觉迟钝、四肢乏力、头晕，最后神志不清、知觉消失，呼吸循环衰竭。

4. 冻僵的治疗

迅速将患者移至暖处，搬动时要小心轻放、避免碰撞后引起骨折。脱去湿冷衣服，抹干患者身体，换上干燥的衣服，穿上保温服或者保温用具取暖，也可以用毛毯或被褥裹好身体，使患者在温暖条件下逐渐自行复温，必要时也可以选派一名健康的人员与伤者在一个保温服或保温用具中取暖。有条件的也可以借助热风或用40℃左右热水袋温暖患者全身，使其缓慢复温。

三 中暑

中暑是指在高温影响下体温调节功能紊乱，烈日曝晒或在高温环境中体力消耗较大所致的一组急症。在高温或在强辐射热的条件下，若不采取防暑降温措施就可能发生中暑。

中暑一般发生在气温超过34℃时，在同样气温条件下，如相对湿度大，中暑发生的概率就大。如果环境空气不流通、体力消耗大、身体虚弱、睡眠不足、疲乏都可诱发中暑。此外，在高温环境中，体力消耗大、分泌过量的汗液，没有及时补充水和盐也可中暑。

（一）中暑的分类

1. 先兆中暑

在高温环境中时间稍长后，会出现全身疲乏、四肢无力、头昏、耳鸣、胸闷、恶心、注意力不集中、口渴、大汗、体温正常或略有增高（<37.5℃），有上述症状者为先兆中暑症。

先兆中暑者离开高温环境，短时间内即可恢复正常。

2. 轻症中暑

有先兆中暑的各种症状，同时体温在37.5℃以上，伴有面色潮红、胸闷、皮肤灼热等，或有早期循环衰竭的症状，如面色苍白、恶心、呕吐、大汗、皮肤冷湿、血压下降、脉细而快者为轻症中暑。

发生轻症中暑后若及时离开高温环境，休息3~4 h后即可恢复正常。

3. 重症中暑

凡有上述症状，并伴有昏厥、昏迷、痉挛或高热者为重症中暑。重症中暑又可分为以下4种类型。

(1)中暑衰竭。为最常见的一种，是由于心血管功能不能适应高温的一种表现(高温适应一般需1~4周)，常发生在老年人及未能适应高温者。起病急，先有眩晕、头痛、可突然昏倒。平卧，离开高温环境即可清醒，如不及时处理，患者可出现无力、恶心、呕吐、面色苍白、脉弱、血压偏低等，而进入“中暑高热”。

(2)中暑高热。典型的中暑高热表现为高热、颜面灼热潮红，大多数人皮肤干燥无汗，呼吸快而弱，脉速达每分钟140次，测肛温超过41℃，甚至高达43℃，出现一系列神经精神症状，如神志模糊、昏迷、惊厥等。

(3)中暑痉挛。又称低钠血症，多发生在青壮年，而且往往发生在已能适应高温者，主要是由于在高温环境中劳动大量出汗后，没有及时补充盐分，可出现短暂、间歇的四肢骨骼肌的痛性痉挛，时间不超过数分钟，能自行缓解，有时影响腹壁肌、肠平滑肌和膈肌，应与急腹症鉴别。

(4)日射病。长时间在烈日下或强辐射热的条件下，可出现剧烈头痛、头晕、耳鸣、剧烈呕吐、烦躁不安，严重时可有昏迷、惊厥、体温正常或稍高。其主要是由于烈日或强辐射热的可见光和红外线、长时间作用于头部引起脑组织充血和水肿造成的。

(二)中暑的治疗

1. 先兆中暑及轻症中暑的治疗

先兆中暑及轻症中暑时，让患者离开高温环境到阴凉处安静休息，适当补充清凉含盐饮料，如疑有呼吸循环衰竭倾向时，可给葡萄糖生理盐水静脉滴注，对症处理。

2. 重症中暑的治疗

重症中暑时根据不同的类型给相应的处理。

(1)中暑衰竭。应及时处理，防止向中暑高热转化，如主要为失水可给等渗葡萄糖水静滴，如主要为失盐给生理盐水静滴。

(2)中暑高热。应立即采取各种降温措施：

▲物理降温——将患者放置在25℃左右环境中，并在头部、两腋下、腹股沟处放置冰袋，用冷水、冰水、50%酒精擦身，用电风扇吹风。

▲药物降温——主要有氯丙嗪，口服或肌肉注射25~50 mg，必要时可溶于葡萄糖盐水500 mL中快速静脉点滴，滴注时注意观察血压、心率、呼吸等，可协同使用对乙酰氨基酚口服、阿尼利定肌注。当肛温降至38℃时应暂停降温，如有回升可重复降温。

(3)中暑痉挛。口服含盐的清凉饮料，轻者即可控制，重者可给葡萄糖生理盐水静滴。

(4)日射病。到阴凉处安静休息，头部用冰袋或冷水湿敷。

四 晕船

在救生艇筏中，由于涌浪引起艇(筏)体颠簸，使人体前庭平衡器官受到异常刺激，从而产生眩晕和皮肤苍白、出冷汗、流涎、上肢不适，乃至恶心、呕吐等一系列植物神经反应的症状和体征,称为晕船。

晕船是一种最常见的航海疾病,一般无生命危险,但长期在海上航行,如晕船,不能正常进食,身体极为不适,对船员的身心会造成很大的损伤。

1. 晕船的原因

晕船的病因目前尚无肯定的说法,可能与下列因素有关:

(1)前庭因素。经观察,丧失内耳前庭功能的聋哑人和前庭器官发育不全的婴儿,或曾患化脓性迷路炎和迷路缺陷的人从不发生晕船。

(2)非前庭因素。包括视觉刺激,在航行时眼睛不断地看到起伏的波浪,由于视线不断变更容易发生晕船。

(3)精神因素。人在失眠、疲劳、心情不好的情况下容易发生晕船。还有的人发生多次晕船,以后一上船,即使船体未动,也可条件反射地引起晕船。

(4)其他因素。对感觉器官的不良刺激,如呕吐物的气味、不合口味的食物,均可诱发晕船。此外乘船时的体位、过饱饮食也与晕船有关。

2. 晕船的类型

依晕船表现的轻重,本病可分为轻型、中度型、重型。

(1)轻型:咽部不适,唾液分泌增加,吞咽动作频繁,上腹部有空虚感,似饥饿状,同时可出现头痛、眩晕、思睡、面色苍白、恶心等。

(2)中度型:头痛剧烈,厌食、恶心,呕吐反复发生,吐后自觉轻松,面色轻度潮红或苍白。

(3)重型:上述症状加重,感觉疲乏无力,胃内容物虽已吐空仍持续作呕不止,个别的甚至呕吐出胆汁或血液,有脱水现象,面色苍白,四肢厥冷,体温常低于正常。

3. 晕船的防治

晕船的防治主要有以下几个方面:加强锻炼,减少诱发因素及药物防治。

经历长期航海生活的老船员、渔民一般不易晕船,据报道大约90%的人经过锻炼可以提高抗晕船的能力,但对晕船的适应能力的获得是暂时的,长时间离船,再次上船时有的人仍会发生晕船。在陆地上可采用一些器械进行锻炼,如秋千、浪桥、滚轮、单双杠等。

改善救生艇条件氛围,降低噪声与振动,加强通风,保持艇内空气新鲜,维持适宜的温、湿度,有风浪时食一些清淡易消化的食物,不要过饱或过饥,防止过分疲劳。

应用药物方面:可口服防晕船药(茶苯海明片)等,每次1片,隔6~8 h可再服一次。用膏药贴肚脐有一定抗晕船作用。如果呕吐频繁,出现脱水现象,可适当地静脉补液。

思考题

1. 溺水有哪些症状和治疗方法?
2. 冻伤有哪些症状和治疗方法?
3. 中暑有哪些症状和治疗方法?
4. 晕船的类型和治疗方法有哪些?

第四节　艇筏急救药包的使用

要点

在救生艇筏中，固定存放着急救药包(箱)，药包中主要存放着一些救急性的药品和医护器械，我们应该熟悉这些药品和器械的使用，以备应急。

必备知识

一　急救包(箱)常用的备品

(1)器械：小氧气瓶、听诊器、血压计、体温计、压舌板、开口器、一次性注射器、吸管、大小止血钳、剪刀、镊子、手术刀柄及刀片、弯盘、缝针及缝线、胶带、止血带、手电筒、小夹板、针灸针等。

(2)敷料：绷带、三角巾、棉花、无菌棉球、无菌棉签、无菌纱布、橡皮胶布、别针等。

(3)药品：碘酒、酒精、红汞、肾上腺素、尼可刹米、毒毛旋花子甙K、阿拉明(间羟胺)、毛花苷C、利舍平、硝酸甘油片、洛贝林、哌替啶、安定、阿托品、氨茶碱、5%碳酸氢钠注射液、50%葡萄糖水、10%氯化钙注射液、普鲁卡因、十滴水、人丹、清凉油、茶苯海明、呋塞米注射液、硝苯地平片等。

二　急救箱内物品的分类

(1)手术用品：大小止血钳、剪刀、镊子、手术刀柄及刀片、弯盘、缝针及缝线等。

(2)注射用具：一次性注射器、无菌棉球、无菌棉签等。

(3)体格检查用具：听诊器、血压计、体温计、压舌板、手电筒等。

(4)外伤处理常用物品：胶带、止血带、绷带、三角巾、棉花无菌纱布、橡皮胶布、别针、小夹板等。

三　急救箱内的常备药品

1. 外用药

(1)红汞(红药水)：用于伤口或皮肤粘膜的消毒，不能与碘酒合用。

(2)碘酒(碘酊)：主要用于皮肤、医疗器械的消毒。

(3)甲紫(紫药水)：用于黏膜和皮肤的溃疡和烧伤。

(4)生理盐水：用于清洗创口。

(5)创可贴：用于小伤口包扎。

2. 抢救用药

(1)神经系统用药

▲呼吸兴奋剂——用于呼吸衰竭及呼吸骤停。

尼可刹米(可拉明):肌注或静脉滴入,每次0.375 g或0.25 g。避免持续大剂量给药,以防惊厥发生。

山梗菜碱(洛贝林):皮下或肌注,每次3~10 mg,每30~60 min可重复一次;静注每次3 mg,必要时每30 min重复一次。超大剂量注射可致心动过速,应注意避免。

二甲弗林(回苏林):肌注或静注每次8~16mg;静注可加入25%葡萄糖或生理盐水稀释后缓慢注入。大剂量可致惊厥,孕妇禁用。

▲镇静及抗惊厥药——用于小剂量镇静,中剂量催眠,大剂量抗惊厥。

苯巴比妥(鲁米那):镇静口服每次0.03 g;睡前口服0.03~0.09 g;催眠,肌注0.1~0.3 g;抗惊厥,必要时4~6 h后可重复使用。偶见过敏反应,久服可成瘾。

安定(地西泮):有抗焦虑、抗惊厥、肌肉松弛作用。用于治疗焦虑状态、癫痫、麻醉前给药。口服:抗焦虑2.5~10 mg,每日2~4次;抗惊厥2.5~10 mg,每日2~4次。长期使用出现认知障碍和依赖性,老人减少用量,停药应逐渐。

(2)循环系统用药

▲抗休克药——用于溺水、过敏、窒息等原因引起的休克。

肾上腺素:用于心脏骤停和过敏性休克的抢救,皮下或肌注,成人0.5~1.0 mg/次,必要时1~2 h重复,静脉或心内注射,0.5~1.0 mg/次,以生理盐水稀释10倍后注射。不良反应有心悸、烦躁、焦虑、震颤、出汗、皮肤苍白,剂量过大或静注过快可诱发脑出血和心律失常。高血压、脑动脉硬化、缺血性心脏病、甲亢和糖尿病患者禁用。

间羟胺(阿拉明):升压药,用于各种类型的休克和手术低血压。肌内或皮下注射,成人2~10 mg/次,每个0.5~2 h一次;静滴,成人15~100 mg,加入葡萄糖液或生理盐水500 mL滴注,每分钟20~30滴,根据血压调整滴数。大剂量可引起头痛、头晕、震颤、心悸和胸部压迫感。药液外漏偶可引起组织坏死,不宜于碱性药配伍,甲亢、高血压心衰、糖尿病慎用。

多巴胺:用于治疗各种低血压、心衰及休克。静滴,以20 mg溶于250 mL葡萄糖液滴入,滴速每分钟1.5~2.0 μg/kg,根据血压调整滴速和浓度。紧急情况可即刻静推2~3 mg/次,继以静点。偶有恶心、呕吐、心悸等。过量或滴速过快可引起心动过速、心律失常、头痛及高血压。药液外漏甚至可引起组织坏死,不宜与碱性药配伍。治疗休克时,宜补足血容量及纠正酸中毒。

▲抗高血压药。

硝苯地平(心痛定):为二氢吡啶类钙拮抗剂。有降低血压,减少心肌耗氧量抗心绞痛作用。预防和治疗冠心病的心绞痛及治疗各型高血压。口服或舌下含,5~10 mg,开始每日3次,可逐渐增至每次20 mg。不良反应有头痛、面部潮红、眩晕、心率增快、乏力、水肿。低血压禁用。

利舍平(利血平):用于治疗轻、中度高血压。肌内或皮下注射,开始0.5~1.0 mg,3~6 h后用至2~4 mg,如无效,换药。不良反应有乏力、倦怠、嗜睡、腹泻等。长期大量使用后可出现忧郁症,胃溃疡、忧郁症者忌用。

(3)抗心力衰竭药(强心药)

毛花苷C(西地兰):作用与用途与地高辛相同。紧急情况时,0.4~0.6 mg以25%葡萄糖液稀释后缓慢静注(5 min以上),2~4 h以后需要时可再给0.2~0.4 mg。不良反应同地高辛。

(4)抗心绞痛药

硝酸甘油：扩张冠状动脉，解除其痉挛，主要用于缓解心绞痛及急性心梗早期。舌下含服半片至一片(0.3~0.6 mg)，必要时每5 min一片直至症状缓解，15 min内不超过3片。不良反应有搏动性头痛、皮肤潮红较常见。偶见体位性低血压、心动过速、皮疹、头晕。

(5)抗心律失常药

普萘洛尔(心得安)为心脏β受体阻滞剂。用于各种原因引起的室上性和室性心律失常。口服成人，10~30 mg，每日3~4次；静注，2.5~5 mg溶于葡萄糖液20 mL，以每2~3 min注射1 mg的速度缓慢注射。不良应有多梦、头晕、抑郁、幻觉、嗜睡、焦虑、失眠等，可致房室传导阻滞、慢性阻塞性支气管疾病和周围血管疾病。

(6)呼吸系统用药

氨茶碱：可松弛支气管平滑肌。适用于支气管哮喘、哮喘性支气管炎和心源性哮喘。口服0.1~0.2/次，日3~4次；肌注0.25~0.5/次，日3~4次；静注0.25~0.5/次，加入25%~50%葡萄糖液20~40 mL稀释后徐缓注入。不良反应有恶心、呕吐、心律不齐。

(7)消化系统用药

阿托品：为抗胆碱能神经药。主要用于胃肠道、胆道及泌尿道痉挛引起的绞痛、呕吐、腹泻，也用于治疗有机磷中毒及休克。口服，0.3 mg，3~4次/日；静注，0.5~1.0 mg/次，静脉小壶，4~6 h一次；治疗休克，1.0~5.0 mg/次，静脉小壶，0.5~2 h一次；治疗有机磷中毒，1.0~10.0 mg/次，静脉小壶，10~30 min一次，减量维持0.5~1.0 mg/次，静脉小壶，2~4 h一次。不良反应有口干、皮肤潮红、心率增快、视力模糊、排尿困难。如中毒可用新斯的明拮抗，青光眼及前列腺肥大者禁用，心动过速、心脏疾患、胃潴留、尿潴留慎用。

(8)泌尿系统用药

呋塞米(速尿)：为强有力的利尿剂，主要用于治疗各种水肿，也可用于治疗高血压。口服：20~40 mg/日，肌注或静注，用量需根据病情而定。偶见乏力、恶心、药疹、粒细胞减少、低钾等。肝肾功能同时受损者该药易在体内蓄积。

(9)激素类药

氢化可的松：有抗炎抗毒抗休克等药理作用，临床上常用于抢救危急病人。剂量视具体病情酌用。长期大量服用引起柯兴氏征、水钠潴留、精神症状、消化性溃疡、骨质疏松等。

地塞米松(氟美松)：作用与氢考相似，主要用于抢救危急病人和各类炎症及变态反应的治疗。口服，抗炎、抗过敏每日1.5~3 mg，每晨一次或早午两次分服；肌注或静点，每次5~10 mg。长期大量使用引起糖尿病及柯兴氏征等。有精神病史、溃疡病、活动性肺结核者及肠吻合术后病人慎用。

(10)防暑药

十滴水：用于中暑。每瓶5 mL，成人服0.5~1瓶。

人丹：治疗中暑、晕船。每次服5~10粒。

清凉油：为夏季常用防暑药。涂擦太阳穴可解头痛，蚊虫叮咬部位可涂擦。

(11)局麻药

普鲁卡因：为短效酯类局麻药。局部浸润麻醉常用浓度为0.5%，成人单位时间内最大剂量为1 g。单位时间内用药过量或误入血管时可产生中毒反应。偶有过敏反应，用药前需作过敏试验。

利多卡因：为酰胺类中效局麻药。神经阻滞，常用浓度为1%~2%，一次总量不超过0.4 g；表面麻醉，常用浓度为2%~4%，一次总量不超过0.1 g；浸润麻醉，常用浓度为0.25%~0.5%，每小时用量不超过0.4 g；室性心律失常，一次用量1~2 mg/kg，继静点给1~4 mg/min，每小时不超过200 mg。浓度过高，可发生毒性反应。过敏罕见。

(12)常用液体

生理盐水：用于补充体液和电解质，亦用于创口冲洗。补给量依病情而定，一般每天可给1 000~2 000 mL。

5%、10%、25%、50%葡萄糖注射液：补充体液及热量，25%以上的高渗葡萄糖液静推后可提高血液渗透压，引起组织脱水并短暂利尿。用于各种原因引起的进食不足或大量体液丢失、饥饿性酮症、低血糖症、高血钾症。高渗溶液用作组织脱水剂及配置各类透析液等。静点或静注，一次5~50 g，一日10~100 g。

20%甘露醇：为渗透性利尿药，能有效降低颅内压。静点按1.0~2.0 g/kg计。成人常用量为250 mL，必要时6~8 h重复使用。应予15~20 min内滴完。心、肾功能不全者忌用。使用前应检查，确定无结晶析出，输注时切勿漏出。

5%碳酸氢钠：用于治疗代谢性酸中毒和高钾血症。静滴，用量视病情而定。

氯化钾：用于低血钾症。口服，1 g/次，1日3次；静滴，每次用10%~15%药液10 mL加以5%~10%葡萄糖液500 mL稀释。偶见胃肠道反应。静滴浓度过高或速度过快可引起疼痛、静脉炎，甚至心脏骤停。严禁直接注射。

低分子右旋糖酐：可供大出血、脱水、外伤休克时急救用，代替血浆。每天静滴500~1 000 mL。

四 注意事项

在救生艇筏中，急救箱应放在固定的地方，要有专人负责管理。要熟知急救箱内物品的名称、性能、使用方法。消毒敷料应保持其清洁、干燥。无菌敷料的大小，应超过创口周围2.5 cm。使用消毒敷料包时，不可使手与包内消毒敷料或包的内部接触。使用器械前要进行必要的消毒。使用药物时要认清，不要误用。

思考题

1. 急救包(箱)内常用的备品包括哪些？
2. 急救箱内的常备药品种类和功用有哪些？

第八章 获 救

在艰苦的海上求生过程中，当求生者或遇难船舶被搜寻救助的船舶或飞机（直升机)发现后,海上求生者将面临着海上求生的最后一个环节——海上救助。海上救助也是海上求生的一个重要环节，了解和掌握有关海上救助的知识，有利于海上求生人员及早地、安全地脱离风险,直至获救。

第一节 船舶救助

船舶救助是海难救助中最常见的救助方式，救助船舶在收到或发现海难遇险求救信号后,应该尽可能与遇难船舶或人员建立联系,并且进一步确认遇难船舶或求生人员的准确位置,动员本船人员在思想上、物质上和行动上做好海难救助的准备工作。以最短的时间、最大的可能性、最安全的方式接近遇险求生人员,以获取救助的最大成功。

要点

在海难救助中,船舶施与难船的救助是海难救助的主要力量。本节主要阐述了在船舶施救时的一些操作技能和安全注意事项。

必备知识

一 救助行动

救援船通常在被救助的难船或救生艇筏的上风舷侧接近,然后,降放下风舷侧的救助艇进行救助。被救助的难船或救生艇筏应该服从救助人员的指挥,采取的主要行动有：

(1)如果风浪大,救助难船人员很危险,求生人员撤离难船非常困难,可以撒镇浪油,降放救助艇,还可以使用抛绳设备在两船之间带上钢丝缆绳,系接上滑车,借助救生裤或者类似的用具,将求生人员转移到救助船上。

(2)当救助船接近救生艇筏时,救生艇筏内的人员应该收回海锚,以及其他缆绳、绳索,避免绞缠来船的螺旋桨。

(3)在风浪中被救助人员或艇筏应该尽量不要横在救助船的船首,同时也要注意不要被风浪压到救助船的船尾,尽可能地集结到救助船的船中附近,以保证安全、方便救助。

(4)通常情况下,在利用救助艇进行救助时,救助艇上的救助人员先将救生艇筏的求生人员转移到救助艇上,再送回到救助船上。

(5)如果在水中有漂浮的求生人员,可以利用救生环、救生圈将水中人员救助到救助艇上,必要时救助艇上的救助人员可以采取下水救助,救助人员下水救助必须得到艇长或船长的同意。

(6)如果救助船上起重设备合适,可以借助救助船上的起重设备将求生的救生艇筏及人员一起吊升到救助船上,以节省体力,增大安全性。

图8–1 船舶消防救助

二 船舶救助的注意事项

(1)救助时应该首先救助处在最危险位置的人员或艇筏,先救助妇女儿童、老弱病伤的人员。

(2)求生人员应该服从救助人员的指挥,尽可能地保持有效的联系。

(3)在利用救生环、救生圈救助时,被救助人员接到救生环(圈)后,尽可能将救生环(圈)套牢在身体的合适位置上,避免救助失败。

(4)在救助过程中,如果风浪较大,应该撒镇浪油,为海上救助尽可能地创造好的条件。

思考题

1. 船舶采取的救助行动主要包括哪些?
2. 船舶实施海难救助时应该注意哪些问题?

第二节　直升机救助

要点

在沿海和近海发生的海难事故中运用直升机救助是海难救助中最快速和有效的手段。直升机救助具有出动快、受海况影响相对小一些、视野开阔、救助效率高等特点。本节主要介绍了在运用直升机救助时的一些技术特点以及安全注意事项。

必备知识

一　海上搜寻救助直升机的特点

(1)直升机可以垂直升降,可以在较小的场地升起和降落,能在空中悬停,是非常理想的海上搜寻救助的工具(见图8-2)。

(2)在正常天气情况下,直升机活动半径一般可达到300 n mile左右。

(3)直升机一般情况下,可搭载人数在1~30人。

(4)直升机抗风能力在10级,风速不超过50 kn。在船舶横摇或纵摇超过5°,直升机降落到船舶甲板上就很困难。

(5)直升机的舱口和吊升设备一般设在右舷,因此,直升机在进行救助吊升作业时,一般从被救助难船(救生艇筏)的左舷船尾进入。

(6)直升机救助是使用自备救助设备的。

图8-2 海上救助直升机

二 直升机的救助设备

直升机在海上救助时，利用吊升设备救助求生人员，在吊索的一端都连接着专用的救护吊升设备，主要有：

(1)吊带(吊环)(Rescue Sling)：最常用、最适合快速地吊起求生人员(不适用于吊运伤病员)，如图8-3所示。

吊带

利用吊带吊升

图8-3 直升机救助吊带

(2)吊篮(Rescue Basket)：求生人员只要爬进篮内、抓牢篮筐坐好即可，使用简单方便(图8-4)。

图 8-4 吊篮

(3)担架(救生担架)(Rescue Litter)：专用于直升机救助伤病员的设备，它与普通的担架不同，担架装有吊索并配有专用的吊钩，以方便与直升机的吊索迅速而安全地连接或脱卸(图8-5)。

(4)吊座(Rescue Seat)：吊杆两侧各设一个锚爪型座板或类似一个三角形的座板，这种设备可以同时吊升两名求生人员(图8-6)。

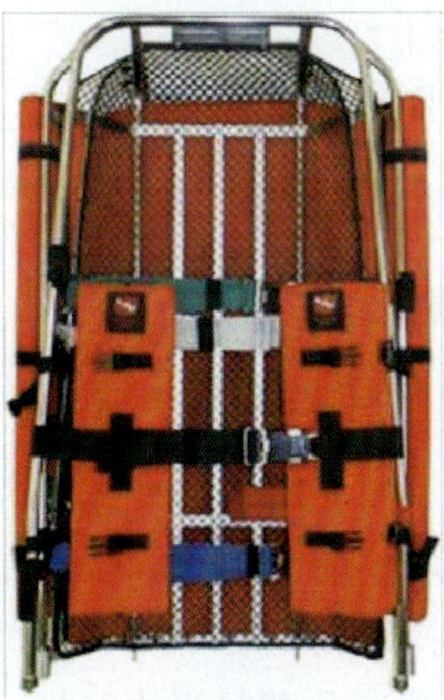

吊升担架

利用担架吊升作业

图 8-5 吊升担架

图 8-6 吊座

图 8-7 吊笼

(5)吊笼(Rescue Net):形状类似一个锥形鸟笼,某一侧开口,其余各侧都是绳网式装置(图8-7),求生人员从开口处爬进笼内,抓住绳网,即可吊升救助。吊笼非常适于救助落水人员。

三 直升机救助难船上人员

图8-8 直升机救助吊升作业

(1)直升机在实施救助时,需要与被救助的难船或救生艇筏保持持续的联系。最好建立无线电联系,无线电话在2 182 kHz频率,甚高频16频道(156.8 MHz)。

(2)直升机在接近船舶时,船长应该根据直升机驾驶员的要求,及时调整船舶的航向,并保持定速航行,注意保持风向在船首左舷30°左右,当救助区在船尾以外的位置时,来风保持相对于船首右舷30°左右。图8-8为直升救助吊升降业。

(3)直升机实施救助时,悬空高度一般距甲板(艇筏)27 m左右,吊运区至少在16 m范围内无障碍物,在直升机降落区域按规定用白色的油漆标绘上"H"字样的标志。

(4)一般情况下,在进行吊钩操作时与直升机联络时的手势:

勿吊升——两臂侧伸放平,四指握紧,拇指朝下;

吊升——两臂伸展至水平以上,四指握紧,拇指朝上。

(5)在救助吊升过程中,要始终保持吊带不脱钩、不滑脱。接近直升机舱门时,机上人员会协助被救助人员身体转至背对舱门,协助救助人员进入舱门。

四 直升机救助艇上人员

直升机在对救生艇、救助艇上的人员进行救助时,救生艇上的人员一定要服从直升机救护人员的指挥,并要绝对服从。在直升机接近救生艇时,操纵救生艇应该尽可能保持航向稳定,由直升机接近救生艇,不是万不得已,绝不能试图操纵救生艇接近直升机。在直升机接近时,打开救生艇的尾门(或舷侧门),艇长位于门口负责与直升机的联络。艇内所有的人员在没有接到命令的时候,不得登上救生艇的顶部,穿好救生衣或救生服在艇内坐好,直升机在救生艇上空位置合适后,送下吊升索具及吊环(吊带),艇内人员将吊带(吊环)拉进艇内,依据先后顺序,穿戴好吊环(带),确认吊带(吊环)已经可靠束紧,将人员送出艇外,指挥直升机吊升(图8-9)。在穿戴救生吊带(吊环)时要做到迅速可靠,创造最好的救助时机,保证救助的成功。

救生筏中吊升　　直升机吊带（吊环）的穿戴示意图

图 8-9 直升机从救生筏中吊升救助

(1)直升机一般采取迎风方式接近吊运区(或降落区),在直升机接近时,最好有人在地面举一面旗帜,为直升机驾驶员标示一下地面风向。

(2)直升机在救生艇筏上方悬空时,由于受直升机向下气流的冲击,海面上会掀起大的风浪,可能会造成救生艇筏的倾覆,因此,救生艇筏上的人员应该聚集在艇筏的中央坐好,直至巾升结束并被救助。

(3)所有被吊升救助的人员都要穿救生衣(除非伤病员的需要),吊升时不要穿着宽松的衣服、戴帽子、头巾或遮盖未经捆扎的毛毯等物。

(4)为了避免直升机吊升设备的金属部分带有静电与人体发生放电现象,被救助人员应该先让其先接触地面(海水)后,再抓紧吊升设备。

(5)最后一名被救助人员,在被吊离救生艇筏之前,应该把救生艇筏的灯、示位标全部关闭掉,避免被误导。

(6)在救助时,被救助人员要绝对服从指挥,严格遵守秩序,严禁争先恐后。

思考题

1. 直升机救助有哪些特点?
2. 直升机救助的吊升设备有哪些?主要作用是什么?
3. 直升机救助时主要的安全注意事项是什么?

第二篇

实操训练

Dierpian Shicao Xunlian

第九章 救生艇的操作

救生艇的操作在船舶应急救助中起着一个非常重要的作用，是每一个船员必须学习和掌握的一种操作技能。

第一节 救生艇的降放操作

要点

降放救生艇、救助艇的操作是每一位船员必须掌握的一种航海专业技能、是关系到广大船员生命安全的特殊操作。在船舶发生海难时的各种危难情况下，船员能临危不乱，迅速、正确地将救生艇、救助艇抛出舷外，降落至水面，对于保障海上人命安全，将起到非常积极的作用。

必备知识

SOLAS公约明确规定：船舶每月至少进行一次将救生艇抛出舷外等项目内容的海上救生演习，要求2名船员在5 min内完成救生艇降落和登乘的准备工作。由于在海难发生时，很可能各种不利条件同时产生，因此，要求广大船员在平时认真演练降放操作技能，熟悉各项操作技能及相互的有机配合，使每位船员都具有降放救生艇、救助艇操作的良好技能素质。将这些应急操作技能成为自己作业的本能，才能够在关键时刻保证救生艇、救助艇能安全、顺利、迅速地降放，使船上人员能够快速地脱离难船、进行海上求生。

一 重力式吊艇架的降放操作

在船上，当全体船员听到警报信号后，立即确认警报性质(弃船求生警报信号是七短声一长声)，做好海上求生的必要准备，执行应变部署中各自的任务，迅速地到集结场所集合，根据艇长的指挥做好放艇前的准备工作。船长应该操纵船舶使放艇一舷为下风舷。

1. 降放艇时的主要准备工作

(1)由一人将吊艇机手摇柄插入吊艇机专门的孔内，顺时针摇动，使救生艇重量集中在吊艇索上(注意事后将手摇柄从艇机上取下)。

(2)将登艇软梯送至水面并固定好，以备登艇时使用。

(3)两个随艇下落的人员(部分封闭式艇)，登入艇内分别将吊艇架横张索上两根救生索松放下来，将艇底塞固定好，送出艏、艉缆，确认限位索牢固。

(4)打开固定救生艇的稳索。

(5)打开固定吊艇架的安全栓。

指挥放艇人员确认准备工作完毕后，立即发出降放救生艇的命令。

2. 放艇时的主要工作

(1)放艇人员在艇长的指挥下抬起吊艇机上的刹车手柄，救生艇靠自身的重力下降并抛出舷外 ，直到限位索(止荡索)完全受力，将艇拉向舷边位置，松下刹车手柄，停止放艇。

(2)两人分别将收紧索系在艇甲板或吊艇架上，与艇的首、尾相关部位连接(收紧绳端留在艇内)，拉紧收紧索，使艇与登艇甲板靠近，挽牢收紧索。

(3)艇员依次登艇，按规定座位坐好，解脱限位索(止荡索)，慢慢松放收紧索，使艇位于艇架铅垂线位置下，解掉收紧索。

(4)艇长指挥继续放艇，艇内人员检查艇机并将艇的机器启动。

(5)艇入水后，随艇下的人员要迅速将艇的首、尾吊钩同时解脱，如果不能同时解脱，应该先将艇尾的吊钩解脱，如果吊钩不能及时解脱，可以使用配在艇首、尾的太平斧砍断吊艇索。

(6)放艇人员顺登艇软梯登艇，全体人员登艇后，解掉艏、艉缆绳，用外舷舵，进车离开难船一定的距离，等待援救。

二 全封闭式救生艇的降放操作

全封闭式救生艇的降放操作基本步骤与重力式吊艇架相似，其主要操作要点如下：

1. 准备工作

(1)由专人负责确认艇首缆系结在艇艏以及船舶正确的位置上(艇首的前方专用位置上)，安放好登艇软梯。

(2)由专人负责登艇检查，确认艇首、尾挂钩的位置、联动脱钩手柄的位置、静水压力释放器保险销的位置(在绿色位置)处在正确的位置。

(3)做好艇机启动的准备和检查工作。

(4)其他放艇操作人员松解艇稳索，打开保险栓，解除充电电源线插头等索具。

(5)检查遥控降放艇的钢丝绳连接和系固情况，确认正常。

(6)全体人员各就各位做好准备，注意安全。

2. 放艇时的主要工作

(1)将手摇柄插入专用口中摇动，使吊艇索吃力，打开安全栓(保险钩)。

(2)解除全部固定艇的索具。

(3)全体人员依次登艇，并用座位上的安全带将自己固定在座位上。

(4)艇长在确认降艇操作无误时，最后一个登艇，关闭艇门。

(5)放艇人员(或由艇长直接拉动艇的遥控降放拉环)拉动艇的降放索手拉环(向下拉)，使艇降落入水。

(6)在救生艇入水前，艇长将艇机启动，机器运转。

(7)当艇入水后，艇长将联动脱钩装置的保险销拔出。

(8)向下拉动联动脱钩装置，艇的首、尾吊钩脱开。

(9)艇入水后，进行降放操作的人员松开降放索拉环，利用救生软梯登艇，或由艇长直接将遥控降放索抛出救生艇外，并用专用的销塞堵住降放索的通孔。

(10)拉动专用控制缆绳解脱装置的手柄，使艇的艏缆脱开(解脱艇与船相连的其他索具)，用一外舷舵，进车，操艇驶离大船。

三 手柄式联动脱钩的操作

目前全封闭式救生艇联动脱钩操作的基本工作原理主要是依靠在脱钩操作手柄下端设立一个止动拉杆[如图9-1(a)]，止动拉杆由一个静水压力释放器控制，另外设立一个安

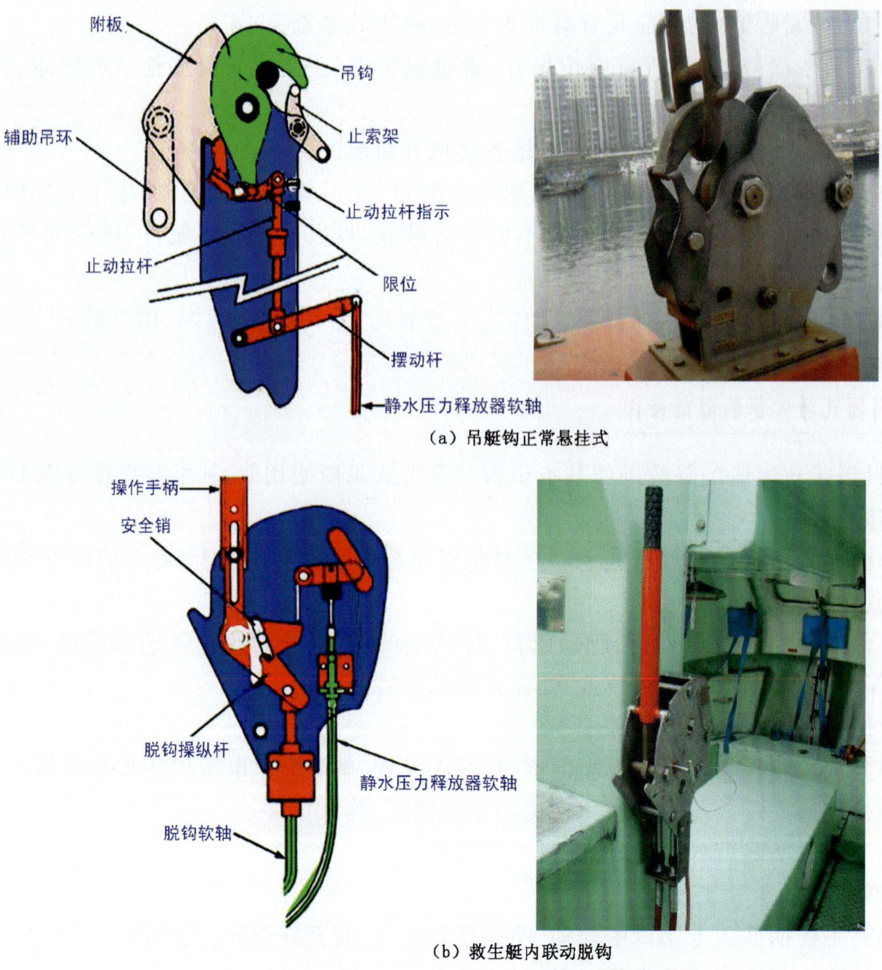

(a) 吊艇钩正常悬挂式

(b) 救生艇内联动脱钩

图9-1 救生艇在正常存放时吊艇钩、脱钩操作手柄的安全位置

全销[如图9–1(b)],以防止意外或过早操作时艇的吊钩脱开。救生艇在吊艇架正常固定存放时,脱钩手柄、止动拉杆、保险销保持原位。

当降放救生艇入水,吊钩在无负载时,艇底的入水口进水,将一个回复弹簧顶起,推动控制操作手柄止动拉杆的软轴上升,打开止动拉杆,拔出保险销,向下拉动联动脱钩的操作手柄,手柄低端连接着一个脱钩软轴形成一个向上的拉力,通过一个摆动杆带动,解脱与艇吊钩底端相连的吊钩限位器,吊钩向后倾倒,解脱吊艇钩(如图9–2所示)。在吊钩有负载时的脱钩操作,打开(或打碎)保护控制脱钩手柄操作止动拉杆的护罩,靠人力向上搬动

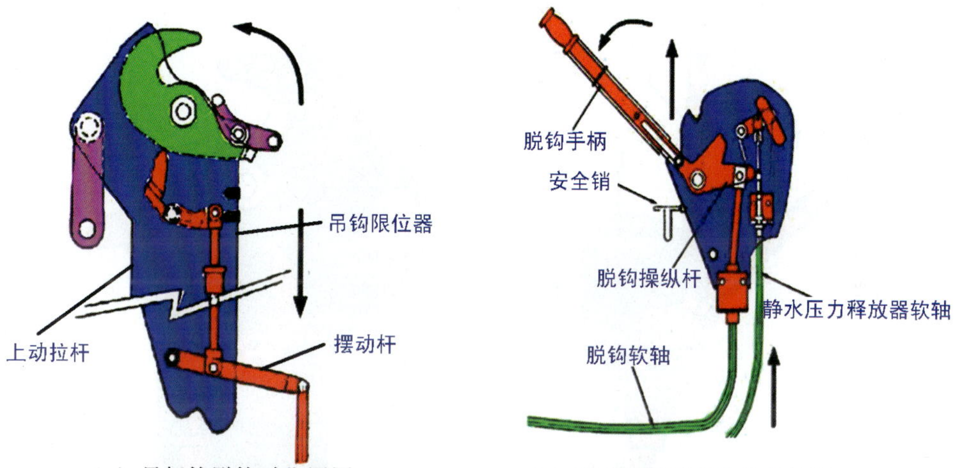

(a) 吊艇钩脱钩时位置图　　(b) 联动脱钩手柄脱钩位置图

图9–2 进行脱钩操作的原理

止动拉杆,以形成规定使操作者有一个有意的和连续的动作,拔出保险销,向下拉动脱钩操作手柄,解脱吊钩。

具体的操作方法有多种,在这里主要介绍两种基本的联动脱钩的操作步骤。第一种联动脱钩方式的操作步骤如下所述:

1. 正常脱钩操作(无负载脱钩操作)

(1)拔出安全销A(如图9–3脱钩操作手柄中A);

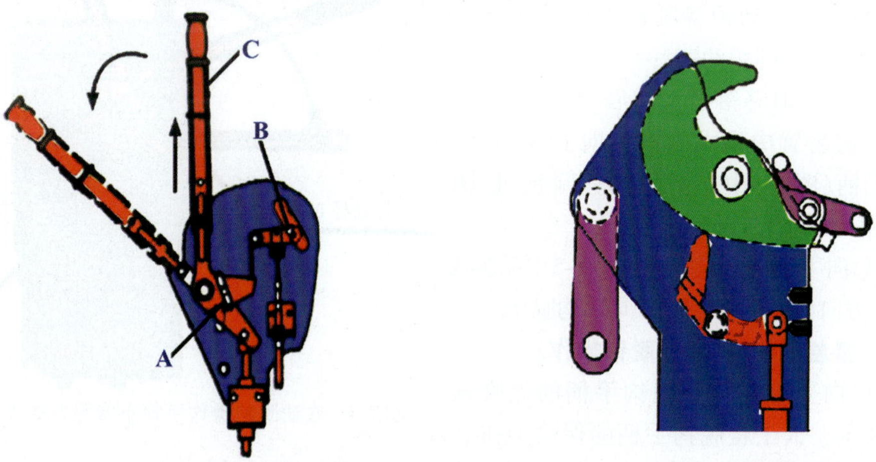

(a) 脱钩操作时手柄示意图　　(b) 脱钩操作后吊钩示意图

图9–3 正常脱钩操作吊钩与脱钩手柄示意图

(2)艇落入水中大约20 s左右,依靠静水压力向上推起止动拉杆B(图9-3脱钩操作手柄中B),打开止动拉杆,解脱对操作手柄的控制;

(3)向下拉动操作手柄C(图9-3脱钩操作手柄中C),吊钩解脱。

2. 紧急脱钩(有负载脱钩操作)

(1)打破控制操作手柄止动拉杆的护罩(图9-4脱钩手柄位置中D);

(2)拔出安全销(图9-4脱钩手柄位置中A);

(3)向上抬起止动拉杆(图9-4脱钩手柄位置中B);

(4)向下拉动操作手柄(图9-4脱钩手柄位置中C),吊钩解脱。

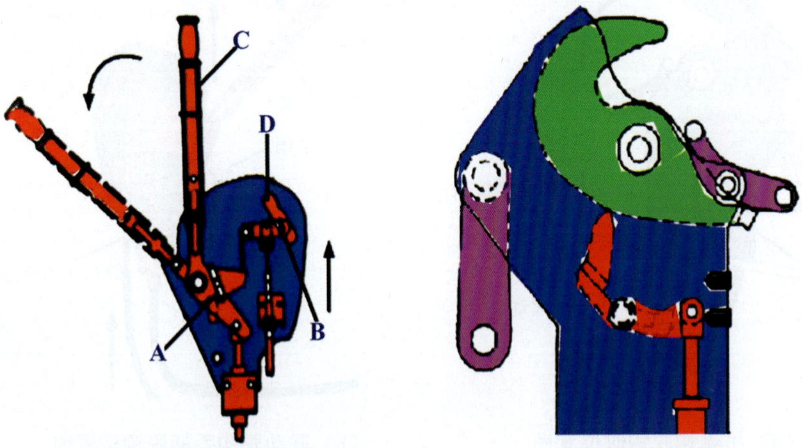

(a)脱钩手柄位置图示　　(b)吊钩位置图示

图9-4 有负载脱钩示意图

第二种联动脱钩方式的操作步骤:

1. 正常脱钩操作(无负载脱钩操作)

(1)在救生艇即将入水时,负责操作脱钩的艇员,将预备脱钩手柄(图9-5中手柄B)的保险锁旋钮拧动至与手柄相一致的位置(如图9-5);

(2)向下扳动预备脱钩手柄(图9-5中手柄B的扳动方向)约90°;

(3)救生艇降落至水中后,水的浮力将联动脱钩装置中设立的推杆向上推动,将脱钩手柄(图9-5中手柄A)的保险锁钮(图9-5中止动杆A)打开;

(4)向下扳动脱钩手柄(图9-5中手柄A的扳动方向)约90°,救生艇首、尾吊钩脱开。

2. 紧急脱钩(有负载脱钩操作)

(1)向上翻转打开脱钩手柄的保险锁钮的盒盖,人工将脱钩手柄的保险锁钮打开,将脱钩手柄的保险锁钮(止动杆)向上提起并固定;

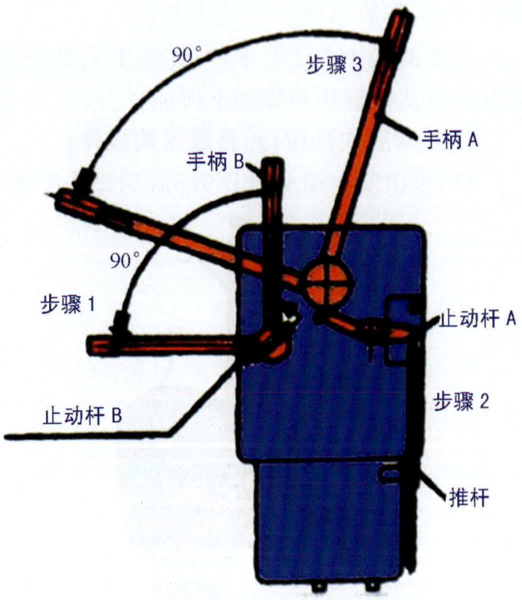

图9-5 联动脱钩操作手柄正常脱钩操作示意图

(2)在救生艇降落过程中,扳动预备脱钩手柄向下90°;

(3)向下扳动脱钩手柄(图9-6中手柄A),救生艇首、尾吊钩脱开。

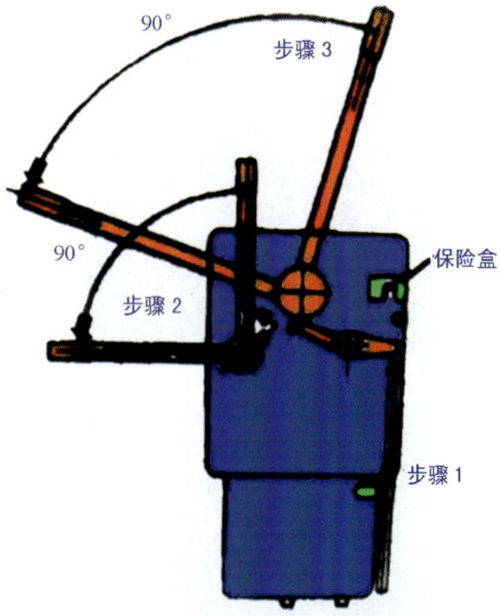

图9-6 联动脱钩操作手柄紧急脱钩操作示意图

四 自由降落式救生艇的降放操作

自由降落救生艇的降放方法共有三种:一是自由降落降放救生艇入水,自由降落是指载足全部乘员和属具的救生艇,在艇上脱开并在没有任何制约装置的情况下,任其下降到海面的降落方法;二是利用吊艇臂降放救生艇入水,是救生艇借助于降落设备从其存放位置,安全地转移到水上;三是救生艇借助于静水压力释放器的作用,自由漂浮降落出水,脱离难船。自由漂浮降落是指救生艇从下沉船舶上自动脱开并立即可用的降落方法。

由于自由降落救生艇的艇首是以30°左右的下倾角存放在滑架上,登艇人员应该从艇尾门倒着进入艇内,入座后,人员是面向艇尾的,以减轻艇在下滑时对艇内人员的冲击的威胁。

1. 救生艇自由降落入水(见图9-7)

(1)首先要检查吊艇装置中救生艇吊艇索的吊环与吊钩,确认不相连。

(2)救生艇吊艇索吊环固定在艇左右两侧的吊座上。

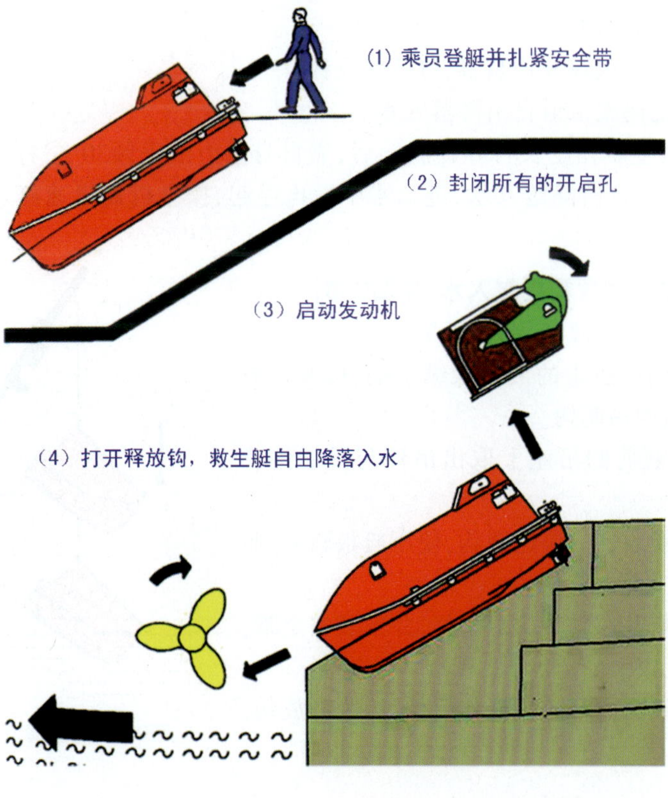

图9-7 救生艇自由降落示意图

(3)外接充电器电源线已脱开。

(4)艇长确认所有艇员在座位上坐好，系紧安全带。

(5)确认救生艇所有开启的门、窗、艇尾门的通气阀等孔盖完全封闭。

(6)检查确认艇内(外)无活动物体。

(7)启动救生艇机器。

(8)艇长操纵艇内释放钩装置，打开释放钩。

(9)救生艇沿艇架滑道自由降落入水。

自由降落救生艇在艇长打开释放钩后，靠自身重力沿下倾30°左右的滑道下滑，以大约10~20 kn的速度自由降落入水，进入水中后再浮起，操纵机器迅速离开难船，进行海上求生。

2. 利用吊艇臂释放救生艇入水(见图9-8)

(1)打开吊艇机电源，启动液压泵。

(2)扳动控制吊艇索的液压操纵手柄，慢慢松放与吊艇横担连接的吊艇钩。

(3)在救生艇两侧吊座上取出吊环与吊艇钩相连。

(4)打开压艇装置的快速脱钩，使压艇板转动，脱离救生艇。

(5)艇员登艇并在其座位上坐好，并系紧安全带，艇长确认人员无误。

(6)艇长操纵艇内释放钩操作手柄，解脱释放钩。

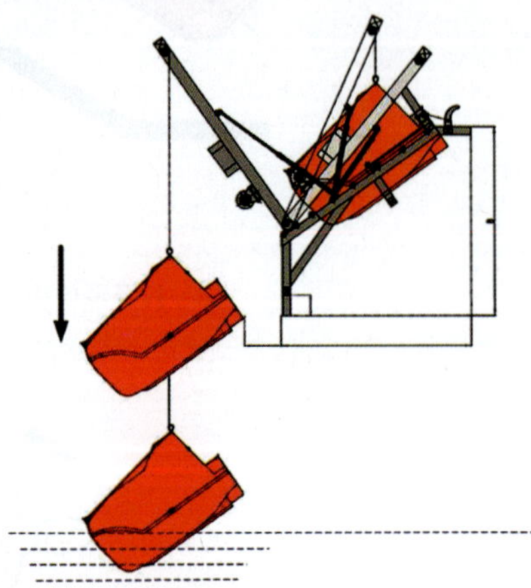

图9-8 起重臂降放救生艇示意图

(7)放艇人员操作控制吊臂的液压手柄,使吊艇臂慢慢被顶推至舷外,救生艇随吊艇的移动也被缓缓送出舷外一定距离。

(8)操作控制吊艇索的液压手柄,慢慢松放吊艇索,使救生艇下降入水。

(9)艇内人员打开救生艇艇门并固定好。

(10)在艇尾座位上的两名艇员,穿好救生衣,走出艇外,将救生艇左右两侧吊环从吊钩上脱下,并存放在吊环座盒内固定好。

(11)艇长启动机器并操纵救生艇靠近大船,放艇人员借助软梯登艇。

(12)全部人员登艇后,操纵救生艇离开船舶,进行海上求生。

利用吊臂进行降放救生艇,有的救生艇在降放操作时,利用遥控装置释放,保证了船员脱离难船的时间,增大了安全保障。

3. 救生艇自由漂浮脱离难船

当船舶下沉或严重倾斜至横倾75°、纵倾20°时,救生艇依靠自由降落入水方式脱离难船将非常困难,采取利用吊臂重力式降放救生艇入水也是不容易做到的。因此,在这种极端困难情况下自由降落入水的救生艇, 增加了一种降放救生艇脱离难船、进行求生的措施,这就是自由漂浮式脱离难船的操作。

自由漂浮是指救生艇筏从下沉中的船舶自动脱开并能够漂浮水面立即可用的降放方法。当发生危险情况,广大船员来不及采取前述两种方法操作救生艇脱离难船,应该立即奔往登艇的集结场所,打开艇的尾门,按顺序登艇,每个艇员登艇后立即在座位坐好,系牢安全带,将自己固定好。艇长检查门窗、出入口确认其密闭。此时船舶下沉,当下沉2~4 m时,在静水压力释放器的作用下,自动脱开救生艇两侧的压艇装置,使救生艇漂浮。由于救生艇的挂钩装置仍然与大船相连,使救生艇形成了艇首朝上,艇尾在下,近似与垂直状态,使救生艇脱离释放钩固定装置,浮于水上。艇内人员也可以根据情况, 适时进行解脱释放钩的操作,使救生艇早些脱离难船浮于水上,进行海上求生(见图9–9)。

另外, 情况特别紧急, 全体船员来不及登艇,应该立即借助救生筏等救生工具离开难船,在其附近漂浮等待。当船舶下沉时,在静水压力的作用下,压艇装置自动打开,救生艇解脱固定索具,自由漂浮起来,达到一定位置,脱离释放钩固定装置,浮出水面。在水中漂浮人员或在其他不方便的救生工具上的人员,接近救生艇,进入艇内,开启机器,驶离难船,进行海上求生。

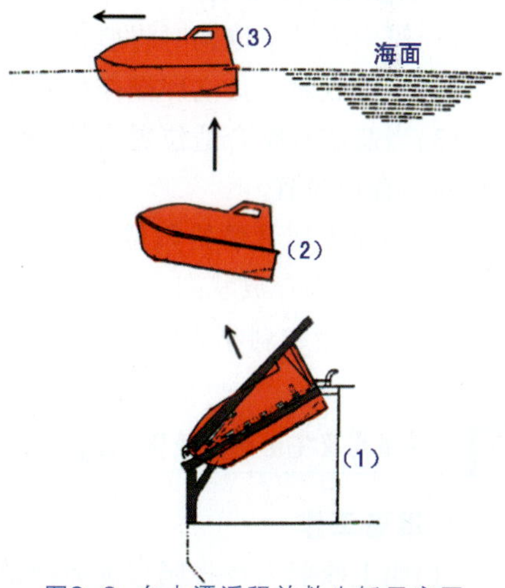

图9–9 自由漂浮释放救生艇示意图

第二节　救生艇的回收操作

要点

回收救生艇、救助艇的操作是船上人员和艇上人员相互协调、配合的一项操作。收艇时，船舶降低船速，把定航向，将收艇一舷调整为下风舷侧。先将艇载的人员送至舷梯或登艇软梯下，艇内除收艇人员外，其他人都顺梯子登船，通常留在艇内3人，一人负责操作机器，另两人负责艇首、尾挂钩及其他操作。

必备知识

一　重力式吊艇架的收艇操作

1. 准备工作

(1)将艇操至准备收艇的吊艇架下，带好艏缆并调整好缆绳，使艇位于吊艇架下，关闭艇机。

(2)船上收艇人员将吊艇钩松放至艇上方，便于艇内人员挂钩操作的合适位置。

2. 收艇的主要工作

(1)艇内人员争取同时将艇首、尾吊艇钩挂好后，向船上人员发出收艇信号。

(2)船上收艇人员立即操作吊艇机将艇吊离水面，继续收艇归复至合适位置。

(3)当艇收到距合适位置大约300 mm时，限位开关启动，关闭吊艇机，这时用手摇柄将艇收回到存放位置。

(4)将艇上属具收拾归位，系好止荡索(限位索)，固定好安全栓，系牢稳索，将艇及一切物件恢复原来存放状态。

(5)轻轻抬起刹车手柄，使吊艇索不受力，但也不要太松垂，将艇搁至在吊架的保险栓上。

二　全封闭式救生艇回收操作

1. 准备工作

(1)船上收艇人员将艇首缆绳抛送水面附近，以备救生艇带缆。

(2)将吊艇索松、降至合适位置，以备救生艇挂钩操作。

(3)艇内人员打开艇首、尾处的舷窗(门)，将艇首固定缆绳的装置打开准备好带缆。

(4)检查并确认首、尾吊艇钩处在适合挂钩的位置。

(5)操艇位于艏缆处，带好艇首缆绳[如果有流(风)，最好先带上流(风)的缆绳]，控制好艇位，艇内人员除负责挂艇操作的3人外，利用软梯或舷梯登船。

(6)艇内进行收艇操作的人员做好收艇、准备挂钩等准备工作。

2. 收艇的主要工作

(1)艇长与负责挂钩操作的两名人员协调,做好脱钩手柄和艇的首、尾吊钩的复位操作。

(2)确认艇的首、尾吊钩已经挂牢到位,联动脱钩操作手柄复位操作正确,静水压力保险销位置合适(在绿色位置中),艇内人员并向船上收艇人员发出信号将艇绞起,关闭艇机。

(3)收艇人员操作吊艇机将艇慢慢吊起离开水面,待吊艇钩吃力,确认无误后,进行挂钩复位操作的人员离开操作位置,关闭艏、艉舷窗(门),将艇吊至与登艇甲板平行。

(4)艇内留3名随艇人员,其余人员登船离艇。

(5)继续将艇吊起至存放位置。艇上人员整理好艇内属具物品,解掉艇首、尾缆绳。

(6)确认艇的脱钩装置、缆绳脱开装置、遥控降放索具都处于合适位置,关好救生艇门窗,离艇。

(7)收艇人员将保险栓、艇稳索及其他属具安装并固定好。

(8)艇长确认艇的存放位置合适,清点人数,收艇操作结束。

3. 联动脱钩操作手柄复位操作

(1)救生艇吊钩复位操作前,脱钩操作手柄在脱钩位置时,在进行复位操作时,最好有3名人员协调操作,一人负责脱钩手柄的调整操作,其余两人分别在艇的首、尾进行吊钩的复位操作。

(2)负责手柄复位操作的人,先拉起操作手柄(图9-10中C)向上大约30°位置。

(3)艇的首尾负责复位的操作人员,将吊钩推回钩吊位置。

(4)负责手柄操作的人,继续将手柄C推回大约60°,使手柄恢复到脱钩前的位置。

(5)将安全销A插进原位,复位操作完毕。

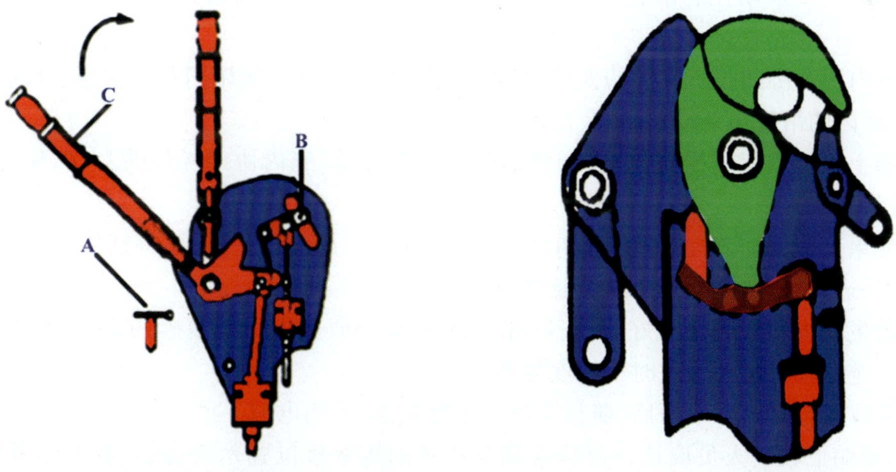

(a) 脱钩手柄复位操作时位置　　(b) 吊艇钩复位操作时吊钩位置

图9-10 救生艇在进行复位操作时示意图

4. 第二种联动脱钩装置的复位操作

(1)负责脱钩手柄操作的艇员,将脱钩手柄向上推回大约30°位置,如图9-11中手柄A的移动方向和位置。

(2)负责挂钩的艇的首、尾艇员,用手将吊钩推至吊升时的位置,立即通知艇内负责脱钩手柄复位操作的人员。

(3)艇内操作人员将脱钩手柄再向上推至大约60°(如图9-11),恢复到脱钩前的位置。如果复位前是应急释放,事先应该将脱钩手柄的保险锁钮打开松放归位。

(4)向上扳动预备脱钩手柄恢复到释放前的位置,将其保险锁钮锁定(如图9-11)。

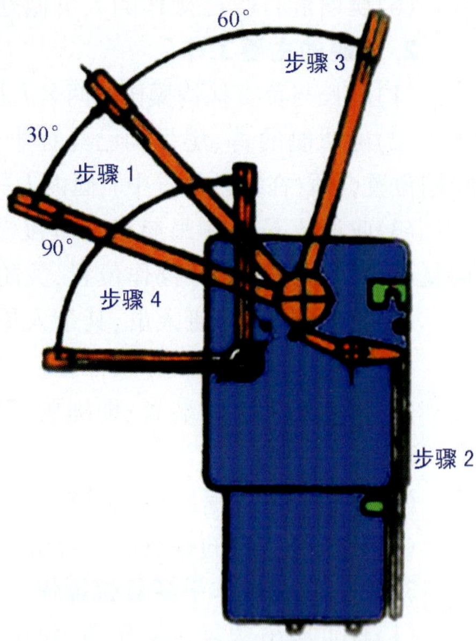

图9-11 联动脱钩操作手柄吊钩复位操作示意图

三 自由降落式救生艇回收操作

自由降落救生艇的降放和存放设施通常在船舶尾部,因此自由降落式救生艇在进行回收操作时,必须借用吊艇臂在船舶尾部水域环境进行收艇操作(见图9-12)。在进行自由降落救生艇回收操作时,首先要将艇内人员送至船舶舷梯或软梯,艇内人员利用舷梯或软梯登船。艇内留下进行收艇操作的人员不能多于4人。

(1)大船顶流、顶风保持航向,减速停车,尽可能使船舶尾部水流相对平稳。

(2)操纵救生艇接近船舶尾部水域,并操纵救生艇使其尾部慢慢接近船舶尾部。

(3)收艇操作人员扳动控制吊臂的液压手柄,将吊臂抛出船舶尾部的舷外合适位置,不可以距离船尾太近。

(4)收艇人员扳动控制吊艇索手柄,松放吊艇索,使横担及两吊钩慢慢接近救生艇尾部。

(5)艇内两个协助收艇操作的人员,必须身穿救生衣。打开艇尾门并固定好,分别将左右两侧吊座内的吊艇吊环取出。

(6)船上进行收艇的操作人员,调整吊艇索位置合适,艇内协助操作的2人抓住时机,争取同时将左右两吊环挂上吊钩。

(7)如果不能同时将左右两钩同时挂好,没有挂上钩的人员一定要特别注意安全,防止横担在一边钩定点时,旋转而发生意外或引起操作的不方便。

(8)救生艇内两侧吊环挂好后,人员进入艇内,船上收艇人员慢慢操纵手柄,使吊艇索逐渐受力,避免救生艇在绞收时大幅度晃动。

(9)绞收救生艇离开水面后,艇长关闭救生艇机器,关闭电源。

(10)船舶上收艇人员应该注意检查固艇装置的压艇板位置是否合适,救生艇滑道左右两侧是否有妨碍物件。

(11)当救生艇绞收位置合适时,松开吊艇索控制手柄,救生艇停止上升,扳动吊艇臂控制手柄,使吊艇臂向舷内回转,救生艇进入滑道。

(12)艇长注意在回收时,将艇内释放钩释放操作手柄操作复位。

(13)当吊艇臂回落至舷内支架上后,操纵吊艇索控制手柄,调整救生艇落入滑道合适位置，将救生艇尾挂钩用链环与释放钩固定装置相连并固定好。

(14)将吊艇钩与艇左右两侧的吊环脱开，分别放入左右两吊座盒内，并插上保险横销固定好。

(15)操作吊艇索控制手柄，将吊艇横担及吊钩位置调整好。

(16)将压艇装置的压艇板调整到合适位置压牢救生艇，并将连接静水压力释放器的快速脱钩固定好。

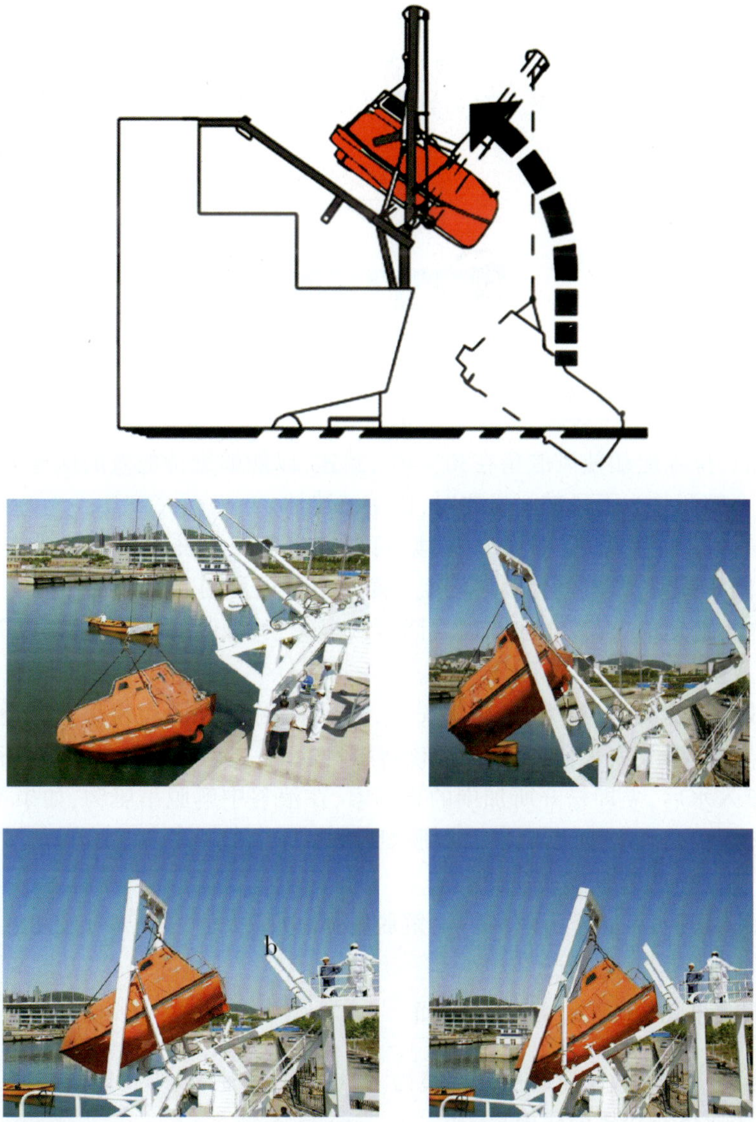

(1) (2) (3) (4)

图9-12 自由降落艇回收操作

第三节　大风浪中降放与回收救生艇、救助艇

要点

在恶劣的条件下，大风浪中进行降放与回收救生艇、救助艇的操作，是一项十分困难的特殊操作，操作不当容易发生事故。因此，平时应该遵照演习规定，加强训练、演习，提高操作技能，保证在恶劣的情况下，能顺利地进行降放与回收操作。掌握在大风浪降放与回收救生艇、救助艇的操作规律，对于保证船舶海上人命安全具有十分重要的意义。

必备知识

一　在大风浪降放救生艇、救助艇的操作

(1)船长操纵船舶使风舷角在30°~40°，减速，以能够维持舵效的航速为宜。把定航向，将放艇的一舷调整为下风舷。必要时，使用镇浪油。

(2)减少救生艇晃荡与船体的碰撞，可以在艇舷与船舷之间安装碰垫，同时在两端吊艇索上加围止荡索，以减轻晃荡的幅度。艇员也可以使用艇篙抵撑。

(3)人员登艇时，可以在艇与船之间拉两根绳索，做临时扶手绳用，以保证艇员登艇时安全。人员登艇后，将艏、艉缆绳带好。

(4)放艇操作时，以稳为主，确保安全，选择大浪过后，海面相对平稳、船体摇摆相对减轻的时机，将艇降放入水，艇入水前应该将艇机启动，艇入水时应该将艇降落在波峰上。

(5)艇入水后，立即松开所加围的止荡索，在浪谷中解脱吊艇钩，如果不能同时解脱两个吊艇钩，可以先解脱艇尾吊钩，再解脱艇首吊钩。实在无法解脱，可以使用太平斧砍断吊艇索。

(6)吊钩解脱后，进车，用外舷舵，解脱缆绳，驶离大船。驶离时应注意安全，避免艇上人员与吊艇钩、艇与船体发生碰撞。

二　在大风浪中回收救生艇、救助艇的操作

(1)船舶将回收救生艇的舷侧调整为下风舷侧，减速，以维持舵效的速度为适宜。备好碰垫以减缓艇体与船体的碰撞。

(2)收艇的船舶把定航向，将吊艇索降放到水面适当高度，再从艇首、尾方向送出两根缆绳。

(3)艇上人员操艇到艏缆位置，带好艇首、尾缆绳，借助缆绳将艇慢慢操纵到两吊艇钩

下方。

(4)松放吊艇钩,艇内人员应该争取同时挂好艇首尾吊钩,最好选择在大船由倾斜一舷回复至正浮时迅速挂钩,尽快在大船向另一舷横倾时启动吊艇机将艇吊离水面,直至将艇完全归位并固定好。

三 在船舶不利纵倾并向任一舷横倾20°时降放艇的操作

SOLAS公约规定,在船舶不利纵倾并向任一舷横倾20°时,救生艇也能安全降放。但是,在这种困难的条件下,进行降放操作是不容易的,尤其是在船舶空载时,就更困难了。为此,我们必须在正常操作的基础上再采取一些措施,以保证安全降放。

1. 在船舶倾斜一舷降放艇的操作

在这种情况下降放艇后,艇与船舶的登艇甲板之间将产生较远的距离,艇员登艇将会非常困难。因此,在放艇前,先安排两人登艇,在艇首、尾、中的合适位置上系好收紧索(拉索),当艇降放接近艇甲板时,船上人员用力拉收紧索(拉索),使艇靠近船舷,系牢收紧索(拉索),船上人员依次登艇后,将收紧索(拉索)解开,慢慢松放至吊艇钩的铅垂线下,再将艇降放至水面。

2. 在船舶倾斜的另一舷降放艇的操作

在这种情况下降放艇,艇体在降放过程中始终与船体接触摩擦,如果降放操作不当,或者船上有伸出物件,将会产生使艇发生倾覆的危险。因此,在艇靠近船舷的一侧,距艇的首、尾约1/4艇长处,预先设置好艇滑板,借助艇滑板沿着大船舷侧进行降放。在降放操作时,一定要控制艇的下降速度,慢慢地降放,使吊艇索始终处于受力的状况,直至将艇松放入水。

第四节 救生艇推进装置的一般要求

要点

救生艇是海船配备的主要救生设备之一,推进装置又是体现救生艇在海上救生中发挥重要作用的主要设施。LSA 规则对救生艇的推进装置提出了比较详细的技术要求。广大的船员应该熟悉这些技术要求,并能熟练地进行机器操作;轮机管理人员更应该全面掌握,便于维修、保养和正常操作使用。推进装置也就是我们常说的艇机。

必备知识

推进装置的主要技术要求有:

(1)艇机应该是压燃式发动机驱动,其燃料的闪点温度必须高于43℃(闭杯试验)。

(2)艇机应该设动力启动系统和手启动系统。如果不设手启动系统,应该设两个独立的可充电的动力启动系统。

(3)艇机应能在-15℃的环境温度中,正确操作启动程序后2 min内启动。

(4)艇机应该能在救生艇离水冷启动后运转不少于5 min。

(5)当救生艇内进水,水浸入曲轴中心线时艇机仍能正常运转。

(6)艇机应该设有推进的正车和倒车装置,螺旋桨应该能从艇机脱开。

(7)艇机排气管的布置应该能够防止水进入正在运转的机器内。

(8)推进系统的布置应该能够保护水中人员的安全,同时能够防止损坏推进设施。

(9)满载时救生艇在静水中前进的速度不少于6 kn,拖带一个满载25人的筏在静水中前进的速度不少于2 kn。

(10)艇内应该有足够供满载时、在静水中以6 kn的前进速度、持续航行24 h的燃油。

(11)艇机及其附属设施应该设有阻止燃烧的罩盖。

(12)应该限制救生艇发动机在运转时产生电磁波的辐射,不至于干扰在艇内使用的无线电设备的正常操作。

(13)在艇内所有设备、设施使用的电池都必须是独立的,可以再次充电的。

(14)艇内应该设具有防水效果的启动和操作艇机的说明。

(15)全封闭式救生艇的艇机应该能够在艇处于任何状态下都能够正常运转,如果艇在倾覆时,艇机自动停止运转;当艇体扶正后,艇机能正常启动、运转。艇在倾覆时其燃油、润滑油从发动机流失量不超过250 mL。

第五节　救生艇的推进装置及操作

要点

救生艇艇机的相关知识;救生艇艇机的操作及应注意的事项。

必备知识

救生艇的推进装置通常是由压燃式四冲程柴油机来提供原动力的(图9-13)。柴油机通过齿轮减速箱来控制艇的进车、倒车、停车,经过尾轴传递到螺旋桨,使其正、反旋转,达到使艇前进、后退或减速。

救生艇的驱动设备——柴油机主要是通过五个系统的构造来达到启动和持续运转功效的。这五个系统的简单构造和工作原理是:

(1)进、排气系统(Supply & Exhaust System)。进气系统是将新鲜空气通过空气滤清器

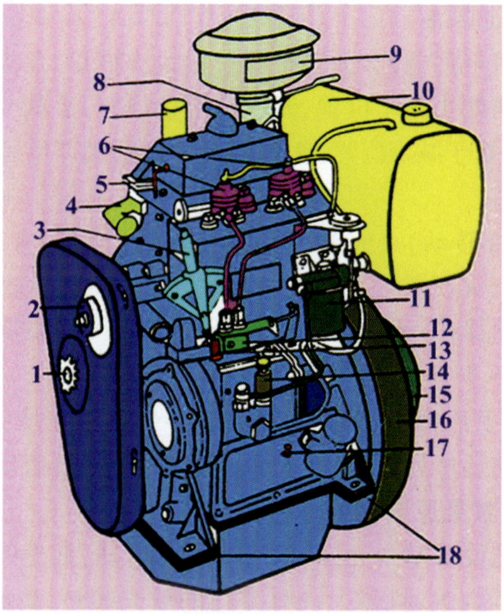

图9–13 机动艇发动机示意图

1—充电发电机；2—冷却水进口；3—调速手柄；4—冷却水出口；5—减压阀；6—喷油器；7—排烟管；8—进排气管；9—空气滤清器；10—燃油器；11—燃油滤清器；12—喷油泵；13—停车手柄；14—手动油泵；15—调速器；16—惯性轮；17—测机油标尺；18—底座

后，送到进气管、经过进气门进入汽缸起到助燃的效果。排气系统是将燃烧后的废气通过排气门、排气(烟)管排出机体外的大气中。

(2)冷却系统(Cooling System)。救生艇用柴油机的冷却系统是开式冷却，借助海水直接冷却机器。通过冷却水泵将海水由海底阀吸入冷却水管，进入冷却水泵，转入滑油冷却器，然后进入缸套，转入汽缸头冷却，最后由排水管(与排气管共用)排出艇体外。

(3)润滑系统(Lubrication System)。艇机的润滑方式为复合润滑(强制加飞溅)，其润滑的过程主要是由油底壳进入滑油泵，转入滑油滤器，进入滑油冷却器，然后至各润滑部位，最后回到油底壳。

(4)燃油系统(Fuel System)。艇机的燃油系统主要由燃油箱作为供油基地，借助输油泵通过油箱阀由供油管进入进油管，经过燃油滤清器过滤，再输入出油管系，进入高压油泵加压，转入高压油路，到达喷油器，进入汽缸汽化燃烧。

(5)启动系统(Starting System)。按照SOLAS公约的要求，救生艇机器应该设有两个独立的自动启动系统。或者设有一个人力手摇启动系统，将艇机处于减压后，通过人力手摇柄的快速转动，达到将艇机点燃启动的目的；另一个是电动启动(自动启动)，是在艇机减压状态下，借助蓄电池电源作为动力，将启动机带动，使艇机点火启动。

二 艇机的启动操作

1. 启动前的检查和准备工作

(1)检查燃油是否足够，抽出油箱标尺，查看标尺上油浸的高度。

(2)检查滑油是否符合要求，抽出标尺，机油在标尺两刻度之间为正常。

(3)打开供机器冷却水的海底阀。

(4)打开油箱阀,保证供油。

(5)接通电启动按钮与蓄电池之间的线路,接线应该正、负极相接正确、牢固。

(6)确认离合器手柄处于停车位置,调速器手柄(油门手柄)放在中间位置。

(7)将减压阀(手柄)置于减压位置,盘车,使艇机的活动部位运转一下,确认是否正常。

2. 启动操作

(1)电启动:按下(或转动)点火开关,待艇机转速增高,将减压手柄(阀)扳至工作位置,确认启动后立即将点火开关松开。如果启动不能完成,应该等待艇机完全处于静止状态后,再进行第二次启动操作。点火开关松开后,不允许立即接通。启动机每次工作时间不应该超过5 s,间隔时间不少于20 s。

(2)手摇启动:装上手摇柄用力转动柴油机,待艇机转速增高后,立即将减压手柄扳至工作位置,这时手摇启动仍然持续转动,不可以中断,待机器启动后抽出手柄即可。

3. 艇机不能启动的常见原因及处理办法

启动操作正确,设施设备基本无误,却不能正常启动,常见的故障及处理方法如下:

(1)燃油系统进入了空气:机器上设有专门的放气螺钉,将此螺钉拧开,用手动泵将油路中的空气排出后,再拧紧螺钉重新启动。

(2)喷油嘴不喷油:检查燃油滤清器或燃油系统是否堵塞,燃油中是否有水。

(3)压缩不够:由于进气、排气阀或缸内活塞密封不好。

(4)环境温度低:机体较凉,可以使用冷启动液或对机体加温。使用冷启动液时,在进气管上方的油杯内加入2~3 g冷启动液。

(5)燃油的标号与环境温度不符,采取换油的方法。

二 艇机运行时的主要操作

(1)艇机在启动后,刚开始航行时一定要低速运转5~10 min,以达到对艇机逐渐润滑加热的效果,避免对艇机内部产生损伤。

(2)在低速运转航行时,注意核查仪表盘上的数据是否符合正常要求。

(3)注意检查高压油泵、曲拐箱和离合器的滑油变化量是否正常。

(4)检查冷却水的排出量、排烟温度和排出量是否正常,如果不正常,必要时则应该停车检查,纠正异常后再继续航行。

(5)要经常注意曲拐箱道门缸体的温度,如果过热应该及时解决。

(6)艇在航行时,要注意艇的周围是否有漂浮物,避免缠绕螺旋桨。

三 停机时的主要操作

(1)正常停车前,要逐渐调节油门减少供油量,使机器的转数缓慢地降下来,通常慢速运转3~5 min后再进行停车操作,将离合器操作手柄扳至“停车”位置。

(2)“完车”后,关闭燃油阀,切断电源,最后关闭海底阀。

(3)停机后,如果环境温度在0℃以下时,则应该打开机器的放水开关,将冷却水全部放掉。

四 全封闭救生艇艇机的启动操作

全封闭救生艇的主机启动系统,采用两套各自独立的电启动系统,电源由两组独立的蓄电池供给，其中一套为主启动系统，另一套为应急启动系统。

艇内装有一个不锈钢燃油箱，其容量足够供应救生艇在载足全部额定乘员和属具时，在静水中以6 kn航速航行持续不少于24 h。全封闭救生艇主机启动操作的主要操作旋钮都设在驾驶台仪表盘(Control Desk)上(图9-14)。

图9-14 全封闭艇艇机操作面板示意图

全封闭救生艇主机启动步骤：

(1)打开电源开关，电源指示灯亮，提示器鸣响。

(2)将主机控制手柄(操纵手柄)放置空挡位置(即中间位置)。

(3)当环境温度较低时，启动开关先转置预热位置(操作旋钮位1)，预热指示灯亮，10~20 s预热时间。

(4)然后将启动开关转至启动位置(操作旋位2)，主机启动。

(5)主机启动后，手立即松开启动开关，启动开关自动返回初始位置(操作旋扭位0)，指示灯灭，提示器鸣响停。

(6)在电池正常状态下，如果在15 s内主机不能启动，应松开启动开关，检查原因，确定原因后再启动。

(7)两次启动间隔时间不能少于15 s，以便于主机冷却，保护启动系统和主机运转。

(8)如果主启动电源不足，则更换第二组启动，更换时只需转动操作盘上另一电源开关即可，操作步骤相同。

(9)如果寒冷天气，温度约在-10℃以下时，预热时间应持续在30 s以上，开动启动开关达1 min内，以便于启动机器。

(10)主机启动后，指示灯仍未熄灭，应立即停止运转，寻找原因，故障确定后再次启动操作。

主机启动后，操纵主机控制手柄向前(或向后)，使救生艇开始前进(或后退)，先慢速运转操纵，同时，检查一下仪表盘及机器各部位是否正常，如果运转正常，再逐渐加速，以便于保证机器安全运行。如果救生艇操纵中需要正常停车，应该先将主机控制手柄操作置于中间位置(空挡位置)，使主机空转约2 min，以便于达到冷却机器的目的，再按停车旋扭停车。

第六节　空气维持系统与喷水防火系统

要点

全封闭救生艇配备空气维持系统，这个系统的特点及操作是需要掌握的。救生艇喷水防火系统的特性及操作。

必备知识

一　空气维持系统

全封闭救生艇配备的空气维持系统主要是由几个容积大约在45 L左右、20 MPa的高压空气瓶供气，具体每个艇上需要配几个和多大容积的空气瓶、必须满足规则中的要求：全封闭式救生艇在所有进口和开口均关闭的情况下航行时，救生艇内的空气保持安全和适宜于呼吸，并且救生艇的发动机正常运转时间不少于10 min，同时救生艇内的气压不得低于艇外的大气压，也不得高于艇外大气压20 hPa。

高压空气瓶经过集气管，再通过高压软管到达救生艇驾驶台右侧上方的压力调节器上，该调解器在救生艇配给船上使用时，已经按供气需要进行了调解。平时应该标有警示标志，不得随意调节和乱动，避免无意中做出错误的调节，满足不了应急的要求和使用，造成更大的伤害。如果确实需要调节，一般的情况下，可以按照下列步骤进行：

(1)关闭出气阀。

(2)打开空气瓶开关阀。

(3)注意观察系统中供气的低压表，使用螺丝刀慢慢转动压力调节其下端附有的调节螺母，并注意使压力表的读数达到20 hPa，即为调节好了。

当救生艇位置处在一片火海或者有严重危险气体的海面时，艇长应该打开低压放气阀，启用空气维持系统，加速离开有危险的区域，以确保海上求生人员的安全。

供气阀系统如图9-15所示。

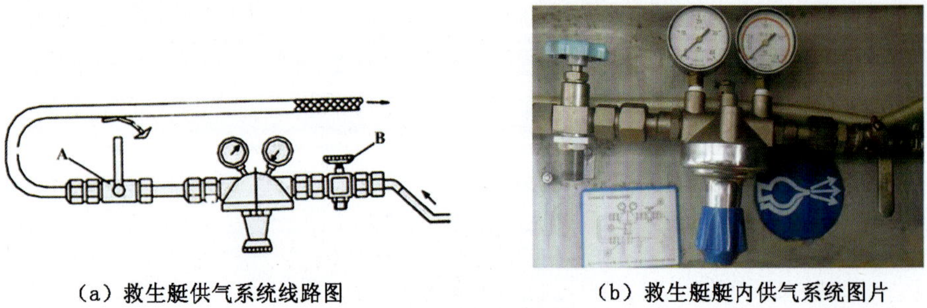

(a) 救生艇供气系统线路图　　(b) 救生艇艇内供气系统图片

图9-15　供气阀系统

在定期检查与保养时，发现供气系统的高压表压力读数低于19 MPa时，则应该及时向空气瓶充气，高压表压力读数达到20 MPa时，就可以停止操作。

二 喷水防火系统

救生艇的喷(洒)水防火系统是用自吸式电动泵从海里抽水，为救生艇的喷(洒)水防火系统供水(图9–16)。在救生艇驾驶台前方设有一个操作手柄，通过软轴来控制喷(洒)水系统的操作，一般情况下进水阀设在机舱前部龙骨处，喷(洒)水系统在救生艇顶棚外侧左、右两边设有喷水管，完成对救生艇上半部的洒水降温防火的效果(另外，在自由降落救生艇的两侧滑道内还设有凹进去的喷水槽，对救生艇下部实施洒水)。

图9–16 全封闭救生艇防火喷水系统

喷水自吸式电动泵是由救生艇发动机直接带动，该水泵在救生艇位于水中时，可以持续空转，但是在救生艇离水的情况下，水泵空转不允许超过10 min。

在驾驶台顶部的喷水管系中设有淡水冲洗孔。每次喷水试验后，都必须使用淡水对整个管系进行冲洗，冲洗的时间不少于2 min，冲洗艇所使用的淡水，可以使用软管外接淡水源(母船或陆上的)。

喷水管系中的各个喷嘴角度可以调节，必要时可以进行调解以保证喷(洒)水的防范效果。

第十章 救生艇的操纵

正确地对救生艇进行操纵，对于海上求生，战胜各种各样的困难，将起到一个积极的保障作用。救生艇操纵是每一位船员都必须掌握的航海专业技能。

第一节 一般情况下的航行操纵

要点

救生艇的正常航行，是指在正常情况下通过车（艇机）来控制救生艇保持位置和进行位移，通过舵来保持航向和改变航向的操作航行。

必备知识

一 操舵口令及操舵

(1)正舵：舵工操舵使舵叶面与艇首尾线在一条直线上，导管舵其轴心线也与艇首尾线在一条直线上。

(2)右（左）舵一点：扳动舵轮（或操舵手柄）使舵叶面或导管舵的轴心线与艇的首尾线为向右（左）大约10°的夹角。

(3)右（左）舵：操舵使舵叶面或导管舵的轴心线与艇首尾线为向右（左）大约20°的夹角。

(4)右（左）满舵：操舵使舵叶面或导管舵的轴心线与艇首尾线为向右（左）大约30°的夹角。

(5)把定:操舵使罗经基线对准所指定的航向,或将艇首对准一个目标保持不变的航向。

二 操车(操作艇机)口令及操车

(1)进车:将离合器手柄(或离合器操纵杆)向前推到进车位置。

(2)倒车:将离合器手柄(或离合器操纵杆)向后推到后退位置。

(3)停车:将离合器手柄(或离合器操纵杆)放置中间停车位置。

(4)完车:将艇机的完车开关打开,机器运作全部停止。

(5)稍加(减)油门:将调速器增加(或减少)两格,或者将操作手柄推至微速前进(后退)的位置。

(6)加(减)油门:将调速器增加(或减少)四格,或者将操作手柄推至中速前进(后退)的位置。

(7)加大油门:将调速器增加六格或推至机器允许的最大速度,将操作手柄推至全速的位置。

三 艇用罗经及使用

LSA规则规定:救生艇内要配备具有发光剂或夜间照明的操舵罗经一只,在全封闭救生艇中,该罗经应该固定在操舵位置,必要时给该罗经配备一个罗经柜和固定的支架装置。该罗经的罗盘直径应该不小于50 mm。罗经盘度数的表示方法主要是"圆周法",即000°~360°,这种表示方法简单易读,读取也比较精确。其次还有一种"罗经点"表示法,也就是将罗经盘面分成32点,每点是11度15分(11.25°),这种方法读取起来比较粗略,也不太习惯。在使用罗经时应该注意,将罗经安放在操舵者面前,使罗经基线与艇的首尾线保持一致,如果不能保持一致,至少应该保持平行。才能在罗经上正确的读取救生艇首所指航向的度数。固定在操舵位置的罗经,在安装时已经考虑到正确使用罗经的事项。

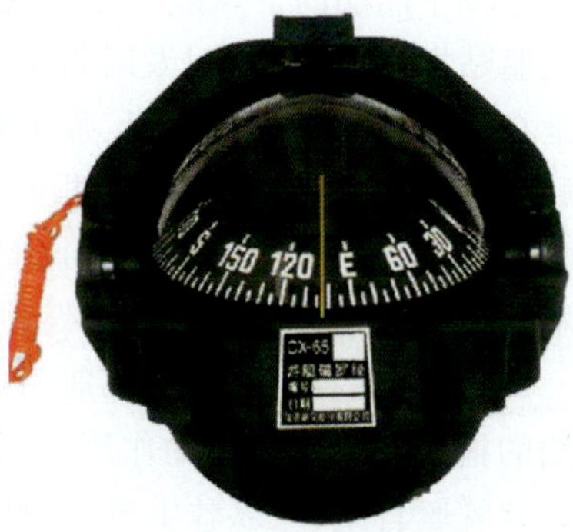

图10-1 救生艇用罗经

广大船员应该熟悉救生艇操纵时的操作口令,明确操作口令的意义,平时注意加强训练,在训练中达到能够正确地按照所指定的航向航行、转向、变速和保持接近物标的操作技能,在训练中做到熟练、协调、实用和高度的统一。

四 救生艇的靠离操纵

救生艇的靠离操纵是一项专业性较强的航海技能。虽然救生艇规格小,方便灵活,便于掌控,但是,如果操纵不熟练,救生艇失去控制也将会造成比较恶劣的后果。这是海上求生中一个非常重要的技能操作。

1. 靠离泊位

在准备靠离码头泊位时,应该选择有足够的旋回水域,便于靠离操纵的靠泊位置,方便于艇员登离艇的进行,有系解缆绳的地方,如果停泊时间稍长,还应该考虑泊位及其附近风、流对艇的影响等因素。

靠泊时通常采用顶流靠，便于控制艇速、保持艇位和保持舵效；如果风的作用大于流的效果，则采用顶风靠。在进入泊位前，要先摆好艇与泊位的交角，正常情况下，采用的靠拢角为30°~40°，沿着这样的一个航向慢速前进，在艇位、艇速、靠拢角完全可控的情况下，操纵救生艇接近靠泊点；如果在操作时受风浪影响较大，应该适当调整靠拢角，当受吹开风（风从泊位垂直吹向艇）影响时，靠拢角可以适当减少10°左右，当受吹拢风（风从海上吹艇向泊位方向）影响时，靠拢角可以适当的增加10°左右，还应该特别注意避免艇与码头的碰撞。在接近泊位时，要控制好艇的余速，艇的一般速度的冲程为艇长的3~4倍。当艇接近泊位时，少用倒车，控制好艇速、艇位，在艇没有前进余速时，利用艇的钩篙、或者直接带好艇首缆绳，控制好艇与泊位之间的距离，防止发生艇与码头泊位间相撞的事故。系缆时要注意潮汐的变化，留有足够长的缆绳，并要系牢、易解。有风浪影响时，还要在艇的舷外放置碰垫。

离泊时，艇长确认全部艇员回艇，艇首人员备好钩篙，解掉缆绳后，用钩篙将艇撑开一段距离后，用外舷舵，稍进车，离开码头泊位。在进行离泊操作时，要注意考虑风流对离泊操作的影响，同时注意艇与他船或其他障碍物的间距，注意离泊操纵的安全，必要时艇首安排一个瞭头人员，协助操作。

2. 靠离航行中的船舶

救生艇靠航行中的船舶，一般情况下被靠船舶应该操纵大船减速或停车淌航，使来靠救生艇位于船舶的下风舷侧船首的前方。操纵救生艇与大船保持平行航行，以小舵角慢慢向大船贴靠。接近大船时及时带上艇首缆，使艇靠上大船。注意防止艇被压入大船船尾，特别是在大风浪中操作救生艇，靠上航行中的船舶是比较困难的，操作不当就有可能造成危险局面。因此，在操作时，必须根据当时的具体情况，正确的判断风浪和船舶航速对操作的影响因素，谨慎驾驶，灵活地掌握艇的动态，坚决杜绝艇被压入大船船尾的失误操作，并注意不能操艇横过大船船头或在驾驶台盲区内航行。

离航行中的船舶，在全部艇员归位并准备好后，操外舷舵，救生艇利用艇首缆绳，借助船舶的拖力和本身舵力的作用效果，与船舶偏离一段距离，偏离角应该大一些，启动艇机，及时解脱艇首缆，操纵救生艇小角度快速离开大船。

3. 靠离锚泊船的舷梯

锚泊中的船舶，在有风流的水域，一般情况下船首都是迎着风流的，操纵救生艇从大船的船尾接近舷梯，也就是顶风流靠泊操作，摆好艇与船舶的交角，控制好艇速，及时停车，掌握好冲程，艇首人员及时地使用钩篙钩住舷梯，必要时带上缆绳，艇上人员及时地离艇、登船（或者船上人员离船登艇）。风浪大时，人员上、下舷梯比较危险，艇随风浪上下晃动，艇与舷梯之间的高度变化比较大，一定要保证人员的安全，同时注意避免艇与舷梯的碰撞，防止艇被压入舷梯下。必要时用微速进车控制艇位。

离舷梯时，应该注意风流的作用，用钩篙抵撑，使艇离开舷梯一段距离，进车、用舵、及时解脱缆绳，离开停靠的船舶。风浪大或水流急时，采取进车，从船中部附近离开，避免救生艇被压下船尾。

第二节 救生艇在大风浪中的操纵

要点

在大风浪中操纵救生艇是具有一定危险性的特殊操作，特别是救生艇在横浪中航行，危险系数将更大，一旦艇的摇摆周期与波浪的周期发生共振，艇就有倾覆的危险。在大风浪中，如果采取顶风浪航行，由于救生艇的机器功率不大，顶不住风浪，救生艇很容易被风浪打压成横浪状态，再加上救生艇的长度较小，压不住风浪，很容易像皮球一样，被风浪压入波谷，再抛起至波峰，而且越来越严重，特别危险。如果采取顺浪航行，其结果与顶浪航行相似，只不过风浪从艇尾上来。

必备知识

根据广大海员的实践经验，在大风浪中航行应该注意采取如下操纵方法。

一 利用偏顶、滞航的操纵方法

在大风浪中航行，应该采用救生艇艇首舷与风浪方向呈20°~30°的夹角，这种状态航行，可以减轻风浪对救生艇的冲击。在操作时要注意始终用车保持舵效，因为在大风浪的作用下，会将艇首压向下风浪方向，很快形成横向受风的状态，因此，艇首稍有偏向下风的趋势，立即用舵纠正艇首方向，始终保持艇首舷与风浪呈20°~30°的夹角。为了确保救生艇的安全，可以使用维持舵效的车速，不必强求操艇前进或后退，必要时，可以施放海锚或撒镇浪油来协助救生艇处于滞航状态，以保证救生艇的安全。等待风浪过后，再考虑航行及其他的事项。

二 大风浪中的掉头操纵

在大风浪中进行救生艇掉头操纵，是一项要求航海专业技术掌握比较高的操作技能。因为当艇身转至横浪时，艇因为回转，艇体所产生的外倾与风浪的方向一致，很容易导致艇的倾覆。在风浪中必须采取掉头操纵时，一定要掌握好时机，措施得当，以保证艇的安全。

(1)选择好时机：任何海面的风浪都是有规律的，总是几个大浪过后跟着几个小浪，小浪过后，第二个大浪来临之前，海面相对比较平静，要选择这个时机，用舵转向进行掉头操纵。

(2)在开始转向时，要采用小舵角、慢速，逐步转向，避免大舵角、快速引起艇体大的横倾，造成不必要的危险。

(3)当艇体转至横浪后，应该用大舵角、快速操艇由顺浪转向顶浪。

(4)在大风浪中不宜采用倒车，以免损坏车叶。

(5)如果操纵失误，切勿强行掉头，保证艇处于安全位置，再次选择恰当时机进行掉头操作。

(6)必要时可以撒镇浪油,以减轻风浪的作用力。

三 撒镇浪油

在大风浪海面操作,为了暂时减弱救生艇周围的浪势,可以撒镇浪油,特别是在深水中效果更好。在撒镇浪油时,将镇浪油灌入布油袋封好后,抛入救生艇的上风浪舷侧(与海锚同时使用效果更好),使油能在艇体周围漫撒,形成一条油带,以减轻波浪对艇体的作用效果。镇浪油使用植物油和动物油效果较好,如果没有,可以使用机油,慢撒大约200L机油,可以在5 000m²的范围内起到较好的镇浪效果。

四 向遇难船派出救生艇

船舶在海上航行,当接到附近海域有船舶发出的遇难求救信号,或者发现在附近海面有遇难船舶,有责任前往救助。在救助船靠近遇难船舶时,救助船应该操纵本船从上风侧接近遇难船舶,将难船放在本船体所造成的下风浪舷侧、一个相对的静浪区域内,这时从本船的下风舷侧降落救生艇,迅速操纵救生艇驶向难船的下风舷侧靠近,将遇难船的船员救回艇内,然后返回本船下风舷侧,利用舷梯、软梯、救生网等器材设施登船。

操纵救生艇接近无动力船舶时,应该注意不能够从难船的下风舷侧接近,最好在难船的上风舷侧接近,用慢车顶靠难船,将人员救出难船。否则,将会造成救生艇被难船惯性移动压向下风侧而脱离不开的被动局面。

五 操纵救生艇接近海面漂浮的遇难人员

在海上漂浮的遇难人员有两种情况,一种是身穿救生衣的漂浮人员,另一种是没有穿救生衣的漂浮人员。在操纵救生艇救助落水人员时,应该迅速地操艇前往落水者水域,在接近落水者时,一定要注意从落水者的下风流方向接近,并在适当距离停车,避免救生艇撞压到落水人员,用艇体来堵截落水者。如果落水者有活动能力,可以将救生环抛向落水者,落水者抓住救生环后,艇内人员拉救生环的拉索,使落水者接近救生艇,艇内人员协助被救助人员登艇。对于失去知觉的人员,艇上救助人员最好穿好救生服下水进行救助,全体救助人员集体协助遇难人员登艇,在救助过程中对于负伤人员,应该注意避免碰其伤口。

如果落水者没有穿救生衣,救助人员最好先迅速地将救生圈或其他救生物品抛向落水者,再操纵救生艇进行救助。在晚间进行救助时,救生艇还要注意备好并使用探照灯,加强搜寻的能力,以确保救助顺利进行。

第三节 救生艇抢滩登陆

要点

在海上求生的过程中，如果发现了岛屿，只要岛屿上有生存的条件，就要操纵救生艇抢滩登岛，进行荒岛求生。抢滩操作，在风平浪静中也不是一个简单的操作，如果事先不了解情况和准备不充分，就盲目地进行抢滩操作，抢滩操作的技能又操作不当，就可能造成抢滩操作失败，甚至导致海上求生的整体失败。

必备知识

因此，在进行抢滩操作前一定要做好比较充分的准备工作。

(1)选择好抢滩的时机。一般情况下，应该选择白天、高潮时、下风、流缓处、泥沙底质、浅滩坡度小，水中无障碍物的地点抢滩登陆。

(2)操纵救生艇抢滩操作时，一定要始终控制艇体与波浪垂直，艇首直接冲向岸滩。因为机动艇的艇体在构造上行成艇的形体整流效果较好(艏艉两头尖形)。

(3)当操纵救生艇距岸最近距离时，借助艇体被浪抬起的一瞬间，立即加大速度使艇体尽可能多地被搁置在岸滩上。

(4)艇体坐上岸滩后，艇员先不要离开救生艇，集中在艇座浅的部位压实，让艇搁住。待浪稍退时迅速离艇，同时避免艇体被浪打翻，造成人员伤亡。

(5)艇上人员离艇后，要想办法将艇系固住，保护艇的安全，维护艇体及属具的安全可用，以备再用。

抢滩登陆的操作一旦失败，就可能会造成求生者丧失求生的意志，放弃求生的愿望，将会给海上求生造成彻底的失败。因此，在抢滩操作中稳、准是关键。近些年来一些海上求生人员，在抢滩操作上又有了新的方法：

(1)操艇接近岸边，稳住艇体，必要时在艇尾抛下海锚，选派一个身体相对强壮的人员，备好一根绳子，将绳子的一端系在艇上，拉着绳子游到岛上，在岛上将绳子的另一端系牢在一棵树上或陆地上比较牢固的地方，然后通知艇上人员，艇上人员一起拉着绳子，控制艇慢慢接近陆地。这样的抢滩操作使艇比较稳当的登陆，减少了危险因素。

(2)有时候即使救生艇靠近岸边，也不一定能登上陆地，特别是有海陆风存在时，白天，风从海上吹向陆地，晚上，风从陆地吹向海洋。如果不注意这些因素，救生艇(筏)会被风或海流推离海岸。因此，我们应该借助这个条件，在早上收回海锚，借助风力使艇筏漂近陆地，晚上；抛出海锚减缓艇漂离岸边的速度。

(3)在进行救生艇抢滩登陆操作时，一定要注意防止艇体在接近岸边的一瞬间被风浪将艇体打横，避免救生艇倾覆事故的发生。

第四节　划(荡)桨

要点

划桨是传统的航海技能,在现代航海技能操作中,虽然使用的时机不多,但是,在救生艇操作中却起着十分重要的作用,也是锻炼广大海员坚定意志,增强求生信心,加强应急应变能力所需要学习、掌握的一种传统技能。划桨是借助人力推动救生艇前进的动力,由于具有一定的可靠性,在海上求生中起着比较重要的作用。

必备知识

一　艇员座位的分配

划桨时,为了保证救生艇操作的正确实施,更好地落实海上求生的应急措施,合理、确切地发挥每一位艇员的优势,方便于艇员座位的分配,通常将救生艇艇员座位编成号码,以右舷为单数,左舷为双数,从艇首至艇尾,依次编号。艇员又有领桨手(尾桨手)、头桨手、中间桨手、舵手之分。以12桨艇为例,领桨(尾桨)手为11、12号艇员、头桨手为1、2号艇员、其余为中间桨手,领桨手一般选择划桨技术最好、体力较强的艇员,头桨手选择动作灵活、划桨技术好的艇员,其余的艇员为中间桨手。舵手是独立的,应由头脑灵活、掌控全面、应变能力强的艇员担当。

划桨时,要求桨手的动作及用力要一致,划桨的速度要均匀,否则,将会造成艇首左右摆动,艇首不能稳定,操舵也不能较好地纠正。划桨时,全体桨手应该向领桨手看齐,使全艇人员划桨动作协调、频率和幅度一致,用最小的力获得最快的艇速。

二　艇内属具的放置

艇内属具有次序的正确放置,有利于很好地完成操艇的任务,避免在应急应变中造成混乱。

(1)桨的放置:为了操作的方便,桨放置在艇的左右两舷边,桨叶朝向艇首,桨与艇的首尾平行,桨叶搭靠在一起,桨柄不应该超越领桨手的座板,头桨手使用的桨放置在最靠近舷边的位置,其余的桨依次排列,方便于拿桨操作。

(2)艇篙的放置:艇篙应该放置在艇的中间,与艇的首尾平行,艇篙的头朝向艇首,垂直搭放在各艇手座板的中间。

(3)缆绳:艇的首尾缆绳在不用时,分别整齐地盘放在艇首尾的花板上,既方便于及时的使用,又不妨碍其他的操作。

(4)舵柄:平时放在艇尾座板的下面,操作时能够及时地取出,插入舵柱上方便使用。

三 登、离艇及注意事项

艇员的登、离艇次序，原则上是为了避免艇员在登、离艇时。产生混乱，防止艇员在登、离艇过程中产生相互碰撞的现象，保证艇员在登、离艇的过程中依次走到底，不用掉头横穿。在艇首靠泊时，艇长、舵手先登艇，然后从领桨手开始，依编号的反顺序(由大号向小号)登艇。艇尾靠泊时，从头桨手开始按编号顺序依次登艇，最后艇长、舵手登艇。艇的舷侧靠泊时，右舷的艇员按编号的反顺序从艇首登艇，左舷的艇员按编号的顺序从艇尾登艇，艇长、舵手最后登艇。离艇的次序是登艇时相反的顺序。艇员在登、离艇时应该注意：

(1)艇员在登离艇时，不可用蹦跳的方式，脚不可以踏在舷缘、座板以及放置在艇内的物件上。

(2)坐在座板上，面向艇尾，保持正直、自然状态，身体的任何部位不得伸出艇外。

(3)艇员不得随意坐在非排定的位置上，不得随意躺卧，服从艇长的指挥，按照分工的要求来履行职责。

四 划(荡)桨的口令和动作

艇靠泊在大船舷、码头边，在准备划桨时，艇长下令解掉缆绳，将艇撑开，头桨手用钩篙抵撑在大船(或码头)上，用力将艇迅速撑开一定的距离，以便于划桨操作，其余的艇员收进碰垫。艇长发出划桨的操作口令，艇员们听到口令后，应该坚决执行，操作动作迅速、整齐，与领桨手看齐。

(1)预备用桨(出桨)：从领桨手开始按座位顺序依次拿桨。各桨手上体半面转向舷外，以内舷手握住桨柄末端向下压、外舷手肘部向上托起桨柄，把桨放在靠桨门(桨叉)附近的舷缘上。在出桨时，同一舷边的桨手前后位置可以相互协助，以便于迅速、有序地进行出桨动作。预备桨后，桨叶与水面平行，桨柄与艇缘同高，桨与桨之间的距离相等。桨手的眼睛注视着自己的桨叶。

(2)放桨：各桨手一齐用内舷手用力下压桨握柄，用外舷手的肘部把桨抬起放进自己的桨门(桨叉)内。外舷手改握桨柄，两手与肩同宽，身体转正，面向艇长，坐在座板上约1/3宽处，两脚掌中心自然踏在脚蹬板上，与肩同宽，两膝微屈，外舷手肘部压住桨杆，并向领桨手看齐，握桨手大拇指与其他四指分开握桨，两手掌心向下(正握)，如图10-2(a)所示，或一手掌心向下、另一只手(内舷手)掌心向上(反握)握桨，如图10-2(b)所示。桨成水平状

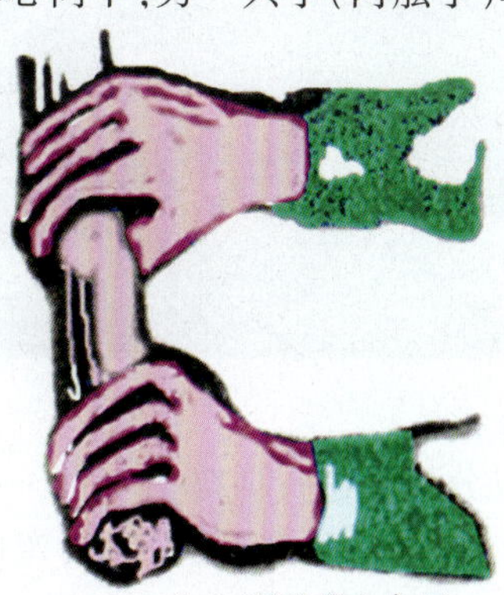
(a) 两手掌心向下

(b) 一手向下另一手向上

图10-2 放桨示意图

态，桨叶与水面平行，两眼注视前方。

(3)桨向前：当桨手听到“桨向前”的口令后，上体迅速地尽量向前倾，双腿微曲，两手将桨柄推向艇尾方向，两臂伸直。在推桨过程中两手同时转桨，使桨叶与水面呈35°~45°角，桨叶与水面距离20~30 cm，有波浪时桨叶适当提高。

(4)一起划（荡）：各桨手听到口令后，向领桨手看齐，一齐将桨叶的1/2~2/3插入水中，同时上体向后仰倒，两臂保持伸直，两脚紧蹬踏板，直到两腿伸直，带动双臂拉桨，两手向外转动桨柄，使桨叶始终以最大阻力面对水，当上体后倾至最大限度时，两臂开始弯曲、收腹、上臂夹紧，随即转桨，掌心朝前，同时用力压桨柄，使桨叶迅速出水，并借此力使身体坐起，随即将桨叶转成水平并将桨叶推向艇首，形成听到“桨向前”口令时的姿势。这样周而复始循环地进行划桨的操作，如图10–3所示。

在训练时，可以将“桨向前”、“一起划”的动作要领在分解练习的基础上，进行连续动作的训练，在练习时应该注意：

①桨叶在划水时应该与水面垂直，桨叶划水的运行轨迹应该与水面成平行的直线。第一桨不要用力过大，避免把桨拉断。

②桨叶划水应该保持一定的弧度，该弧度在80°~90°角。正横的前半弧为50°~55°角，后半弧度为30°~35°角。

③回桨时桨叶的轨迹应该贴近水面与舷缘同高，这样桨叶运行的路程短，空气阻力小，可以节省体力。

④在划桨的一个连续动作接近结束时，两臂应该用力，迅速收腹，下压桨柄，使桨叶迅速出水。

⑤当连续动作训练熟练后，可以进行快速划桨训练，快速划桨时，大约每桨划水弧距约在1.5 m以上，每分钟必须划26桨以上，以便于适应应急时的需要。

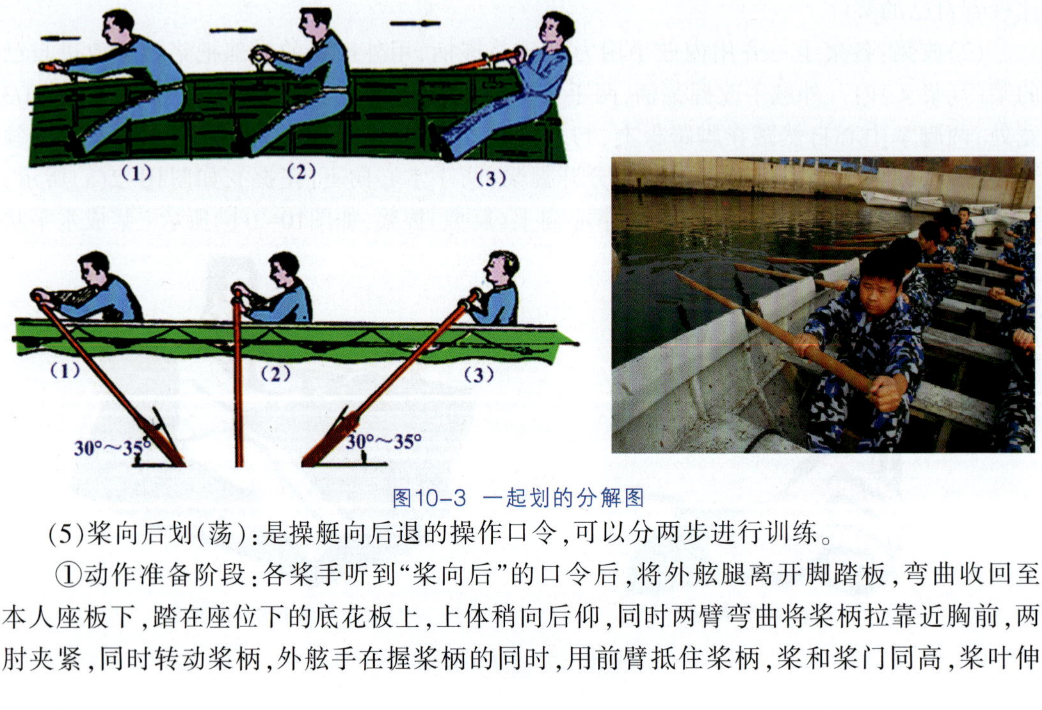

图10–3 一起划的分解图

(5)桨向后划（荡）：是操艇向后退的操作口令，可以分两步进行训练。

①动作准备阶段：各桨手听到“桨向后”的口令后，将外舷腿离开脚踏板，弯曲收回至本人座板下，踏在座位下的底花板上，上体稍向后仰，同时两臂弯曲将桨柄拉靠近胸前，两肘夹紧，同时转动桨柄，外舷手在握桨柄的同时，用前臂抵住桨柄，桨和桨门同高，桨叶伸

向艇尾，距水面20~30 cm，并与水面约呈45°角，眼睛注视着自己的桨叶。

②桨向后划（见图10-4）：在上述准备阶段的基础上，在听到“划（或荡）”的口令后，各桨手迅速稍提桨柄，使桨叶1/3入水，随即以外舷腿用力支撑，协助上体向前倾，双臂用力推桨，直至两臂推直，将桨柄推向艇尾（推桨同时要注意控制桨叶与水面形成最大的推力效果），到最大限度时，压桨柄使桨叶出水。分解动作熟练后，可以进行联续动作的训练。训练时要注意：各桨手一定要向领桨手看齐，避免桨叶相互碰撞，相互干扰操作；在推桨时，注意前面座位桨手的动作，避免桨柄碰打前面桨手的背部。

图10-4 一起退分解示意图

(6)左进右退（右进左退）：在需要迅速的向右（左）转向，减小旋回圈的时候，艇长下达口令时，舵手首先操右舵（将舵柄推向左舷），左舷桨手桨向前，右舷桨手桨向后，一齐划（荡）。右进左退时，左右舷动作相反，舵手首先操左舵（将舵柄推向右舷）。

(7)桨挡水（见图10-5）：主要是将艇的前进速度迅速减慢，直至艇完全停止。听到口令后，各桨手立即停止原来的划桨动作，并将桨叶移到艇的正横位置，同时外舷腿退出原先的脚踏板位置，弯曲收回踏到本人座位底下的底花板上，两腿用力支撑，上体稍向前倾，两臂弯曲，两肘夹紧，外舷手前臂配合抵住桨柄，胸部顶住外舷手前臂，同时收腹，并转桨叶与水面呈45°角，桨叶三分之一入水，当艇速稍有减慢后，逐渐增大桨叶入水的深度，并逐渐转动桨叶与水面约呈90°角。

图10-5 桨挡水示意图

(8)顺桨（见图10-6）：艇在前进中通过狭窄水道，为了避免桨叶碰撞两侧附近的物体，艇长下达“顺桨”的口令，桨手听到口令后，把最后一个动作做完后，迅速地把桨抬起，使桨离开桨门，同时用外舷手握住桨握柄，肘关节靠在艇缘上，身体移向舷边坐好，使桨叶垂直水面并紧靠艇缘，内舷手经胸前握撑在本人坐板的外侧，艇则顺着惯性前进，桨漂向艇尾。注意在操作时，不要失手将桨滑落水中。

(9)平桨（见图10-7）：要结束正在进行的划桨动作、变换划桨的动作或者纠正桨手不

图10-6 顺桨示意图

正确的动作或稍做休息时使用。桨手听到口令后,停止原来的动作,上体保持正坐的姿势,两手握住桨柄,使桨杆垂直于艇的首尾线与艇缘约同高,桨叶与水面平行。

(10)立桨(见图10-8):立桨的动作用于通过狭窄水道、避让障碍物、表示敬礼、竞赛到达终点时使用。听到口令后,桨手应该先平桨、后立桨,收回内舷腿,内舷手猛地用力向下压桨握柄的同时,外舷手立即托起桨杆,使桨立直,把桨握柄轻放在两脚之间的艇底板上。桨叶与艇首尾线平行,并向领桨手看齐,两手扶握住桨杆,外舷手在上与肩同高,内舷手在下与腰同高,上体正直坐好。

图10-7 平桨示意图

图10-8 立桨示意图

(11)收桨:艇在接近泊位前,要结束划桨动作,不再用桨时,听到"收桨"口令后,先做平桨动作,由艇首头桨手开始收桨。用外舷手肘部托起桨杆,内舷手压桨握柄,将桨托出桨门,上体向舷外转,把桨放在艇缘上,由艇首开始依次将桨柄向艇尾收入,其他桨手用外舷手接桨帮助沿艇舷排列整齐。

第五节 救生艇操作失误的案例

要点

救生艇是船上重要的救生设备,在船舶发生海难事故后,船上人员借助救生艇脱离难船,以及借助救生艇进行海上求生,对于海上人命安全起到了一个设备上的保证作用。SOLAS公约和LSA规则对于救生艇的配备、技术特性都做了比较详细的规定,同时要求船舶所属公司、船长要定期组织全体船员进行救生艇及其他救生设备的操作演习和训练,STCW公约为了提高广大船员的应急应变的素质和技术能力,也提出了对于救生艇筏、救助艇的专业知识和专业技能的训练要求,其主要目的是通过这些法规性的强制要求,使广大的船员掌握对于救生艇筏及其他救生设备的基本知识、熟悉救生艇的操作技能,以便于在紧急情况下,最大可能地保障和挽救广大船员的生命。因此,在国际、国内的海难事故中,许多的遇难船员是通过正确的操作和使用救生艇而获救。自SOLAS公约实施以来,救生艇在海上人命安全上起到了十分积极的作用,为保证航运事业的安全、保障海上人命做出了重要的贡献。可是,由于各种各样的原因,多年来船舶在进行救生艇降放演习和训练中发生了许多事故。统计表明,每年由于对救生艇操作不当而发生事故死亡船员的数量,远远大于利用救生艇救助生还船员的数量。这种现象也引起了我国交通运输部海事局的高度重视。另外,由于救生艇操作事故的多发性,也会造成部分船长和船员对救生艇安全保障的功能失去信心,对于救生艇筏的操作和训练产生了恐惧心理,不愿意或者不敢参加救生艇筏操作的训练和演习,久而久之,必然产生恶性循环,造成更多救生艇操作不当事故的发生。本节列举了几起救生艇操作失误的事故案例,进行简单地分析,找出原因,增大船员学习和掌握救生艇基本知识和操作技能训练的积极性。

一 案例

1. 误操作联动脱钩

2005年下水的“BG”船配备了两艘SRS37型全封闭式救生艇,存放在重力式吊艇架上。救生艇固定存放在吊艇架上与大多数重力式吊艇架固定存放救生艇的方法不同的是没有设立绕过艇身且固定在艇甲板的稳索。它仅仅是通过前、后吊艇索和艇首、尾各一根限位索将救生艇固定在吊艇架上。在操作救生艇降放时,可以不需要事先解开任何索具,只要在救生艇内操纵联动脱钩手柄,救生艇就可以降放,同时向舷外抛出,救生艇在下降和抛出舷外的合适位置时,吊艇架上的前、后限位索就会随着救生艇的下降而自动脱开。配备这种固定救生艇设施的吊艇架,最适合在船舶发生紧急情况下,加快人员脱离难船的时间，在紧急情况下由一名船员在艇内操作联动脱钩手柄，就可以将救生艇降放至水面。

该救生艇设置了正常施放程序和应急施放程序两种方式。应急释放程序是在大船发生紧迫危险(例如急速下沉)时，需立即将救生艇放至水面驶离大船的应急措施，其操作程序是打开设立在联动脱钩手柄下方的应急降放装置盒的盖子，将盒子内的应急施放锁柄向上推至降放位置。联动脱钩装置就会使救生艇的前后吊钩艇实施脱钩状态，脱钩后的救生艇可以在任意位置上向下降落，直至救生艇落入水面。需要特别注意的是应急降放操作程序是在船舶特别紧迫的情况下才可以采取的操作程序。救生艇从任意位置脱钩掉至水面时，其冲击力有可能造成救生艇和艇内设备的损坏，而且在艇内人员无防备的情况下，会造成艇内船员严重伤害甚至死亡。

“BG”船在首航20 h后，两名管理级轮机员在艇内熟悉艇内设施的过程中，由于错误地将应急施放杆上推至释放位，造成救生艇从距水面18 m高的吊艇架上脱钩，砸在艇甲板扶手上翻转至海面，艇内两名船员当场死亡，另有一名管理级船员在救捞过程中失踪。

2. 联动脱钩系统保养不当，锈蚀严重导致事故

某船在全员交接后，在港内进行救生艇的降放操作的演习和救生艇的操作训练。演习训练结束后，准备将在水面进行训练的左舷救生艇回收到船上，由于该救生艇进行降放操作的联动脱钩系统长时间的缺乏正常的维修保养，降放操作系统锈蚀严重。操作时，各机械部位不能达到正确的位置上，起吊前，在进行救生艇吊钩与吊艇索吊环复位连接的操作时，救生艇的吊钩并没有复位在吊升的正确位置上，实际连接并不牢靠，降放操作手柄中的闭锁销柄并没有摆放到封禁的位置。在救生艇回收的操作过程中，由于摆动和振动等原因，在救生艇回收距水面6 m高时，救生艇突然脱钩翻滚跌落至水面，一名在艇内的船员与艇同样翻滚着跌落下去，造成身体严重损伤。

3. 救生艇筏严重失修，海难事故后无法使用

2008年1月30日，“JYY”船在长江口灯船东南约8.3 n mile水域处与“JTS”船发生碰撞。事故发生后，“JTS”轮并没有立即沉没，但是，发生碰撞事故的双方船舶共配有的4艘救生艇，竟然没有一艘救生艇可用。肇事船舶“JYY”船上一艘救生艇在进行降放操作中，吊艇索钢丝断裂，救生艇无法降放，另一艘救生艇根本就降放不下去；失事船舶“JTS”船所配备的救生艇则无法脱钩，导致已经登上救生艇的全部船员在救生艇随难船下沉时全部被海浪冲走，当失事船舶下沉后，船上所配备的救生筏的静水压力释放器没有一个产生作用，船舶下沉后没有一个救生筏被自动释放漂浮出水面，船上人员也没有采取其他有效的救生和求生的自救措施。海难事故导致“JTS”船上17名船员全部落水，其中1人获救，15人死亡，1人失踪。

4. 由于救生衣穿着的错误，致使求生时死亡

2008年6月28日0325时，“HP”船在黄海南部附近海域发生海难事故，船舶沉没。“HP”船从发生险情开始到船舶完全沉没大约经历了一个小时，船员在开始时，准备降放救生艇筏进行求生，但是全部降放失败，救生艇筏无法降放，船员采取了各自跳水逃生的办法进行求生，经过搜寻救助，4名船员获救，4名船员失踪，6名船员死亡。根据现场搜救情况发现，6名死亡船员的致死原因都是因为在跳水逃生时，救生衣穿着的方法不正确，救生衣腰部的绑缚绳松脱，穿着者颈部的系紧绳系的牢靠，逃生者跳入水中后，救生衣上浮，将落水者压在水下，颈部系带反而勒紧了落水者的颈部，造成了落水者的死亡。船员在落水后，也

没有在水中进行有组织的自救，采取了各自逃命的方针，大大地减少了在水中生存的概率，形成了多人死亡的、重大的海难事故。

5. 救生艇无法脱钩，造成123名人员死亡

1980年3月27日，在挪威附近的北海埃科菲斯克油田遇到了恶劣的风浪气象，在海上作业的"Alexander Kielland(亚力山大·基兰德)"号油井勘探工作平台的5个支撑平台的柱脚中的1个被风浪打断，造成工作平台倾覆，该石油勘探工作平台配备全封闭式救生艇7艘，每艘救生艇额定乘员为50人，有4艘救生艇已经从石油工作平台降放到海面，但是救生艇却无法进行脱钩操作，救生艇无法脱离工作平台，在紧急中已经登上救生艇的123名工程技术人员，随着工作平台的彻底倾覆，而全部丧生于波涛汹涌的大海中。

6. 吊艇钩突然脱开，造成人员伤亡

法籍"达飞·哥伦布"号集装箱船在深圳盐田国际码头停泊，船上进行救生艇降放演习，解脱救生艇的固定索具后，3名船员登上悬吊在舷边的救生艇，救生艇的吊钩突然脱落，救生艇倾覆入海，3名乘员随艇一起落入海中，盐田救援队组织营救，两名法籍船员身亡，一名菲律宾籍船员重伤。

7. 应急时备艇操作，艇跌入水中

2003年2月，"A"船与他船在日本内河发生碰撞事故，"A"船船壳破损向右倾斜，船长命令将救生艇降至登乘甲板，以备应急时使用，在船员进行降放救生艇的过程中，救生艇的首、尾吊钩突然解脱，救生艇从15 m高空跌入海中，艇内2名船员死亡。

二 造成事故的主要原因

上述有关救生艇的海上事故，其发生的主要原因，完全符合国际海事组织海上安全委员会在处理救生艇事故的MSC/Circ.1049号通函中确定的频繁发生救生艇事故的主要原因，包括：(1)船上救生艇的降放装置失效；(2)船员在操作降放装置时失误；(3)救生艇、吊艇架以及救生艇的降放装置设备的保养不足；(4)操作过程中的通信联系失败；(5)船员不熟悉救生艇、吊艇架以及相关的控制系统；(6)救生艇的演习和检查中的不安全行为。通过分析事故发生的内在原因，主要还是人为因素在起着主要作用，深入探索造成人为失误的主要原因，采取有效的针对措施，有利于在今后大大减少或避免类似事故的发生。

1. 船员人为失误的主要原因

在海上安全委员会确定的造成救生艇事故频繁发生的主要原因，主要是人为的因素，形成这样人为因素的主要原因是：

(1)船员的不稳定性太大

由于船舶工作的特殊性，船员在一艘船上工作的时间非常短，不稳定性太大，流动性太强，彻底熟悉船上所有设备的时间不够充分。虽然SOLAS公约及LSA规则中都不同程度地提出要求，船员必须熟悉救生设备的技术特性要求，熟悉和掌握对于救生设备操作使用的技能，特别是STCW公约提出了对于广大船员强制进行熟悉和操作使用救生设备的学习和训练，但是，船员还是将主要精力放在航行及适货的有关设备的操作使用上，这无可非议，在时间上，不愿意或者来不及熟悉和掌握本船救生设备操作使用的基本知识和技能，依靠在上一艘船上不十分熟练的经验行事，可是船舶上所配备的救生设备和装置是不完全相同的，即使是姊妹船也可能存在不同的地方。按照SOLAS公约规定，在一个港口同时调换25%的船员，在离港后24 h内，必须组织全体船员进行一次消防、救生演习，而事实上，现在船舶停港的时间越来越短，留给船员交接班的时间越来越短，很多船员在上船后还没有熟悉本船的救生设备的情况下，就必须参加一次救生演习，根本没有时间熟悉和训练救生设备，更谈不上掌握救生设备的基本知识和操作技能。案例表明，很多的事故就是在大多数船员还没有熟悉设备的情况下发生的。

(2)船员的安全意识不够

在船上，为了警戒和提示对于一些有关安全和涉及危险的设备和设施，都涂上比较鲜明的警戒颜色，用来警告相关的人员，触动和操作这些设施和设备是特殊操作，如果失误是存在危险的。但是，很多船员缺乏安全意识，自以为熟悉，对这些警示不以为然，不去考虑触动和操作这些设备和设施的不当之处或可能引起严重的危险事故，任凭自己的想当然去做事，导致了严重事故的发生。

(3)船员操作技能的不足

随着科技的发展，船舶向着科技化、专业化、大型化方向发展，船上所配备的设备也在不断地完善、更新和发展变化之中。救生艇及其降放装置近些年来也产生了很大的变化，有了很多具有新功能的救生艇；为了加快在紧急时救生艇脱离难船的时间，出现了许多新的降放操作方式。船舶所属公司对船员上船前的培训和知识更新抓得不够或者不实，船员们对于救生艇及其他救生设备操作使用等基本知识和技能的再学习重视不够。有些培训单位在船员培训上，存在重理论、轻实操的倾向，存在单纯的考虑经济效益，配备必要实操设备不足，轻视了实际操作训练的效果，使得很多船员在上船前不了解本船救生艇及其他救生设备的操作原理、操作技能。上船后，又不能及时地学习和掌握本船救生艇及其他救生设备的安全操作程序、操作方法，必然导致操作上事故的发生。

2. 船舶管理上人为失误的主要原因

(1)船舶对于救生艇管理上重视不够

船舶在日常管理上对于救生设备管理的忽视，也是导致救生艇事故发生的主要原因之一。例如，在安全管理中针对救生艇操作技能的训练强调重视不够，在对于救生艇及其他救生设备的维护保养的活动落实不够，在对于船舶上进行救生演习的操作实施得不够，导致广大船员思想意识重视得不够，得过且过，久而久之必然发生事故。

(2)船舶对于救生艇的维修保养实施得不够

在船上由于管理上的疏忽原因，船员对于救生艇及其他救生设备是否处于良好的技术状态不闻不问；对于救生艇、救生艇的降放装置长时间不进行维护检查；根本不去了解、学习和熟悉本船救生艇及其救生设备操作原理、基本知识和操作技能；船上的救生演习不能定期进行。如果救生艇的脱钩装置严重损坏，或者由于长期的维修保养不够而严重锈蚀，救生艇根本无法正常操作，当紧急事件发生后，才想起操作使用救生艇，必然会发生严重的事故。

3. 船舶公司管理上人为失误的因素

(1)船舶所属公司的安监、机务人员，在登船进行安全监督检查时，只重视对于各种文字记录的检查，忽视对于船员在实际动作上的核查，甚至是发现了问题只是进行了简单的批评教育，没有很好地总结经验教训，不能认真地从思想深处提高认识，制定避免类似事故发生的措施。客观上松懈了船舶的管理规定，间接地起到了人为失误的作用。

(2)对于船舶上的救生设备维修、保养、更新设备不积极、不重视,在思想上忽视,认为只是长期备而不用的设备,拖一段时间不会发生什么问题,救生设备上的经费投资不十分畅通,影响到船舶管理级人员和责任船员的情绪,起到了阻滞船员维修救生设备的积极性,形成了另一种人为失误的因素。

(3)船舶公司在对船员进行上船前培训的时候,只是重视了理论上的教育,口头上的说教,没有针对船舶上救生设备的操作特点,进行实际的技能操作训练,使得岗前的培训没有达到理想的深度,船员们没有留下深刻的记忆,久而久之,岗前培训失去了部分的效果,也是一种人为失误因素的影响。

三 避免救生艇发生事故的主要措施

船舶的主管机关经过几十年的强制进行针对船员的有关培训和教育,使得广大船员认知:救生艇是保证船员生命安全的最后屏障之一,广大的船员应该熟知有关救生艇的基本知识和操作技能。可是,如果船舶上有关救生艇的事故频繁的发生,而且每次事故的发生都涉及船员人命的伤亡,这样会使许多船员对于救生艇的作用效果产生茫然,或者增大怀疑的心理,这对保障海上人命安全是非常不利的,甚至会造成更大的伤害性,因此,船舶的主管机关、船舶所属公司、船舶的管理人员、船长和广大的船员都应该采取与自己位置或身份相对应的措施,防止或减少救生艇事故的发生。其中主要的措施包括如下几个方面:

(1)船舶的主管机关应该强化对于船员培训机构的管理,改变对于船员培训机构指导、监督的方向,重视对船员培训机构所配备的设备和实际操作训练的状况进行有力地检查、监督、指导,改变培训机构重视理论培训及轻视实操训练的教学倾向,改变考试重理论、轻实操的引导性倾向。使的广大船员经过培训后,既掌握了一定的专业知识,又掌握了基本操作的专业技能。同时,加强对船舶救生设备是否处于良好的技术状态的监督检查,监督船舶安全设备、船员都处于良好的有效状态,为保证船舶安全打下一定的技术基础和有效的监管氛围。

(2)船舶所属公司应该加强针对本船安全设备特点的监督检查,针对船舶所属船员是否熟悉本船救生设备的基本知识、基本操作技能进行考核、监督,确保公司所属船舶、船员在完全熟悉本船救生艇及其他安全设备的操作技能和操作程序的情况下投入船舶航运。

(3)每一艘船舶的船长在船上应该按照规定及时地安排全体船员进行认真的应变演习。在演习中不要单纯地追求时间,要追求每一次演习的实际效果。每一次演习,都要有目的地要求全体船员通过演习完成一项对救生设备操作的技能训练。对于一些特殊操作,例如救生艇的脱钩操作,应该分批组织船员进行实际操作的练习,要求每一名船员都能掌握救生艇脱钩操作等一些关键性操作的技能,以备应急应变时的顺利、安全。并且真实地记录每一次演习的实际情况,在每个月的全船安全会议上要有针对本次演习情况的讲评,以备下一次演习的更新、考核方便。

(4)每一位船员在上船接班后,要争取尽可能在最短的时间内,熟悉和掌握本船各种救生设备的技术性能、特点和操作的技能,熟悉安全设备的操作规程,对于没有见过的、不熟练的设备,应该认真地学习设备的说明书,向老船员学习该设备的操作技术和操作该设备的经验。在没有对设备进行充分了解和学习和熟悉设备之前,尽可能地不进行盲目的操作,避免一切有可能发生事故的误操作。每一位船员都要认真地参加船上组织的演习,通过演习提高自己应急应变的实际操作的技能,增加个人应急应变的素质,为确保船舶安全尽每一个人的责任。

(5)船长在管理船舶、教育船员的工作中,甚至在船舶的日常生活当中,要培养广大船员好的习惯、安全的做法,不要凑合、得过且过,对于救生设备要按规定进行检查,做好相应的记录。开航前,要对救生设备进行巡视检查,是否存在不安全的因素。在恶劣天气来临之前,要检查救生艇及其他救生设备固定是否牢固。在进行登艇作业前,一定要首先确定救生艇存放固定牢靠,吊艇钩正常悬挂,联动脱钩操作手柄位置正确,联动脱钩系统内闭锁销柄锁紧,并得到船长的批准,方可登艇进行操作。

(6)要高度、郑重地强化船员的安全意识。在没有确认救生艇及其附属设施符合登艇作业条件前,不进行登艇作业,绝不以想当然和盲目侥幸的心理从事一些危险的特殊操作。按照规定要在救生艇内联动脱钩位置旁侧,张贴展示降放操作的文字说明、示意图片和警告提示,每一位船员都要认真地阅读,清楚每一句话的含义。如果张贴的操作文字说明以及警告提示语言描述不够清晰、不够得当或者看不懂,应该立即进行改正,重新编写,每一次操作前都应该阅读一遍操作说明和警示。所有由于操作不当可能引起危险的设施、设备都应该涂成鲜艳的警戒标示,将这些要求、过程作为正式的规章制度公布、执行。形成一种高度的安全意识,自觉执行的规章制度。

(7)坚持认真、持续地执行应变演习制度的要求,并且要重视每一次演习或训练的实效性,要将每一次演习除了作为提高船员应急应变防范素质的提高之外,还要将演习作为实际操作技能训练的一次检验,使每一位船员通过演习,在安全意识和技能操作上都有所提高。

(8)严格遵守《SOLAS公约》等的规定,严格定期地将救生艇、救生艇降放设备、救生艇联动脱钩操作系统、吊艇机、吊艇机的刹车设施等有关会导致危险的设施、设备以及零部件进行彻底的检查,及时地进行维修保养、活络加油、并进行有效的动载试验,确保救生艇、救生艇的降放装置,救生艇的联动脱钩操作系统、吊艇机、吊艇机的刹车设施始终处于良好的技术状态。增大船员对救生设备、救生艇安全可靠的信心,以保证全体船员最大的有效安全。

(9)强化对船员培训单位的监督、管理和引导。负有船员培训的单位,必须配备符合部海事局要求的船用设备,以及合格的师资,方能进行船员培训教育,确保船员培训的质量。在考试方向上,要增大实际操作考试的质量和普及,促使培训单位和接受培训人员的重视。

第十一章 救生筏的操作

救生筏存放方便，操作简单，不具备航行能力。救生筏降放操作和脱离大船的操纵尤为重要，稍不注意就可能引起不安全的后果，甚至会导致严重的事故，海船船员必须掌握救生筏的操作技能。

第一节　救生筏的降放操作

要点

救生筏的降放操作比较简单，但是如果在紧急中忽视了某个环节，仍然会造成降放操作的失败。会导致无法弥补的损害。因此，广大的船员在平时还是应该积极地熟悉和掌握救生筏的各种降放操作技能和注意事项。

必备知识

一　抛投式救生筏的降放操作

(1)打开舷侧栏杆，确认甲板无障碍物，检查和确认救生筏的艏缆(启动气瓶拉绳)是否牢固地系在存放架上(或固定在船上的固定物件上)，如图11-1所示。

(2)确认需要抛投救生筏的水面无硬质漂浮物、没有漂浮的落水人员、没有漂浮的救生艇筏、没有其他一切有碍救生筏充胀成型在水面漂浮的障碍物。

(3)根据船舶的载重情况(空载、满载、半载)来调整和确认艏缆的长度，是否是最适宜启动充气钢瓶的长度。

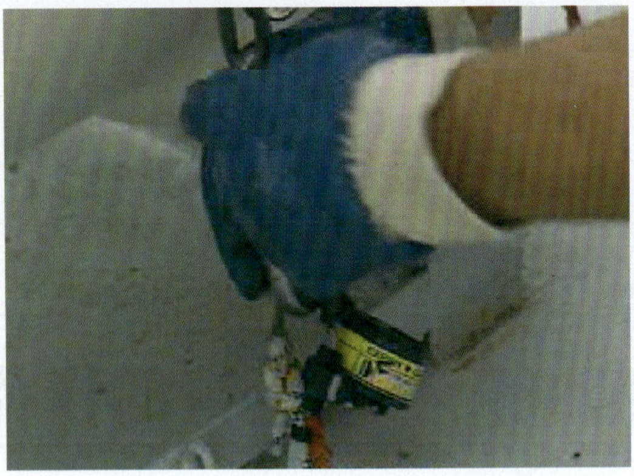

图11-1 手动释放静水压力释放器

(4)按照静水压力释放器的操作要求，操作静水压力释放器手动释放的设施，解脱固定救生筏的索具(见图11-2)，将筏抛入海中。

图11-2 抛投式降放救生筏操作

(5)在救生筏借助重力向下沉落的过程中，救生筏的充气拉绳被拉出，在接近水面时，将救生筏的充气钢瓶启动。在正常情况下，救生筏体充胀成形的时间在1~3 min内。

(6)在救生筏充胀成形后，再组织人员登乘。如果登乘太早，会影响救生筏的充胀成形。

(7)救生筏充胀成形，利用筏的艏缆将筏体拉向船舷，利用登乘梯登上救生筏，全部额定乘员登筏完毕，取出存放在救生筏的进口处的安全小刀，割断艏缆，离开难船。

(8)如果是利用海上撤离系统登筏，由专门人员将充胀成形的救生筏拖拉到海上撤离系统的登筏平台边侧系留，等待救生人员登筏。

二 机械吊放式救生筏的降放操作

机械吊放救生筏的充胀成形是在登乘甲板舷侧进行的，登乘人员就可以直接在集结的甲板上登乘救生筏，避免了难船上救生人员入水的可能，防止了救生人员身体暴露水中，降低体温的伤害，增大了海上求生获救的安全保障。机械吊放救生筏可以进行抛投式降放，也可以借助静水压力释放器降放。进行机械吊放救生筏降放操作的主要事项：

(1)打开舷侧栏杆，确认登乘甲板、降放装置旋进(出)的范围无障碍。

(2)解脱降放装置的保护和固定索具，将吊臂调整到准备吊挂救生筏的合适位置，如图11–3所示。

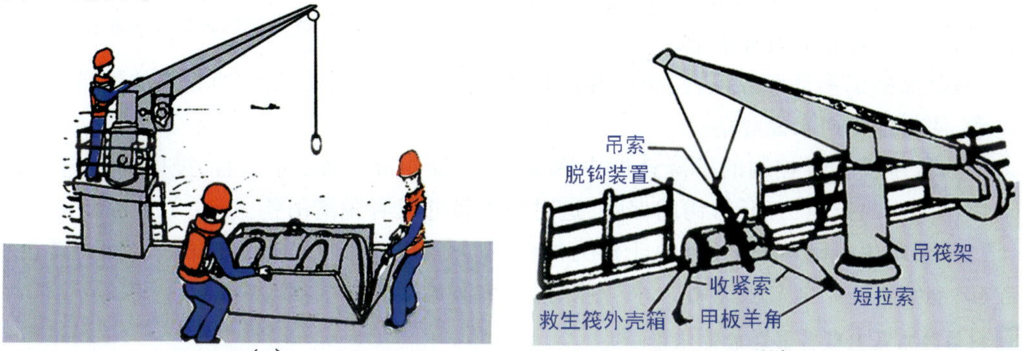

图11–3 机械吊放救生筏示意图

(3)解脱固定救生筏的索具，将准备降放的救生筏抬到降放装置的吊钩下，平放后打开救生筏的容器，如图11–3(a)所示。

(4)松放吊筏的快速脱钩到救生筏上方，从筏内拉出吊环挂在吊钩上，合上吊钩的保险，确认吊钩处在安全降放前的状态。

(5)检查降放救生筏的水面无妨碍救生筏充胀成型的漂浮物，没有漂浮的海上求生人员。

(6)将救生筏的两边各系接一根稳索，分别系固在两侧栏杆上或登乘甲板的羊角上。固定稳索时，要考虑其长度在将救生筏转出舷外时，稳索正好将救生筏紧密的拉靠在舷侧边上[各索具固定的方式和概位见图2–3–3(b)]。拉出筏内短的一根充气拉绳，如图11–4所

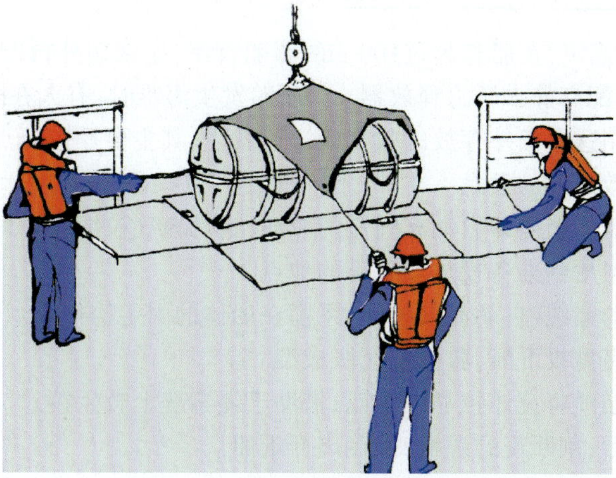

图11–4 拉出筏内短充气拉绳

示。

(7)操作降放装置将救生筏吊离甲板，转动吊臂使筏转出舷外，使筏贴近舷侧，使劲拉动短的充气拉绳，将救生筏充胀成形后紧靠在登乘甲板的舷边，固定好登筏用的登踏橡胶布(图11–5)。

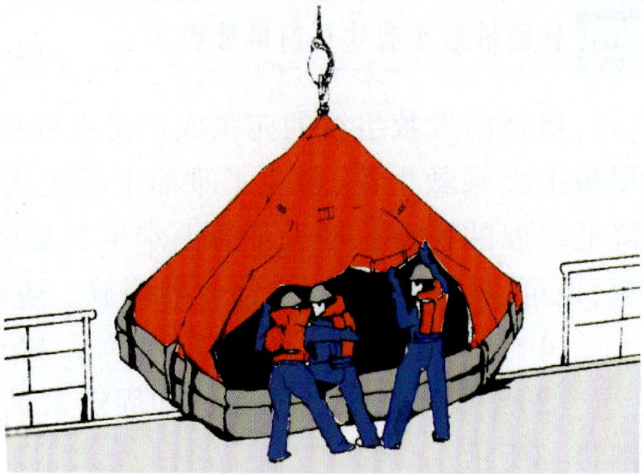

图11–5 转出舷外做好登筏准备

(8)检查确认准备登筏的人员没有携带锋利的物件或带尖的物品，脱掉带钉子的硬质皮鞋，依次进入救生筏内，降低重心，面向筏的中央坐好，围坐在筏的四周，不要在筏内走动，避免发生不必要的意外事故。

(9)全部额定乘员登入筏内，解脱筏的稳索，松解橡胶踏布等筏与船相连的索具，松放吊筏索，使救生筏向水面降落。

(10)救生筏在可控制的下降速度中降放，当下降距离水面2 m左右，筏内的专门人员拉动快速脱钩的拉绳，打开吊钩的保险，这时救生筏并没有脱离吊钩。

(11)当救生筏降落水面时，由于浮力的作用，吊筏钩不受力，使筏与吊钩自动脱开(吊钩绞起，继续进行吊放)，救生筏入水，割断缆绳离开难船。

三 利用静水压力释放器释放救生筏

当船舶发生海难事故后，没有采取人工抛投降放救生筏，可以利用静力压力释放器释放救生筏。由于静水压力释放器是垂直安装的，固定索具的吊钩在静水压力器的上方，进水孔在下方，随着船舶的下沉，当静水压力释放器下沉到水深1.5~4 m之间，海水进入压力器的蓄水腔室，大量的积聚而产生压力，自动解脱固定索具的吊钩。由于盛装筏体的容器具有一定的固有浮力，脱开固定索具后的容器向上浮出水面，随着难船的下沉和容器的向上浮起，将筏内的艏缆逐渐拉直拉紧，直至将充气钢瓶启动，使救生筏充胀成形。充胀成型的救生筏向上浮起的浮力更大，将薄弱环易断绳拉断，救生筏脱离难船，浮于水上。海上求生人员可以比较充分地利用救生设备保护好自己。

四 靠近船舶首尾存放救生筏的降放

《SOLAS公约》规定，在船长超过100 m的船舶首尾，应该额外再配备存放一个救生筏，这个救生筏可以不配有静水压力释放器。当船舶发生海难时，有人在船舶的首、尾，远离集结的场所，就要利用这个额外存放的救生筏进行救生，其主要操作要点如下：

(1)解脱固定救生筏的索具。

(2)解掉救生筏的艏缆即启动充气瓶的拉绳(自动充气拉绳)。

(3)将救生筏搬抬到准备投放救生筏的地点。

(4)将救生筏的艏缆(自动充气拉绳)系固在船体的固定构件上。

(5)抬起救生筏抛投下海，救生筏充胀成型。

(6)借助筏的艏缆将筏体拉靠近难船，借助于绳索登上救生筏。

(7)登入筏内后，割断筏的缆绳，操筏离开难船。

五　与海上撤离系统联合使用的救生筏

存放在海上撤离系统附近与其配合使用的救生筏，在进行投放操作时一定要注意，要在海上撤离系统投放充胀成形后，再进行救生筏的抛投降放。在降放时，要注意离开海上撤离系统一段距离，避免发生将救生筏抛投到撤离系统上相互影响操作的失误。在撤离系统的上风、流进行投放操作较好，在操作时，抛投救生筏操作的人员要与海上撤离系统的人员配合好，及时接应好救生筏并与撤离系统连接好，以便于船上人员从撤离系统的登筏平台登乘救生筏。

第二节　操纵救生筏驶离大船

要点

当全部额定乘员登上救生筏后，应该迅速地操筏驶离大船一段距离，等待救生艇或救助艇的拖带，与其他救生艇筏集结，转移到安全水域，以便于进行海上求生。

必备知识

主要操作步骤有：

(1)取出存放在救生筏上浮胎进出口上专用袋里的安全小刀，割断与大船相连的缆绳。

(2)取出备品袋里的两只划桨，将桨柄与桨叶组装好(见图11-6)，在救生筏的进出口处划桨，筏内人员提起筏底平衡水袋减少阻力，驶离大船。

(3)也可以借助海锚的操作驶离大船。操作时，提起平衡水袋，将海锚抛向筏的前方，待海锚吃力后，筏内人员拉收海锚索，使救生筏向海锚方向移动，海锚收起后，再向同一方向抛出，这样反复操作就可以将救生筏很快地驶离大船。

(4)割断缆绳前，依据救生筏的漂移，注意观察一下海上的风流方向，如果下风流水域安全，割断缆绳后稍将救生筏撑离大船一段距离，提起筏底的平衡水袋，救生

图11-6　桨柄与桨叶组装

筏就可以顺风流漂离大船。

第三节　扶正倾覆的救生筏

抛投式救生筏在抛投降放时，有可能在充胀成型的过程中，筏体倾覆。出现这种状况后，需要一个人穿着救生衣下水，接近救生筏，手拉浮胎外侧的扶手绳，将有充气钢瓶的一侧拉至下风，从配有钢瓶的一侧（筏体偏低的一侧）爬上筏底，两脚蹬在浮胎上，身体尽量向前拉住筏底的扶正带，整个身体向后仰坐，同时脚下用力蹬住浮胎，利用个人身体的力量和风力的协助，很容易地就可以将倾覆的救生筏扶正(图11–7)。

图11–7 扶正救生筏

第十二章 救助艇的操作

第一节 救助艇的降放操作

要点

重力式救助艇降放装置的操作方法与救生艇的降放操作基本一样，在这里重点讲解单吊式救助艇的降放操作的方法步骤。

必备知识

一 降放操作及注意事项

1. 放艇操作

(1)打开电源开关,启动液压泵按钮。

(2)解脱固定救助艇的全部索具。

(3)启动起升机构的控制开关,绞起吊艇索,将救助艇吊离甲板。

(4)打开舷侧栏杆,确认起重臂向舷外转出的范围内无障碍,停止绞升吊艇索,按动起重臂转动开关,使艇由左(或右)向舷外转出。

(5)带上艇首缆,临时稳定救助艇紧贴舷侧,救助艇乘员按照顺序进入到事先指定的座位坐好,通常是先艇尾、后艇首。

(6)额定乘员全部登入艇内坐好不要乱动,松解临时索具,操作人员松放吊艇索,或者由艇内人员拉动遥控降放手柄使救助艇降放入水。

(7)艇入水,艇内人员拉动吊艇钩的解脱拉绳,解脱吊艇钩。

(8)解脱艇首缆绳,操艇离开大船。

2. 收艇操作

(1)船上人员将吊艇钩松放至水面上合适位置,送出艇首缆。

(2)救助艇内人员操艇到大船送放出的艇首缆附近位置,带好艇首缆绳,操艇至吊艇钩下,挂好吊艇钩,并通知船上操作人员收艇。

(3)启动开关,绞收吊艇索使艇吊升离开水面,将艇绞升至高出存放的甲板,以方便于救助艇向舷内转进。

(4)收艇操作人员,操作起重臂的转进开关(由左或右),将救助艇转进船舷内存放位置的上方。

(5)解掉救助艇的艄缆,松放吊艇索,使艇落入存放艇的底座上。

(6)救助艇乘员整理好艇内属具,清点属具备品,及时补充,离开艇内,固定好救助艇。

二 在无正常动力时降放救助艇的操作

当船舶应急时,失去了正常的电源动力,又必须降放救助艇,在救助艇的降放装置中,还设有专门的应急降放装置,以便于更好地保障海上人命安全。

1. 使用蓄能器降放救助艇

(1)解脱固定救助艇的索具,打开降放装置设备上的专用的截止阀,取下专用的手柄,插入手柄孔内。

(2)顺时针摇动手柄,绞起吊艇索,将艇慢慢吊升,离开存放底座,吊升到可以向舷外转出的位置。

(3)操作人员手拉起重臂上的专用拉环,将艇转出舷外。

(4)乘员登艇坐好,艇内人员拉动遥控降放手柄,救助艇借助重力降放。

(5)艇入水,脱钩,操艇离开大船。

2. 使用手动泵操作降放救助艇

(1)解脱固艇索具,关闭专用截止阀,用人力手柄摇动吊艇索滚筒,将艇吊升离开存放甲板,直至能转出舷外。

(2)操作手动泵、转向阀,将艇转出舷外。

(3)艇内人员拉动遥控降放手柄,将艇降放入水。

(4)脱钩,操艇离开大船。

第二节 救助艇机器的操作

要点

SOLAS公约、LSA规则和中华人民共和国《海船救生设备规范》都明确要求,救助艇的推进装置可以是舷内机,也可以是舷外机。舷内机和舷外机都是属于热力发动机中的内燃机。内燃机是指燃料直接在发动机内部的汽缸内燃烧,产生高温高压燃气,通过动力传动装置而对外做功,内燃机根据所使用的燃料不同可分为柴油机、汽油机等。目前,救助艇配备使用的舷外机大多数为汽油机。本节以汽油机为例介绍其功能与作用。

必备知识

救助艇的舷外机在操作上有直接控制的,也有遥控(舵轮和机控盒控制)的。也就是说有的救助艇舷外机是在艇尾操作,也有的舷外机是在首部遥控操作。我们先介绍一下在艇尾直接控制的舷外机(手柄操作的舷外机)及操作。

一 救助艇舷外机的结构名称

救助艇手柄控制的舷外机的结构及名称见图12-1。

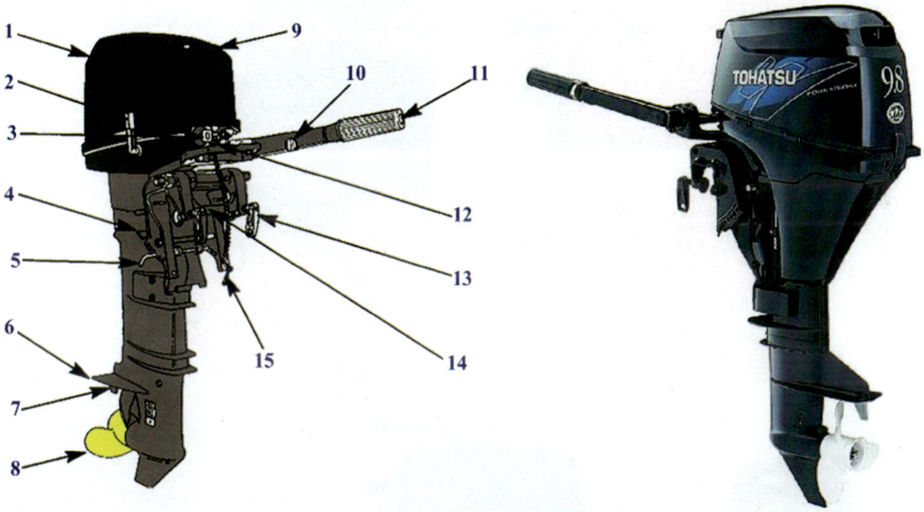

图12-1 舷外机的结构名称

1—顶罩;2—挡位柄;3—阻气门钮;4—潜水运转装置;5—倾斜销;
6—阻气板;7—偏航调整片;8—螺旋桨;9—启动绳拉手;10—油门手柄;11—熄火开关;
12—应急熄火绳开关;13—托架夹紧螺栓;14—携带手柄;15—应急熄火绳

在救助艇艇尾直接控制操作的舷外机是由操作手柄直接控制机器和舵的。

二 手柄控制的舷外机的操作

救助艇舷外机在安装时一定要注意舷外机螺旋桨轴心线必须与救助艇的纵中心线保持一致,在艇尾利用艇机附带的托架固定好。在艇尾板上将艇机固定,位置高低合适后,另系一根安全索,防止艇机从艇尾板上跌落水中。安全绳不能太短,防止艇机落水后仍然运转,导致危险。舷外机在使用前一定要按正确比例将滑油与燃油填装合适。在填配时要先将专用的滑油倒入燃油箱,再将汽油倒入燃油箱,其燃油和滑油的混合比是:磨合期时为25:1,磨合期后为50:1(见图12-2)。

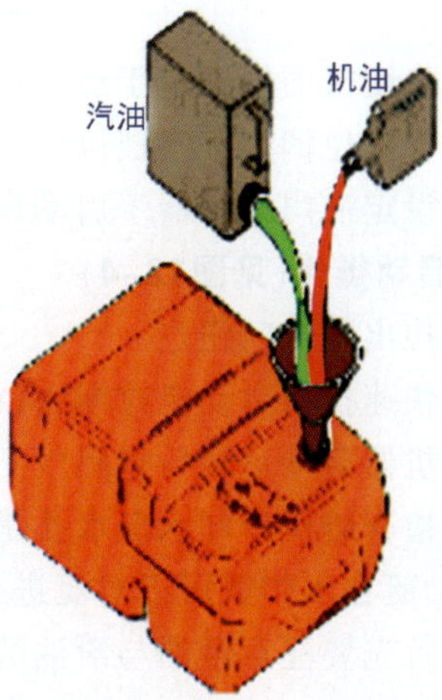

图12-2 燃油和机油按比例装入油箱

1. 启动前的准备

启动前很重要的工作是安装好燃油软管[见图12-3(a)]。

(1)将燃油软管与油箱连接好,一般是利用刚性材料弹珠固定连接。

(2)将燃油软管另一端与舷外机供油系统连接。

(3)检查、调整好油箱盖上的通气孔,保持畅通。

(4)利用燃油软管中的软气囊将燃油泵入化油器。

(a) 安装油管

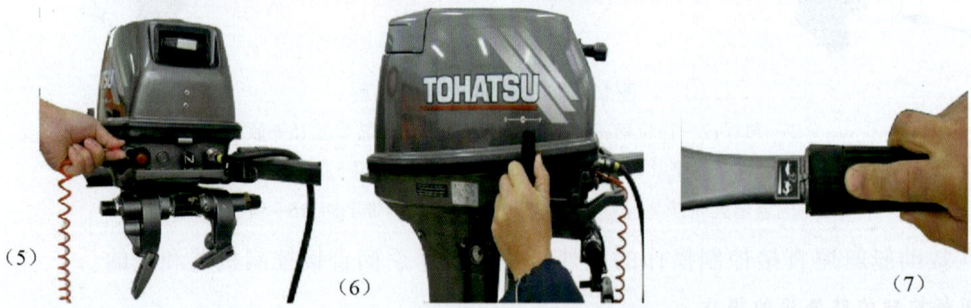

(b) 艇机锁的运行位置

图12-3 启动艇机前的准备工作

(5)将艇机的锁锁定于运行位置[见图2-4-3(b)]。

(6)将挡位柄定于空挡位。

(7)设定油门指示器于启动位置。

2. 启动操作(见图12-4)

(1)拉出阻气门钮。

(2)快速拉动启动机拉绳,将机器启动运转。

(3)机器启动运转后将阻气门钮推入。

(4)检查艇机冷却水出水孔是否有水流出。如果冷却水正常流出,机器启动运转正常。

救助艇在水中就可以对艇进行变速变向的操作。新的艇机在运行时一定要先磨合,在磨合时,首先要注意燃油与滑油的混合比正确。在磨合操作运转时,第一个5 min内要保证机器转速为900~1 500 r/min,逐渐增加,5 min后逐渐增加到2 000~3 500 r/min,保持在1 h

(1) (2) (3)

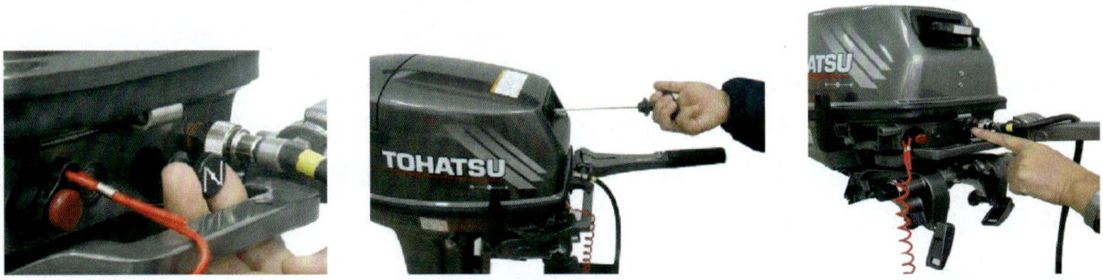

图12-4 艇机启动操作

内持续慢速运转。艇机转速的控制，在艇机操作上，主要由油门大小来调节。在运转中，注意检查艇机各部位系统有无异常情况，如果发现情况或有疑问，立即停机检查，确认无误后再重新启动、磨合。继续观察、检测，在舷外机离水的状态下切勿进行机器的运转操作。在入水前可以冷态启动机器。机器启动后立即入水，经过磨合期运转后可以进行变速操作。变速操作的步骤见图12-5。

(a) 油门手柄拧向油门指示器 (b) 挡位手柄扳向前进或后退 (c) 增大或减小油门

图12-5 艇机运行中的操作

3. 航行时变速航行的操作

启动操作后，机器运转正常，可以进行变速航行，变速航行的主要操作步骤见图12-5。

(1)将油门手柄拧向油门指示器的变速范围[见图12-5(a)]。

(2)将挡位手柄扳向前进或后退[见图12-5(b)]。

(3)转动油门手柄逐渐增大油门(或减小)转速[见图12-5(c)]。

(4)当需要停机操作时反向转动油门手柄逐渐减低转速(见图12-6)。

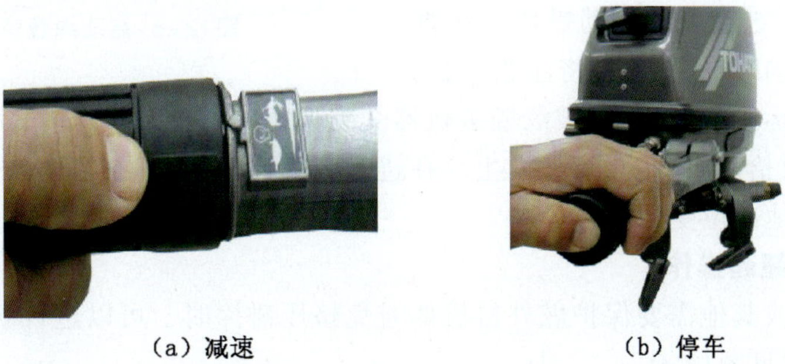

(a) 减速 (b) 停车

图12-6 减速、停车操作

(5) 当转速降低至最小后，将油门手柄头端的熄火开关用指向内按入 [见图12-6(b)]，机器停机。

在艇机进行运转操作时一定要将应急熄火绳连接好。每个艇机都装有应急熄火绳开关，首先将应急熄火绳一端固定在指定插座上，将另一端系在操作人员的手腕上（或身体某一部位），以便于操艇人员在发生紧急情况时，突然远离操作位置，能够及时进行紧急停机功能。在操艇运转时，决不可以进行超负荷功率或者超载运行，一定要按照艇机指定功率进行航行，防止发生意外事故，严重了会造成艇体破裂、艇机失控、艇失去正常的航行状态等严重后果。

4. 应急启动

（1）首先将挡位柄扳到空挡位置[见图12-7(a)]。

（a）挡位扳到空挡　（b）拆下顶罩　（c）拆卸下反绕启动器

图12-7　应急启动

（2）拆下顶罩[见图12-7(b)]。

（3）将艇机上的反绕启动器拆卸下来[见图12-7(c)]。

（4）将应急启动绳直接缠绕于飞轮上（见图12-8）。

（5）迅速拉动启动拉绳将发动机启动运转。

（6）其运转操作与正常操作相同。

图12-8　启动绳缠绕在飞轮上

当在紧急情况下艇机不能正常启动运转，可以采取应急启动。在进行应急启动前，必须首先将挡位柄扳至空挡位，防止发生意外，才可以进行应急启动操作。在直接拉动飞轮启动时，操作人员将注意衣服、头发远离飞轮运转范围，避免被绞缠进机器受到伤害。另外在操作时，工具及其他物件都要远离现场，收拾清爽，防止意外发生。在进行应急启动操作时，操作人员也要注意，防止双手及身体其他部位受到伤害。

5. 舷外机翘起操作

当在吊艇或其他需要保护舷外机机体避免挤压碰撞时，可以进行艇机机体的翘起操作，其操作步骤见图12-9。

（1）将艇机关机。

（2）将挡位柄扳至前进挡位。

（3）用人力向下压艇机的机体，使艇机桨叶、舵叶慢慢翘起。

(a) (b)

图12-9 舷外机翘起

(4)艇机翘起位置合适后,用艇机机体定位锁锁定。

(5)当需要将艇机机体回复到正常操作位置时,首先检查机体下方无障碍物。

(6)将倾斜钮向下扳动。

(7)艇机机体向上慢慢翘起,位置合适后慢慢放下,恢复正常位置(在进行回位操作时扳下旋钮时发现机体向上翘起,不要慌张,只要没有操作错误,属于正常)。

6. 浅水时对艇机机体的操作

当救助艇运行至浅水区航行时,为了保护机器又能达到保证救助艇的航行能力,应该适当地调整舷外机螺旋桨和舵的入水深度。浅水航行时,对艇机机体的操作虽然与将艇机机体翘起的操作相类似,但是,浅水时的操作既使机体稍翘起一点,又能保证艇机正常操作,而将艇机机体翘起操作时艇机不能进行运转操作。有的舷外机浅水区运转位置还根据水浅的不同程度设有不同的限定位置。其主要操作方法如下:

(1)将挡位柄扳至空挡位置。

(2)向下扳动夹位手柄。

(3)舷外机向上抬动倾斜到浅水运转的合适位置。当由浅水区航行到正常水域时需要将舷外机回复到正常位置。其操作方法:

①向上抬动舷外机(或向上扳动夹位手柄)使艇机向上倾斜到松脱位置;

②然后放下舷外机,机体回复到正常位置;

在浅水区航行时,舷外机决不准进行倒车操作,避免杂物、泥浆吸入螺旋桨内。

7. 艇体倾斜销调节操作

当救助艇在操作时产生非正常的艇体纵向倾斜时,可以适当地调整艇体倾斜销,以达到艇体处于正常的状态,确保救助艇的正常的航海性能。救助艇在进行正常航行时,艇首出现了非正常的艏倾,这时可以将倾斜销稍稍向上移动调节,并同时观察艇体的运动状态是否恢复到正常位置。与此相反,当在正常航行时,救助艇产生非正常的严重艉倾时,可以将倾斜销稍稍向下移动调节,同时也要注意艇体是否恢复到合适位置。在进行倾斜调节时不要盲目进行,要确认纵倾状态属于非正常。调节时要一点一点进行,在调节前后要保持一样的航行状态,避免出现严重失误。

8. 偏航调整操作

在舷外机螺旋桨上方设有一个偏航调整片,以便于及时调整救助艇的非正常偏航。当艇首向在正常操作时始终有向左(右)偏航的倾向并保持一定的偏航角,这时可以采取调整偏航片的操作来进行纠正。如有向左偏航的倾向，应将偏航调整片轻轻向右调节，如有向右偏航的倾向则相反调整，使救助艇处于正常的航行状态。

三 遥控舷外机的操作

遥控舷外机的操作是指在救助艇的首端利用舵轮和机控盒来控制舷外机的舵和机器。遥控舷外机的启动操作与在艇尾手柄控制舷外机的启动操作大同小异，我们重点介绍遥控舷外机操作。

1. 启动前的检查准备工作

(1)检查燃油箱的燃油是否充足，如果不够，应该按燃油和滑油的混合比例混配好并添加充足。

(2)依照要求将手提油箱供油管路构件连接好。在连接时要注意：

①将燃油供油管接头组件正确、安全地配接好。

②将燃油供油管一端与发动机燃油接头的入口管嘴套接好。

③将燃油供油管另一端与手提油箱连接好。

④所有供油管路连接处需要紧固夹紧的一定要紧固好。

手提油箱及燃油管路是提供舷外机所需的正确供油流量的允许设备之一。在进行燃油管路连接时，现场禁止吸烟，并远离烟火。

另外还要注意：

①将油箱放置于平坦，安全的位置，并临时固定好，应该将燃油供油管路摆放在不扭曲、不挤压或不与尖锐物品接触的地方。

②正确地将蓄电瓶正、负极牢固的连接好。

③利用电动液压纵倾调整开关，将舷外机调制于航行时的合适位置，并固定好。

④将燃油箱盖上气孔螺钉扭松2~3次(见图12-10)。

⑤确认艇首范围无任何障碍，艇尾螺旋桨周围无杂物。

⑥将燃油供油管路中的挤压手控输油泵挤压多次，直至减到握实有压力为止(若艇燃

图12-10 遥控舷外机燃油的操作

油系统已配备电动注油泵，可以开启约20 s注油）（见图12-10）。

⑦将遥控杆放至空挡位置，将空挡节流杆开启，将应急制动开关的锁定扳与制动开关牢固地连接并固定好；应急制动开关拉线一端系在操作者手腕上，或系结在牢固的衣服上或身体其他部位。

⑧艇内随艇航行人员穿好救生衣。

⑨落实一下艇内必备的工具齐全并随艇使用，以备应急。

⑩在发动机启动前，切勿将遥控杆从空挡扳至进车或倒车挡位。

2. 电动启动操作

（1）将匹配的舷外发动机钥匙插入主开关钥匙空内。

（2）将启动钥匙开关由“ON”位置作顺时针方向转置“START”启动位置，最多不超过5 s（同时遥控阻力风门系统开启）。

（3）发动机启动后，松放主开关钥匙，使其自动回转至“ON”位置，不可以取下钥匙。

（4）如果发动机在5 s内未启动机器，应将主开关松放，使其转回至“ON”位置，等待10 s后，再次进行启动操作；不可以一次性长时间进行启动操作，如果长时间启动操作，将会导致蓄电瓶电源耗尽，而且不可能将发动机启动。

（5）发动机启动后，将空挡节流杆返回原来位置“关闭”。

3. 启动后应注意检查事项

（1）立即注意检查冷却水是否从冷却水出水孔持续流出，如果发动机运转没有水从出水孔流出，应停止发动机运转，进行检查是否堵塞，应该及时清除后，再次进行启动。

（2）在开始航行操作前，应该使发动机以慢速状态预热运转3 min（45 kW的艇机保持在950~1 050 r/min，60~65 kW的艇机保持在750~850 r/min）。

（3）检查遥控驾驶操作台前各仪表盘数据反映是否正常，检查一下发动机各系统、操纵构件各部位是否正常。

（4）当有关人员登艇后，注意观察一下艇，纵、横倾斜是否正常，正常情况下应该基本上保持正常漂浮状态。

（5）发动机在运行过程中，不可将钥匙转动或拔出，否则将会损坏启动马达及飞轮或造成紧急停车。

4. 磨合期的运转操作

发动机启动后，如果是新购买的机器，应务必做好磨合运行，以便于发动机各部件运转接触的表面能够均匀地磨合。这对于发动机保持良好的技术状态和延长发动机使用寿命是非常重要的。如果不履行磨合运转的步骤，将会造成极其严重的损坏。磨合期操作的注意事项：

（1）首先将发动机以可能执行的最低速度做最初的10 min运转。

（2）操作遥控手柄进车，逐渐至全速后，立即将油门减小至3 000 r/min（大约1/2油门开度），按此油门设定作连续50 min的运转。

（3）在50 min运转期间，每过10 min将油门增至最大运转1 min，再回至3 000 r/min，反复进行。

（4）在50 min运转后，进车逐渐至全速后，将油门减小至4 000 r/min（大约3/4油门开度），按此油门设定作连续1 h的运转。

(5)在10 h运转过程中，每过10 min将油门增至最大运转1 min，再回转至设定油门，直至结束。

(6)在以后的8 h运转中，可以进行不同速度的进车或倒车运转，但必须要做持续5 min以上时间不使用全油门运转的操作。

(7)10 h后，燃油与润滑油的混合比为50:1。

5. 航行操作的注意事项

在机器磨合期过后，进行正确启动操作，进入变速航行状态，操作时应该注意：

(1)在艇机启动后，需要进入变向变速航行状态前，应该了解艇首部的水面情况，无漂浮物、无碍航物，方可采取变向变速的操作。

(2)在进行换挡操作时，进行挡位切换时，要握住遥控杆，拉起空挡锁触发器，将遥控杆轻松、稳定地从空挡扳至进车挡位。

(3)在调整油门增加速度时，应该采取逐渐增大的原则进行，不可以一下子进行最大油门，以确保发动机安全。

(4)在进行倒车挡位换挡前，要注意检查艇机倾斜锁定杆是否处于锁定状态，防止发动机进入倒车状态时，水流将机身冲出水面引起失控，以致造成大的事故损害。

(5)在由进车挡转入倒车挡或由倒车挡进入进车挡时，必须将遥控杆先移至空挡稍作暂停，再进行切换，以便于发动机转速逐渐减慢，再进入另一挡位的旋转。

(6)在开始航行操作阶段，要注意艇的纵向倾斜角的倾斜是否有利于航行，必要时做出纵倾角调节。

(7)同时要注意艇首稳定性航行的检查，如果有偏航倾向，也要作纠正偏航的正航向调整的调节。

6. 停机操作

在艇进入泊位或即将到达目的地，需要停车操作前，应该以慢速逐渐至低速航行2~3 min，以便于降低发动机转速，降低机器温度，再进行停机操作。操作时，要注意：

(1)将遥控杆扳至空挡位置。

(2)将主开关钥匙扳至“OFF”位置，发动机停止工作。

(3)发动机停止工作后，将汽油箱盖气孔螺钉拧紧。

(4)将燃油系统的供油管路从发动机接口拆下。

(5)按下电动倾斜调整开关“UP”，舷外机翘起，用顶住杆将艇机支撑住，以防止舷外机意外落下。

(6)从蓄电瓶接线柱上拆下电线，先拆黑线(负极)再拆红线(正极)。

第三节 救助艇的操纵

要点

救助艇在操作上的特点，以及离靠、大风浪中和拖带中操纵要领。

必备知识

配备在海船上的救助艇主要作用是救助落水遇险人员，集结各自漂流在海上进行求生的救生艇筏。因此，《LSA 规则》要求救助艇在操纵上，能够具有足够的机动性和操纵性，主导救助艇在操纵上的机动性和操纵性的主要设备是推进装置和舵。《LSA 规则》中允许救助艇的推进装置(发动机)为舷内机或舷外机。通常救助艇舷内机大多数和救生艇一样也是四冲程柴油机，其操纵特点与大多数救生艇类似。

简单论述一下配有舷外机救助艇的操纵。救助艇配备的舷外机，大多数属于Z型传动推进装置。这种Z型传动推进装置不配有专门的舵叶，而是借助于改变推进器排出流的方向来形成救助艇偏转的原动力。Z型传动推进器是由操作手柄、传动轴与螺旋桨的装配结构形成"Z"字形，这种推进器的螺旋桨所在位置可以由操作者直接控制，以达到推艇前进(后退)或改变(或保持)艇的前进方向。

Z型传动推进器可以产生较大的拖带力，根据理论上换算，发动机功率为10 kW的Z型传动推进器可以产生大约2 kN的拖力，远远大于同样功率的其他类型推进器所产生的拖力，这样可以很好地使救助艇完成集结救生艇筏时的拖带作业。另外，配有Z型传动推进器的救助艇，由于Z型传动推进器操作上的特点，在对发动机操作时，可以同时控制救助艇的推力和救助艇的方向。对艇机的启动和停止操作上比较简便，功效比较直接，如果操作熟练的话，救助艇几乎可以达到在原地掉头的旋回效果，从而达到救助艇具有足够的灵活性和操纵性。

一 救助艇的拖带

在救助艇的属具备品中配有一根长50 m的可浮索一根，是专门用来进行集结拖带的缆绳，其强度满足至少以2 kn的航速拖带一个船舶所配备的载足全部乘员和属具的最大救生筏。因此，当救助艇在进行拖带时，必须选用艇内属具备品内配备的拖缆。救助艇在进行集结时的拖带作业，一般都采用被拖艇筏前面领拖的作业方法，在作业时特别注意：

(1)在接近被拖艇筏准备带缆时，要观察被拖艇筏的漂移速度和方向，确定递送缆绳的位置。当被拖艇筏漂移速度大于救助艇的速度时，救助艇应从其下风流处接近；当被拖艇筏漂移的速度小于救助艇的速度时，救助艇从其上风流处接近。接近后，迅速将救助艇的拖缆传递至被拖艇筏上，并在救助艇上系结好，要注意选择好松放拖缆的长度，拖缆越长耐受冲击负荷的能力就越大。

(2)当拖缆松放长度合适，固定好并开始起拖时，要示意被拖带艇筏的人员注意安全，在操艇上要特别注意对救助艇航向和速度的控制，要以最小速度慢慢起航拖带，使被拖救生艇筏及缆绳的方向与救助艇航向保持一致。同时注意拖缆要慢慢地从松垂状态转入受力状态，被拖带的艇筏开始随着拖缆的受力而移动时，仍然要保持同样的速度，持续航行一段距离，才可以慢慢增大拖带的航速。这样既保证了拖带的安全，又保护了被拖救生筏系结缆绳位置的强度。

(3)在拖带进行转向时，救助艇应该采取小角度多次转向来完成拖带的转向航行，这样操作可以减小救助艇所承受负担的拖力，又保证了拖带双方的安全。在转向前，考虑旋回圈时，应该按照救助艇的长度加上被拖救生艇筏的长度，再加上拖缆的长度来估计旋回圈的范围。

(4)当拖带艇筏到达目的地时，考虑好双方的冲程，救助艇要采取逐渐停车的操作方式，控制好被拖艇筏前冲的惯性，避免被拖的救生筏冲向救助艇，造成慌乱或损伤双方，逐步地使拖缆的张力减小，以达到负责拖带的救助艇停车、被拖带的救生艇筏正好到位的适宜状态。在解缆前的减速操作中，一定要注意避免松弛的拖缆被绞缠进救助艇的螺旋桨中，产生不必要的麻烦或者更加严重的事故。

(5)在拖带的过程中，如果产生偏荡角过大，会造成救助艇无法控制，并容易导致拖缆受力增大、甚至断裂。偏荡的主要原因是被拖艇筏的尾倾严重，艇筏整体受力不均所造成的。可以将被拖艇筏人员的座位适当向前调整一下，左右受力均匀，或者救助艇改变拖航速度，也可以适当调整拖缆长度，拖缆越长偏荡越大。

在大风浪中进行拖带，一定要调整好拖缆长度，注意救助艇和被拖带艇筏处在不同波浪的同一周期位置上。

(6)当多只艇筏被拖带在一起时，可以采取集结的方法。当救助艇解缆离去后，首先到位的被拖带艇筏应调整好受风流的方向，在艇的上风流方向施放海锚，控制好受风流方向，同时减缓受风流漂移速度。另外，在被拖带艇筏到来时，可以在先到艇筏的下风流方向用30~40 m长的缆绳系结在一起，便于进行海上求生，等待救援船舶的到来。

二 救助艇的操纵

在进行救助艇的操纵时，一定要选派有一定航海经验，在日常工作中接受过培训并持有合格的专业培训证书，并且在船上工作期间经历过本船救助艇操作的演习、训练，表现较好的人员，负责操纵救助艇。

在操纵救助艇时，如果是在白天，视线比较好，而且周围有参照物，可以确定方向，那么我们就以参照物目标为大概航向进行航行操纵。在变速航行时，注意所航行水域的水深是否适宜航行，及时绕开碍航物标，注意水面漂浮物，防止绞缠到螺旋桨上。在狭窄水道航行时，注意保持在航道中央靠右侧慢速航行。在救助艇行进时，艇内所有艇员都必须坐在指定座位上手握住扶手栏杆，精力集中注视水面，保持高度警惕性。

如果是晚上或者视线不良时航行，就要依靠救助艇所配备的带有夜间照明的罗经。在救助艇上配备的罗经，其罗盘直径不小于50 mm，通常用圆周法标注方向从000°~360°。由于罗盘直径较小，罗盘上反映的罗经度数的刻度也显得较密，因此，在操纵救助艇时要特别集中精力，尽量减少操舵航向误差，使误差保持在最小的范围内。尤其是在艇尾控制操作的救助艇，还要在艇首部设有专门的人员瞭望。瞭望人员要与在艇尾操纵的人员事先做好联系信号，相互提醒，以保证救助艇的航行安全。

三 救助艇的靠离

救助艇在进行靠泊操纵时，与救生艇的操纵要点大致相同，但是救助艇的可控性要比救生艇的好，一般情况下要选择顶流(风)靠，这样便于控制艇速并能够比较有效地控制艇首向。在进入靠泊区域前，要在泊位前方选择一个物标，使救助艇与靠泊位置保持一个靠拢角在30°~40°。操艇者确定好物标，形成一个串视线。在靠泊过程中以慢速控制救助艇艇位始终保持在串视线上，少用倒车。在接近泊位时，及时地带好艇首缆或用钩篙控制好救助艇，减缓或者避免救助艇与泊位挤碰。

救助艇在靠泊船舶舷梯时，要注意运用好救助艇的冲程数据，及时停车，使救助艇借助淌航的冲距接近舷梯；及时带好缆绳，防止救助艇在挤碰船舶舷梯的同时，使艇体和艇机损伤。救助艇一般速度的冲程在3~4倍艇长的距离。

如果是艇外机操作，救助艇冲程的距离会小一些，艇的可控性能好一些。平时，在进行救助艇操纵训练时，要有目的地选择甲乙两个固定距离的物标进行本艇在各种艇速下的冲程距离的测量，以掌握准确数据，运用到应急作业中，保证在进行作业时的迅速、安全。

救助艇在靠航行中的船舶时应该及时与船舶驾驶台保持通信联系，相互协调好航向、船速。在救助艇靠向船舶时，船舶通常是保向、低速前进。操纵救助艇于船舶下风舷侧，与船舶保持同向，并保持一定的间距，要在船舶的首部附近，与准备贴靠的船舶保持平行或接近平行，驾驶救助艇慢慢贴靠船舶的中部。一定要注意防止救助艇被压入船尾，在靠泊中防止或减缓救助艇与船舶的相撞，决不可以越过船头或者在驾驶台盲区范围内接近。

救助艇在离泊时，要借助缆绳或钩篙操作，使艇离开泊位(船舶)适当的间距后，操外舷舵，慢速进车，慢慢驶离一段距离后再加速。在操外舷舵、进车、艇首先离开泊位时，一定要防止艇机被挤碰。离泊前要注意周围水域情况，是否有来航船舶，是否有碍航物，周围的风流对操艇离泊的操纵方法与泊位间的相对位置，相互间的安全等因素都要考虑周全，以确保在离泊操纵时，艇与人员的安全。

四 大风浪中操纵救助艇

在恶劣天气操纵救助艇是一项特殊操作，需要操艇人员具有一定的专业技能素质，因为在操作中稍有不当，将会产生不利状况或发生危险，造成救助艇的倾覆。在恶劣天气情况下，操艇一定要避免救助艇横向受风浪，由于救助艇推进机器的功率小，顶不住风浪，艇长不超过8.5 m，也压不住浪，稍有不慎将是很危险的。因此，在风浪中操纵救助艇应该使艇首与涌浪方向形成20°~30°夹角，当艇首被风浪压向下风浪方向，夹角增大，应该立即用舵纠正，始终在风浪中保持住这样一个夹角，前进或在原地滞航，待风浪减小后再航行。在风浪中不得轻易地决定掉头，避免在旋回掉头中造成艇的横向受风浪。除非安全需要迫不得已，则应该谨慎驾驶，选择在大浪过后、波浪较小的间隙，救助艇在浪谷时，用大舵角，快速进车,减少救助艇横向受风浪的时间,在第二个大浪周期来临前,掉头操作成功。实际操作需要丰富的航海实践经验方能成功。

五 救助落水人员

船舶在航行中发生人员落水,对于救助是个非常不利的因素,需要船舶驾驶人员的迅速反映,进入应急操作,采取紧急措施:

(1)停车向落水者一舷操满舵,将船尾甩开,避免螺旋桨伤害落水人员。

(2)发出应急警报,三长声并加表示落水人员大概位置的声号(三长声加一短声有人从右舷落水,三长声加两短声有人从左舷落水)。

(3)按照应变部署的分工,有专人登高瞭望落水人员的确切位置,准备降放救助艇或救生艇,有关人员向落水者附近抛下救生圈。

(4)救助人员登艇,降放船舶下风舷救助艇(或救生艇)。

(5)救助艇入水后,操外舷舵、进车、离开船舶、进行对落水人员的救助。

(6)应该尽快驾驶救助艇接近落水者区域进行搜寻。

(7)如果发现落水者的目标位置,艇长确定在救助艇哪一舷侧进行施救并通知艇上人员,做好相关准备。

(8)操纵救助艇接近落水人员,当落水者在艇救助一侧正横时,停车并操舵,保持救助艇在下风流堵截落水人员的位置,并始终注意保持艇与落水人员的距离,以方便救助为宜,决不可以在上风流追踪接近落水人员。

(9)如果落水者头脑清醒,自我行动无障碍,艇内救助人员协助其登艇。

(10)当落水者失去意识或受伤,行动不便,艇长应该立即派艇内救助人员入水进行救助,首先使落水者登艇,将其湿衣物脱掉,擦干身体,实施取暖措施。

(11)全体人员登艇后,救助成功,艇长立即向船舶驾驶台报告并同时操艇返回,救助人员将落水人员的头冲向艇尾躺好,立即着手对落水人员进行应急的救护。

(12)在返回途中,艇长应将落水者状况及时汇报给船舶领导,以便于获得医疗救护上的指导和返回船舶、登船操作的协调指令。

(13)在返回船舶途中的操纵,既要考虑快速也要兼顾减轻被救人员的痛苦。

第四节 舷外机的检查与维修保养

要点

对于舷外机经常地进行验视和检查,针对有些构件进行周期性的保养,有利于操作者熟悉机器,掌握机器的技术状况,有利于在操纵中合理的操作使用发动机。需要定期检查和维修的构件,主要是经常磨损和使用的构件。

必备知识

一 主要构件的检修周期

(1)在磨合10 h后，应该清洗、检查调整一次火花塞，在磨合使用3个月后，应该清洗一次，以后每6个月清洗、检查调整一次。

(2)每6个月至少对各活络部位加油润滑一次。

(3)齿轮油箱在磨合期后，应该更换一次，正常使用每6个月(约用100 h)更新一次。

(4)燃油系统应该每6个月全面检查一次。

(5)燃油过滤器磨合期(10 h)后，需要清洗一次。以后，每使用3~6个月应该清洗或更换一次(使用周期为50~100 h)。

(6)燃油箱每一年清洗一次。

(7)每6个月进行一次慢速、预热调整。

(8)每6个月进行一次阳极检查或更换，更换时由专门维修店进行。

(9)艇机外壳每3~6个月进行一次清洗、检查，其主要工作是进行表面清洁，检查锈蚀程度，是否有损伤等。

(10)冷却水管道在长期使用中，至少每3~6个月进行一次淡水清洗，如果使用后离水，每使用一次清洗一次。

(11)螺旋桨每3~6个月检查一次，主要检查车叶是否牢固，有没有损伤、锈蚀等情况。

(12)每3~6个月对配有的开口锁检查或更换一次，防止脱落，发生意外

(13)每个月对蓄电池进行一次检查，接线柱清除积碳，表面是否有损伤，是否有渗漏，接线头和接线柱之间是否能正常固定等。

(14)对于化油器设定、点火定时的检查和设定，至少每3~6个月由专业技术人员进行一次检查调整。

(15)每6个月对螺栓和螺母进行一次全面的再拧紧调试。

二 经常进行清洗检查构件的工作重点

1 .齿轮油的更换

在每6个月(大约使用100 h)进行一次齿轮油更换时，首先要在齿轮箱下放置一个适当的容器，以便于盛接齿轮箱的污油，然后拆下设在艇机下部的齿轮箱油道孔塞，再拆下溢油孔塞，使齿轮箱油完全排空。污油全部排空后，简单地冲洗一下，将艇机直立放置好，用专用压缩加油装置将专用齿轮油注入油道孔中。当齿轮箱开始溢流出油时，装入溢油孔塞并带油将其拧紧，再将油道孔塞装上拧紧。

如果更换下来的齿轮箱污油呈浑浊不清时，应请专业技术人员进行检查。

2. 燃油过滤器

燃油过滤器在每隔3~6个月，使用周期大约100 h后，应该检查清洗一次，以保障发动机处于良好的技术状态。在拆检时，应该按照装配的层次逐渐拆解下来，并做好标记，包括垫圈、密封圈等。将滤网拉出用清洁的洗涤剂清洗，洗干净后，再用淡水冲洗洗涤剂，风干

过滤网。清洗后，检查垫圈、密封件等是否有损坏，如果有，则必须选配合格的相同件更换。在组装滤清器时，要确保入油油嘴与油管对准，将固定螺母拧紧，清理溢出的汽油。全部安装完毕后，将供油管接上发动机入油口，挤压球形注入泵直至感到有压力反应。检查是否有漏油处，及时纠正，使其完好。为了防止在清洗检查时漏油太多，应该先将燃油喉拆除，再进行拆洗燃油滤清器。

在清洗现场应该禁止吸烟，防止烟火，停止发动机运转，拆下供油管以保证安全。如果燃油中掺杂有水，滤清器中浮体将会从底部上升浮起，发生这种状况时，取下滤清器盖，将清水排出。

3. 燃油箱清洗

每年进行一次燃油箱的清洗。清洗燃油箱的作业非常简单，将燃油箱口部过滤期取出，放入干净的洗涤剂中，彻底清洗干净，用水冲净，然后，风干过滤器存放好。将燃油箱排空，注入少量专用洗涤剂并摇动燃油箱，彻底清除污油，排空洗涤污水，清理干净，使其风干。

4. 慢速的调整

每6个月周期，大约使用100 h后，应对发动机再进行快、慢速调试，其主要工作步骤：

(1)启动发动机在空挡挡位运转，使其充分预热，同时注意检查机器运转是否平稳。

(2)在发动机达到充分的预热后，才能进行正确的慢速调整。

(3)慢速调整主要是调整油门的止动螺栓，按顺时针方向转动止动螺栓可以增大慢速定值，按逆时针方向转动止动螺栓则减小慢速定值。

(4)功率在45 kW左右的艇机慢速定值在950~1 050 r/min，功率在65 kW左右的艇机慢速定值在750~850 r/min。

5. 火花塞清洗

在正常情况下，每6个月，大约使用100 h后，必须进行火花塞的检查。火花塞是发动机构件中重要的零部件，而且方便于检查。通过火花塞的状况，可以反映出发动机的某些状况，如在检查中发现中心电极瓷芯非常白时，表示在该气缸内可能有进气泄漏或化油故障。如果电极严重损耗，或者积碳过于严重，必须选用正确型号的火花塞更新，因为热和积碳会使火花塞慢慢地损坏和烧蚀。

在清理火花塞时，要小心轻放，避免火花塞瓷质部分破损，因破损后工作会产生火花，点着沉积在机盖内雾化的汽油引起火灾，因此要清除或擦洗火花塞的所有污垢。在拆除时，应将火花塞轻轻地左右转动一下，慢慢拔出；在安装前应该用抹布将火花塞底座擦净，在火花塞瓷质部分及胶帽内涂敷上一层三保油脂，以防止锈蚀；在气缸盖充分冷却时，方可将火花塞安装；安装时不可过渡拧紧火花塞，在用手拧时，使其在1/4~1/2圈范围内即可；在拆洗安装时，不得损坏绝缘体；在更新火花塞时，要注意产品型号和电极间隙值，功率在60~65 kW艇机的火花塞间隙值一般在0.9~1.0 mm之间。

6. 清洗舷外机

要定期清洗舷外机。在每次使用后，用淡水清洗本机壳体，以便于去除泥浆，盐分等污垢；要定期用肥皂水清洗壳体，晾干后涂上一层汽车腊；在海水或者水质浑浊的水域航行后，应该用淡水冲洗冷却水管道，冲洗时选用一个合适的水箱，将艇机插入水箱内，用淡水注入水箱内，水位至少要高于防涡凹面板的平面以上；将操纵杆放于空挡位，启动发动机，做几分钟低速运转；注意排水孔是否有冷却水排出，如果有，则正常冲洗冷却水管道，防止锈蚀或污浊物堵塞。

7. 电启动机器

启动系统保险丝熔断后，打开保险盒更换20A的保险丝，如更新后再次烧蚀，应该重新对机器进行检修。

此外，每月至少检查一次蓄电池电解液面，应该始终保持电解液面在允许值范围内，如果不足，可以加注蒸馏水，不可以添加普通自来水。

如果发动机整体掉入水中，打捞上来后，应该用淡水冲洗干净，送往专门店进行保养。

长时间不用，应该将冷却水完全排出，不可将齿轮箱放置高于机头位置，否则任何剩余的水留在废气套内，都能倒流入气缸，导致严重损坏。

如果条件允许，应该经常保持水面下艇体的干净，防止海生物的积存生长破坏艇体并影响艇速。

三 舷外机简单故障的可能原因

进行定期的预防性检查和维修保养，可以避免舷外机发生大的故障，在操作使用中，如果能及时地判断一些小的故障原因，进行及时正确的根除，也可以保证舷外机的使用寿命。

1. 发动机不能启动的可能原因

(1)电瓶与接线松脱或腐蚀。

(2)启动保险丝熔断。

(3)电动点火装置有故障。

(4)燃油箱没有油。

(5)燃油软管连接错误。

(6)燃油软管被压扁，扭结。

(7)燃油泵有故障。

(8)燃油变质，浑浊太脏。

(9)操作的启动步骤错误。

(10)燃油过滤器堵塞。

(11)操纵挡未放在空挡位置上。

(12)火花塞不清洁，有故障。

2. 发动机运转不规则或失速的可能原因

发动机运转不规则或者失速故障发生的可能原因，除了上述讲的燃油系统的故障原因外，还可能有：

(1)未使用指定的机油。

(2)火花塞不洁净或其他故障。

(3)遥控器堵塞或有故障。

3. 发动机慢速值不稳定的可能故障原因

(1)燃油系统有故障。

(2)火花塞有故障。

4. 发动机转速不升高可能的故障原因

(1)燃油管路有故障,过滤器堵塞。

(2)机油量太少。

(3)火花塞有污物或有缺陷。

(4)螺旋桨螺距或直径错误。

(5)艇上载荷分布不适当。

5. 发动机过热故障的原因

(1)未使用指定机油。

(2)机油量太低。

(3)机油已脏或变质劣化。

(4)机油泵有故障。

(5)火花塞处于错误的热范围内。

(6)冷却水管道堵塞或泵有故障。

(7)温控器堵塞或有故障。

(8)艇上负荷超载。

6. 发动机转速过高故障的原因

(1)涡凹板失去作用。

(2)螺旋桨损坏或直径过小。

(3)纵倾角不合适。

(4)艇尾板太高。

7. 发动机转速过低故障的原因

(1)燃油供油管路异常。

(2)燃油不洁或变质。

(3)火花塞结污,有缺陷。

(4)螺旋桨螺距或直径太大。

8. 艇速低的原因

(1)产生了涡流。

(2)螺旋桨损坏或有故障。

(3)艇上负荷不正常。

(4)艇尾板过高或过低。

9. 发动机过渡震动故障的原因

(1)螺旋桨轴弯曲。

(2)螺旋桨叶弯曲、断裂、失修或受阻。

(3)燃油系统内有水或污物。

(4)化油器混合失调。

(5)发动机固定安装受损。

(6)操艇阻力螺丝过松。

第十三章 无线电救生设备及求救视觉信号的操作

本章主要讲述了紧急无线电示位标、搜救雷达应答器，以及视觉求救信号的操作使用的方法。

第一节 紧急无线电示位标的操作

要点

紧急无线电示位标在海船上配备使用的种类比较多，各种产品在操作使用的方法上基本上大同小异，几乎不存在截然不同的操作方法。

必备知识

下面将在海船上常见的操作方法，分几个大的步骤阐述出来以供参考使用。

一 在船舶沉没时的自动释放

若船上装备可自行漂浮的机箱，当船舶下沉水面以下4 m以内时，借助水压力的作用效果，示位标自动的从机箱释放出来。示位标入水后，海水开关自动接通，示位标浮到水面开始发射遇险报警信号，这就是通常所讲的自动释放紧急无线电示位标，如图13-1所示。

如果在救生艇筏上的人员发现了在海上漂浮的应急无线电示位标，应该将示位标收回并系结到救生艇筏上。紧急无线电示位标能够标示出遇险者的位置，而非海难现场。在

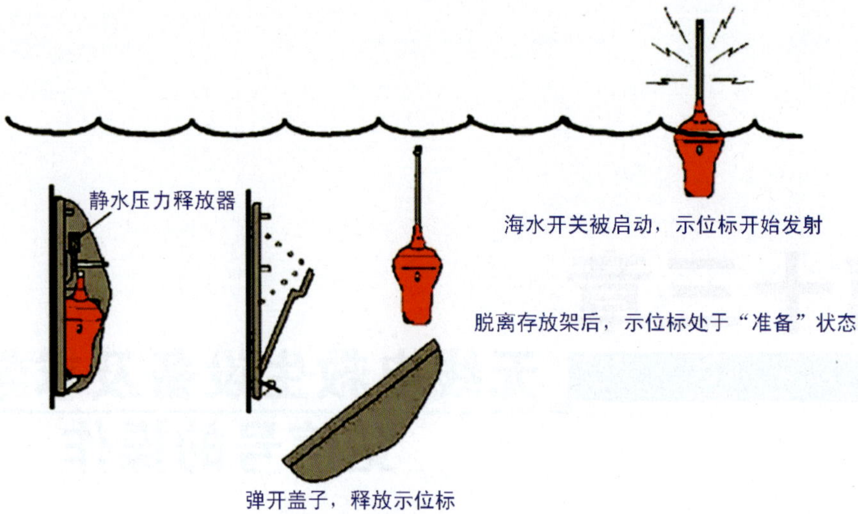

图13-1 自动释放紧急无线电示位标

应急时为了更好地发挥紧急无线电示位标的效用，弃船时最好有专人将紧急无线电示位标携带到救生艇筏上操作使用。

二 在弃船时的操作使用

在船舶弃船求生时，如果时间来得及，有时间携带示位标，应该有人将紧急无线电示位标从存放架上取下，携带到救生艇筏上。救生艇筏降放到水中，解开启动拉索后，将示位标系结在救生艇筏上，然后将示位标抛入水中使其漂浮在救生筏旁边。因海水开关已经接通，示位标开始发射遇险报警信号，如图13-2所示。

图13-2 在救生筏上使用紧急无线电示位标

三 由舷墙存放架取下示位标时的操作

如果紧急无线电示位标安装在舷墙存放架上，可以按照如图13-3所示步骤从存放架上取下示位标。

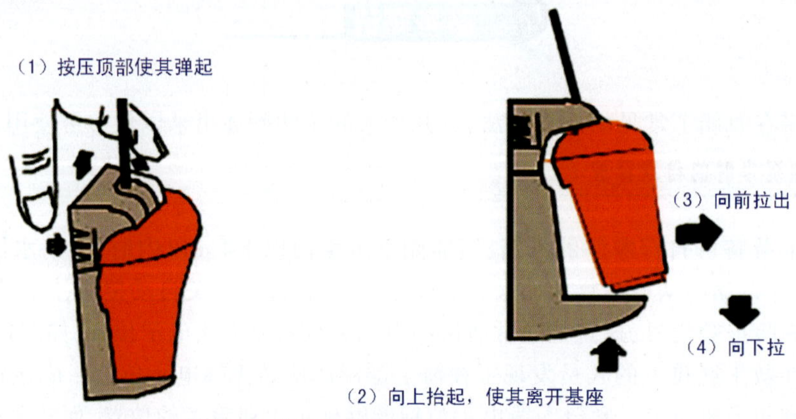

图13-3 自存放架取下紧急无线电示位标

四 由紧急无线电示位标的存放机箱中释放操作

如果应急无线电示位标装在全封闭机箱内，可以按照图13-4所示步骤由存放机箱内

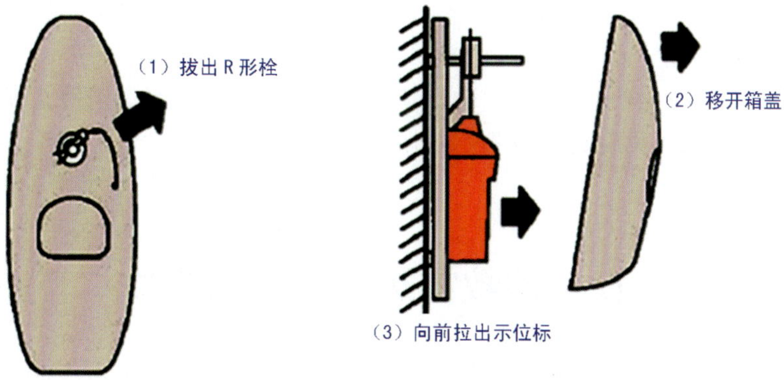

图13-4 自机箱释放紧急无线电示位标

手动释放示位标。

五 紧急无线电示位标的人工启动操作

如果船舶没有沉没，但存在紧迫危险，应该自存放架取下示位标，按图13-5所示步骤进行人工启动示位标。

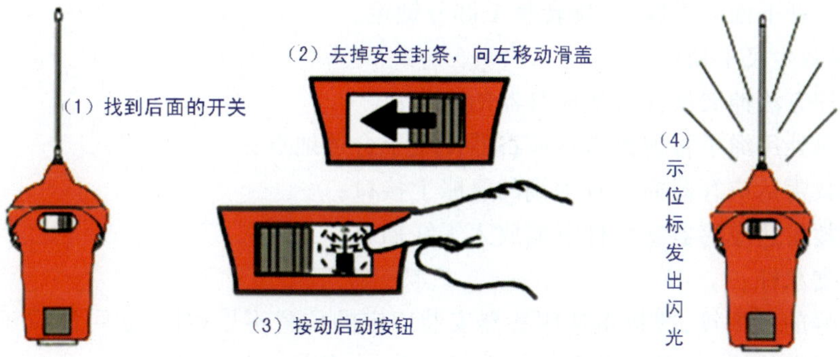

图13-5 人工启动紧急无线电示位标

这种紧急无线电示位标是由日本ANRITSU公司生产制造，如图13-6所示。这种示位标具有使用简单方便的特点，它可以进行自动操作和人工操作。

图13-6 ANRITSU RJ302A型紧急无线电示位标

1. 自动操作

(1)将应紧无线电示位标正确安装在自动释放架上；

(2)转动开关至“READY(准备)”位置；

(3)当浸入水深4 m以内时，示位标将自动启动；

(4)若停止发射，可以将示位标离开水面

或者把开关转至“OFF(关闭)”位置，示位标只有在水中，才会自动发射信号。

2. 人工操作

(1)打开示位标顶部的锁定杆；

(2)将工作方式开关转至“ON”的位置；

(3)旋回锁定杆锁定。

示位标立即发射应急信号，同时示位标顶部的闪光灯开始闪烁。若停止发射，只要移开锁定杆，将工作方式开关旋到“OFF”位置即可。

第二节　搜救雷达应答器的操作

在船上广泛使用的S4 RESCUE SART搜救雷达应答器的主要操作程序是：

(1)松开夹片，从支架上取下搜救雷达应答器。

(2)撕下位于搜救雷达应答器中部的安全标签，旋转环形开关至启动位置，即标示为“1”的位置。

(3)伸展拉杆：

①抓住拉杆下面的橡胶盖，转动拉杆由拉杆座架上释放拉杆；

②向下拉并转动拉杆，将搜救雷达应答器锁在拉杆座架上；

③移开拉杆下面的橡胶盖，旋转每个部分锁定。

(4)若在救生筏上使用：

①按上述方法伸展搜救雷达应答器的拉杆；

②在无风处用绳子将搜救雷达应答器固定于合适地点；

③将搜救雷达应答器插入救生筏的篷帐上接口；

④将搜救雷达应答器支承杆下端放入天线插座；

⑤固定支承杆。

不同型号的救生筏，搜救雷达应答器安装固定的位置不尽相同，也可能位于有登筏平台一侧进出口的外侧，除支承杆固定在浮力胎外，其他安装方法相同。

该型号搜救雷达应答器发射的特征信号在搜救船舶雷达荧光屏显示如图13-7所示。

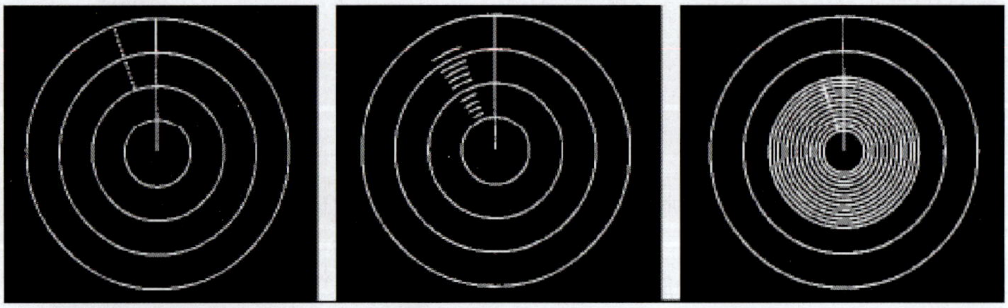

(a) 搜救船舶距离救生筏5～6 n mile时显示的信号　(b) 中等距离2～3 n mile的图像（回波变宽）；　(c) 接近1 n mile以内时的图像，信号加强为同心圆

图13-7 搜救雷达应答器特征信号

第三节　视觉信号的操作

要点

目前在船舶上以及救生艇筏上配备的视觉求救信号主要有火箭降落伞火焰信号、手持红火焰信号、橙黄色烟雾信号、日光信号镜。本节主要说明它们的操作使用的方法。

一　火箭降落伞火焰信号的使用方法

火箭降落伞火焰信号有很多种，它们的主要区别在于发射装置不同，比较常见的有拉发式和压发式两种。使用时应注意使用说明，按其要求操作。下面介绍压发式和拉发式火箭降落伞火焰信号的使用方法（见图13-8）。

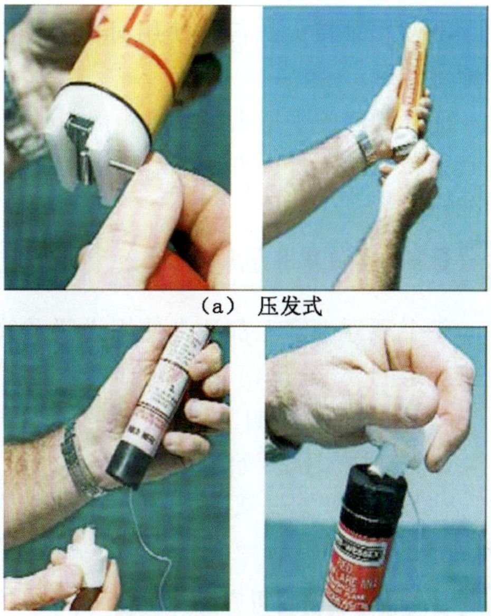

(a)　压发式

(b)　拉发式

图13-8　发射火箭降落伞火焰信号

1. 压发式火箭降落伞火焰信号

(1)撕掉塑料袋，拆下顶盖及底盖，并注意保持外壳上的箭头方向朝上。

(2)放下底部触发器的铰链式压杆，一手握住火箭筒，垂直高举过头，另一手手掌托在压杆上。

(3)把压杆上推，双手迅速紧握火箭，有风时可略偏向上风，火箭很快会发射出去。

2. 拉发式火箭降落伞火焰信号

(1)撕掉塑料袋，拆下顶盖及底盖，并注意保持外壳上的箭头方向朝上。

(2)将降落伞火箭信号下端的拉索取出挂在脚下，拔除安全销。

(3)两只手用力抓住信号筒向上方拉动。

(4)火箭信号发射出去。

发射火箭信号时应特别注意：有些火箭信号在发射时往往会有一段时间延迟，应尽量用双手握住火箭筒体。但如果击发10 s后火箭还没有发射出去，则应尽快将火箭信号抛入水中，以防发生危险。

图13-9　击发式手持火焰信号

二　手持红火焰的使用方法

常见的手持火焰信号（见图13-9）主要有擦发式、拉发式和击发式三种点燃方式。使用时应按其说明书及图解进行。点燃后应注意将火焰信号伸出救生艇、筏下风舷外，并应向下风倾斜，以防手被火焰烤伤，筏体被烧坏。

1. 擦发式手持火焰信号

操作步骤：

(1)撕去外面的防水袋，取出手持火焰信号。

(2)先将底部的胶带撕掉，然后再把顶部的胶带及盖子去掉。

(3)一只手握紧火焰信号，另一只手用底盖里的擦头去擦火焰信号上部，即可引燃火焰信号。

2. 拉发式手持火焰信号

拉发式手持火焰信号有一个机械装置，操作比较方便。

通常，打开拉发式手持火焰信号的顶盖或底盖会露出一个拉环，只要向外猛拉拉环，就可点燃火焰信号。

3. 击发式手持火焰信号

击发式手持火焰信号使用时，需转动把手下部一定角度，然后用力向上一推，火焰信号即可点燃。

部分国产的手持火焰信号一般由外壳和内芯两部分组成。使用时应先将内芯取出，再将其翻转后装入外壳并旋紧，然后引燃火焰信号。外壳作为把手使用，以防止使用者烧伤手部。

三 烟雾信号的使用方法

每个漂浮烟雾上都注有使用说明及简明的图解，使用时应按规定的要求操作。其步骤如下：

(1)撕去塑料密封袋，揭去盖子，露出拉环。

(2)拉掉拉环，开始引燃发烟。

(3)将信号罐抛入下风舷水中或持在手中，让其发烟漂浮，如图2-5-10所示。

图13-10 烟雾信号

四 日光信号镜的使用方法

使用日光信号镜光亮平面反射日光，射向船舶或者飞机可以引起驾驶员的注意。

日光信号镜的一角有一个观测孔，围绕观测孔刻有同心圆环及十字线。信号镜和瞄准环配合使用，其使用方法如下：左手拿住信号镜，将观测孔放在眼前，镜子的光亮面对着船舶或飞机，在较远的位置右手拿着瞄准环也对准船舶或飞机，设法通过观测孔和瞄准环的孔看到目标，注意应设法使信号镜观测孔周围的十字线和同心圆的阴影正好落在瞄准环的四周，日光即能准确反射到目标上。见图13-11所示。

图13-11 使用日光信号镜

第十四章

海锚及其操作

第一节 海锚的作用及构造

要点

《LSA 规则》要求,救生艇的属具备品中要配有适当尺度的海锚 1 只,配有浸湿时,还可以用手紧握的耐振海锚索 1 根,海锚、耐振海锚索和回收索的强度要能在一切海况中适用;在救生筏的属具备品中要配有海锚 2 只,每只海锚配有耐振海锚索及回收索各 1 根。一只海锚备用,另一只固定地系在救生筏上,其系固方法是:海锚在救生筏抛投到水面上充胀成形时,能够使救生筏以非常稳定的方式处于顶风顶浪。海锚、海锚索和收锚索应该能在一切海况中适用,海锚应该设有防止绳索旋转的设施。

必备知识

一 海锚的作用

海锚是配备在救生艇筏中的一个专用设备,是用于救生艇筏在漂流待救时,控制救生艇筏位置的特殊设施。其主要作用:

(1)在大风浪中漂流待救时,抛出海锚,控制救生艇筏处于顶风顶浪的状态,防止救生艇筏被风浪打横,避免被正横来的风浪倾覆。

(2)在漂流待救时,抛出海锚,减缓救生艇筏随风流漂移的速度,尽可能保持在难船附近的位置,以便于被搜救船舶、直升机发现,早日获救。

(3)抛投式救生筏在解脱首缆准备离开难船时,可以利用固定地系在救生筏上的海锚，驶离难船。

(4)在非机动艇抢滩操作时，抛出海锚控制艇首冲向海面，艇尾朝向岸边抢滩，以防止艇被浪打横，造成倾覆。

二 海锚的简单构造

救生艇的海锚主要是由细纹帆布制成的，一头设有一个大口，另一头设有一个小口，具有一定规格的设施。在大小口上各系一根专用绳索，系在大口的绳索习惯称海锚索，其绳索的长度大约是3~4倍艇长(约有30 m)；系在小口的绳索称为回收索，其长度要求比海锚索长一些(图14-1)。其破断力都不小于5 kN。

救生筏的海锚主要是尼龙橡胶布制成，其构造大多数与救生艇的海锚类似，规格尺寸上略小一些。另外救生筏上还有一种海锚，是由一块方形或长方形的尼龙布，四角系上绳索，汇集在中间系牢在海锚索上，类似一个降落伞状。固定系在救生筏上的海锚大多数是这种类型。

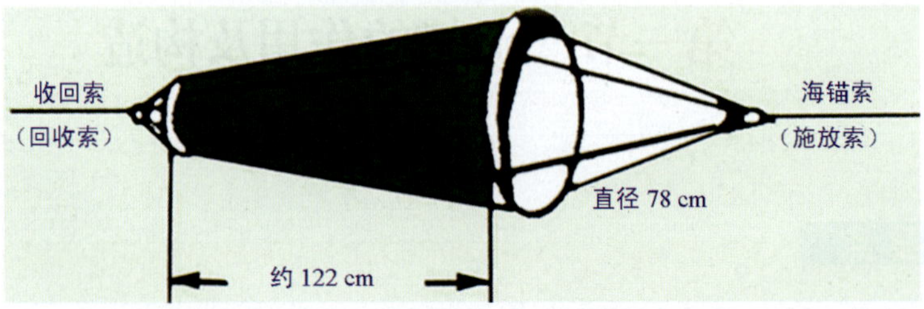

图14-1 海锚及其属具的大致规格

第二节 海锚的抛放操作

在抛放海锚前，先检查海锚、海锚索和回收索是否处于良好的使用状态。如果在强度、构造上没有问题，将海锚索系固在艇首缆桩上，或者系在艇首横座板上，操纵救生艇使艇处于顶风顶浪状态。救生艇在风浪的作用下，向着下风流方向有了漂移的速度，开始进行海锚的抛放操作(图14-2)。

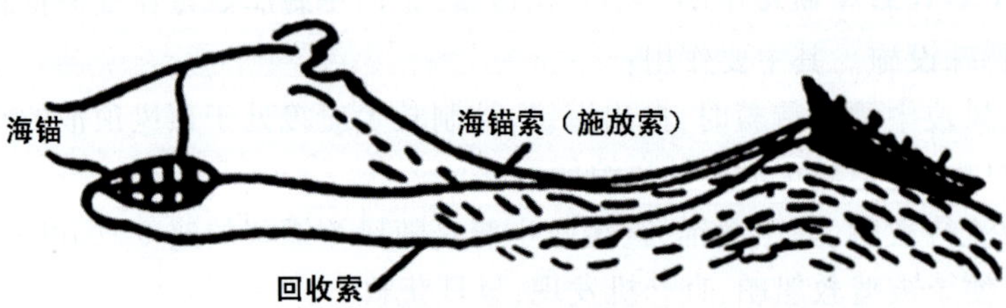

图14-2 海锚的施放

(1)从救生艇艇首将海锚抛出艇外,控制海锚索在救生艇慢慢向后移动的作用下逐渐吃力,回收索不可以受力。

(2)待海锚索已经松放出去,海锚在救生艇向后移动的作用下,大量的海水从大口进入,从小口挤出,海锚在海面上有规律的上下起伏,海锚抛放成功。

(3)将回收索松弛地系在艇首,注意观察缆绳与艇的接触部位磨损程度是否严重,需要时在磨损部位进行包扎保护。

(4)海锚抛放操作完毕,救生艇上值外勤的人员,要经常注意观察海锚是否处于正常,避免海锚发生异常情况。

(5)回收海锚时,只能收拉回收索,海锚索不能吃力。

(6)如果是固定系在救生筏的海锚,因为只有一根海锚索,因此,释放和回收都操作海锚索,在海锚受力大时,回收操作会很吃力,要注意安全。

三 海锚与布油袋配合使用

如果救生筏配备的海锚构造上和救生艇一样,抛放操作也基本相似。另外,在海面上风浪较大时,抛放海锚同时配合着撒镇浪油的操作。操作时将镇浪油灌入布油袋内,镇浪油一般采用动、植物油或机油,布油袋灌满后,将袋口的专用木塞旋紧系好,把布油袋用系绳索牢固地联结到海锚上。抛放海锚时,将布油袋与海锚一块投放入海,袋中的镇浪油就会不断地从袋口木塞的孔眼中渗流出来,逐渐地布满在救生艇四周的海面,减轻波浪对救生艇的破坏力。

参考文献

[1] IMO. SOLAS公约(2004综合文本). 北京: 人民交通出版社, 2005.
[2] IMO. LSA规则. 北京: 人民交通出版社, 2005.
[3] 李同钦. 精通救生艇筏和救助艇. 大连: 大连海事大学出版社, 2008.
[4] 交通部海事局. 训练手册. 大连: 大连海事大学出版社, 2003.
[5] IMO. STCW公约马尼拉修正案. 大连: 大连海事大学出版社, ,2010.
[6] 大连海事大学. 个人求生技能. 大连: 大连海事大学出版社, 2008.
[7] 大连海事大学. 基本急救. 大连: 大连海事大学出版社, 2008.